CRISIS DEL PERIODISMO EN AMERICA LATINA

Wilson Hernández

Juan Manuel García

Gladys González Martínez, PhD

Crisis del Periodismo en América Latina
Edición Fundación Interamericana de la Comunicación
Wilson Hernández, Editor

Primera Edición, 2021

ISBN: 9798596012996

CONTENIDO

PRESENTACION

Una vez escrito el libro nos surgen más dudas que respuestas: ¿Qué es el periodismo y qué es ser periodista, hoy? ¿Qué es la prensa diaria? ¿Qué es la libertad de expresión, qué la ética periodística? El tema de la ideologización en el mundo de la prensa, los desafíos y posibilidades sin límites que ofrece la internet, la concentración empresarial de medios, la formación académica de periodistas, son algunos de los aspectos analizados y que al final de cada capítulo se tornan inagotables.

Y es que el propósito de este libro no es plantear conclusiones, más bien, pretende provocar y ampliar el debate, ahondar las reflexiones.

En tanto, un hecho es indiscutible: el mundo de la prensa está en crisis. No sólo en Latinoamérica. Es un fenómeno universal. Y, aunque ha sido recurrente durante siglos, hoy se torna más crítico, más controversial, más complejo.

Cuando tuve la iniciativa de este proyecto editorial pensé que la manera más certera de abordarlo era desde una perspectiva multidisciplinar. Y por ello pensé en formar un equipo compuesto por un veterano periodista, Juan Manuel García, una estudiosa del fenómeno comunicacional, la doctora Gladys González Martínez, y quien suscribe.

El lector observará que los capítulos no llevan firma de autor y la razón es porque los textos fueron escritos con la participación conjunta de los tres autores. No debe sorprender entonces que el lector advierta en cada capítulo diferentes estilos de reflexión y narración. Creo que en esta diversidad de ideas y expresiones radica la riqueza de este ensayo.

La doctora González Martínez aporta su perspectiva cosmopolita enriquecida desde la realidad cubana y el mundo académico, García, la experiencia práctica del director de periódicos nacionales y acucioso investigador, en República Dominicana, y quien suscribe, una visión exploratoria desde el mundo empresarial, la comunicación digital, y la reflexión filosófica, a partir de la cultura y la sociedad estadounidense.

El estudio de la Economía Política de la Información, la Comunicación y la Cultura (EPICyC), como herramienta de análisis coyuntural en los diversos ámbitos comunicacionales, es cada vez más recurrente, y desde este compendio procuramos ofrecer algunas aproximaciones.

Las relaciones de poder, las relaciones de producción, distribución y consumo de los recursos de comunicación, el auge de la economía digital, las migraciones de los medios de comunicación tradicionales, los procesos de convergencias y diversificación, el impacto en las democracias del fenómeno de la concentración de medios y el control de la información pública, son aspectos a los cuales nos aproximamos en las siguientes páginas.

En el primer capítulo tratamos de exponer el contexto de las ideas, la vinculación discurso-poder, cómo se impregnan las ideologías en el lenguaje y la comunicación, los conceptos verdad, realidad, opinión, objetividad, los aparatos ideológicos del Estado, y nos cuestionamos sobre la independencia del periodismo frente a las ideas, a la realidad, y al poder. Lo racional y lo irracional, lo persuasivo y la manipulación, el rol del receptor como sujeto pensante, los impactos de la industria cultural, el rol de los medios en las campañas políticas, las agendas de los gobiernos y el control de la publicidad.

Un capítulo fundamental es el de la Moral y Ética. El planteamiento de Van Dijk, en su libro "Racismo y análisis crítico de los medios", es uno de los puntos de partida para el análisis: "la mayor parte del conocimiento social y político, así como las creencias sobre el mundo que adquirimos, provienen de las numerosas informaciones que difunden a diario los medios de comunicación". Y en ese contexto se aborda el tema de la Regulación, Autorregulación y Censura, los códigos de ética profesional, el fenómeno de las fake news, la credibilidad, la desinformación, el compromiso social, los conflictos éticos profesionales, la ética informática, los derechos a la intimidad, el secreto profesional.

La libertad de prensa, la libertad de expresión, el derecho a informar y a ser informado, las amenazas a la libertad de prensa en Latinoamérica, el fenómeno de la autocensura, los desafíos de la globalización, la cibercultura y el ciberespacio, y finalmente, los retos de la región en la formación académica de periodistas, son algunos de los diversos aspectos que acá abordamos, desde una perspectiva crítica, en la cual ponemos de relieve la naturaleza y característica de la crisis que enfrenta el periodismo en América Latina.

Como hemos dicho al principio, no arribamos a conclusión alguna, planteamos un punto de partida, sobre un tema en evolución. Nuestra esperanza es que estas ideas, estas observaciones, estos cuestionamientos, estas exploraciones, nos aproximen a la verdad sobre esta realidad que no sólo configura el status del periodismo, de los periodistas y del mundo de la prensa en América Latina, sino, más aún, determinan su identidad, su razón social y su futuro.

Concluyo con estas palabras del profesor Silvio Waisbord, en su conferencia "Repensar la prensa en las democracias latinoamericanas",[1] presentada en la Cumbre Iberoamericana de Comunicadores, en República Dominicana:

"La opción por recetas mercadológicas para sostener ventas que poco tienen que ver con el espíritu que anima los tratados clásicos sobre la misión del periodismo en una democracia plantean un numero de dilemas. Si la prensa debe cumplir funciones politicas imprescindibles en un orden democrático, ¿como compatibilizar esta necesidad con el hecho que la prensa es una institución guiada por principios comerciales? Si la libertad de prensa es una condicion sine qua non para la existencia de una prensa que efectivamente contribuya a la democracia, ¿como es posible en contextos políticos con débiles fundaciones constitucionales y largas trayectorias y legados autoritarios? Si la prensa mantiene relaciones complejas con las mismas instituciones que segun el canon de la democracia liberal debe monitorear, ¿como entender sus fortalezas y debilidades en relación a las necesidades de un sistema de controles que tienen las democracias?"

Wilson Hernández

---

1 WAISBORD, Silvio. *Repensar la prensa en las democracias latinoamericanas. En: La Comunicación Pública en Iberoamérica I. Coord. Wilson Hernández, República Dominicana, Ediciones Infomega. (2009).*

PERIODISMO E IDEOLOGÍA

Antes de analizar las relaciones prensa, periodistas, ideología es necesario intentar una aproximación al concepto "ideología", tomando en cuenta que tal aventura se realiza a partir de un ensayo periodístico, y no sociológico, pues el estudio de la ideología, su naturaleza y evolución, corresponde a esa especialidad de las ciencias sociales conocida como Sociología del Conocimiento, y que se encarga de estudiar las relaciones entre sociedad y pensamiento, el origen de las ideas y su influencia en las sociedades. Es una especialidad que entró en auge a partir del año 1920 cuando escribieron sobre el tema importantes sociólogos alemanes, entre ellos, Karl Mannheim y Max Scheler.

Por tanto, para fines de este ensayo, es más representativa la opinión de un periodista y sociólogo eminente como lo fue el profesor Daniel Bell, catedrático emérito de la Universidad de Harvard, fallecido en 2011, y quien también fue editor de importantes publicaciones, como la prestigiosa revista Fortune. Bell es uno de los precursores en el análisis de lo que hoy se conoce como sociedad de la información y del conocimiento, tan determinante en el fenómeno social de la internet y las redes sociales. Su libro El fin de la ideología (1960), considerado por la revista Times como uno de los 100 libros más importantes de la segunda mitad del siglo XX, precede en sus ideas y planteamientos a otras obras de gran impacto en el estudio de las ideologías, como años después fueron El fin de la historia y el último hombre, de Francis Fukuyama, y Choque de Civilizaciones, de Samuel Huntington, por sólo citar algunas de las conocidas en la opinión pública internacional. En El fin de la ideología Bell plantea el final de la dialéctica de la historia frente a la hegemonía universal de la democracia y la economía de mercado. Luego, trece años después publica su ensayo más popular "El advenimiento de la sociedad post industrial" (1973), en el que plantea que el mundo avanza hacia un nuevo modelo económico basado en la información y el conocimiento e impulsado por el desarrollo de las tecnologías de la información, que actúa en la reconfiguración de los valores políticos, sociales y culturales.

Según Bell, la lucha de clases como planteaba el marxismo, ya no es la ley de la historia. Pero, ¿Qué es la ideología? ¿Cómo se vincula y afecta al mundo de la prensa, de los periodistas, de las comunicaciones sociales?

Para dar respuesta a la primera interrogantes debemos comenzar por aclarar que el concepto de ideología se atribuye a Destutt de Tracy, en su obra Mémoire sur la faculté de penser, 1796, la formulación del término ideología como la "ciencia que estudia las ideas, su carácter, origen y las leyes que las rigen, así como las relaciones con los signos que las expresan".

Medio siglo más tarde, Karl Marx dota el concepto de un contenido epistemológico, y define la ideología como el conjunto de ideas que explican el mundo en cada sociedad en función de sus modos de producción. En su célebre prólogo a su libro Contribución a la crítica de la economía política Marx dice:

[...] El conjunto de estas relaciones de producción forma la estructura económica de la sociedad, la base real sobre la que se levanta la superestructura jurídica y política y a la que corresponden determinadas formas de conciencia social. El modo de producción de la vida material condiciona el proceso de la vida social política y espiritual en general. No es la conciencia del hombre la que determina su ser sino, por el contrario, el ser social es lo que determina su conciencia".

El catedrático de la Universidad de Valencia, España, Antonio Ariño Villarroya, publica en 1997 en la Revista Española de Investigaciones Sociológicas, el ensayo "Ideologías, discursos y dominación" (REIS 79, 197-219) y comienza el ensayo con una cita que luego en su análisis se encargará de contradecir, la cita tomada del libro Ritual Theory, Ritual Practice, Nueva York, Oxford University Press, de Bell, C. (1992). Según Bell «La ideología ha llegado a ser hoy, y por buenas razones, un término irremediablemente caído…la ideología es una palabra en desuso». Y comenta el catedrático español:

"Tras esta mirada panorámica, no es posible evitar una impresión de caos lingüístico, de confusión babélica. Por si fuera poco, en la vida cotidiana y la lucha política, ideología funciona como arma arrojadiza para sellar las opiniones del adversario con el estigma de la irracionalidad. Esta situación ha llevado a algunos autores a reconocer que nos hallamos ante el vocablo que «ha suscitado más dificultades» en las ciencias sociales".

Hace referencia el profesor Villarroya en su estudio en cuestión a la corriente teórica conocida como el post-estructuralismo, en la que se plantea "una vinculación intrínseca entre discurso y poder, que se da tanto en el plano de las cosmovisiones como en el de las narrativas de identidad".

En una tónica similar a la escuela francesa de los post-estructuralistas, en boga en la década de los años 60 y 70, está la alemana Escuela de Frankfurt, en la que la ideología es considerada como problema de análisis en la comunicación social, y en la que despunta la figura de Jürgen Habermas, y su Teoría de la Acción Comunicativa, que relaciona la ideología con la violencia de la dominación que distorsiona la comunicación.

Discípulo del estructuralismo francés, en particular de Claude Lévi-Strauss y Ferdinand de Saussure, fue el argentino Eliseo Verón, cuyo pensamiento ideológico tuvo a partir de la década de los 70 hasta nuestros días profunda influencia en el mundo académico latinoamericano del periodismo y las comunicaciones sociales.

En su ensayo "Ideología y comunicación de masas: La semantización de la violencia política", publicado en VV.AA. Lenguaje y comunicación social, Nueva Visión, Buenos Aires, 1971, Verón expone: "Lo cierto es que lejos de haber desaparecido, las ideologías impregnan el campo de la comunicación social. Estos sistemas se transmiten y difunden constantemente en la sociedad global".

Reitera lo que ya se ha dicho al respecto "Si bien el término ideología fue introducido en forma sistemática con bastante anterioridad, su sentido más popularizado en la literatura deriva sobre todo de la influencia del marxismo".

Agrega: "En una sociedad "invadida" por los medios masivos -como gusta decirse—-, los sistemas ideológicos no pueden ser analizados sin modificar los métodos de una sociología del conocimiento nacida hace casi una centuria". Y concluye: "La ideología no es un tipo particular de mensajes, o una clase de discursos sociales, sino uno de los muchos niveles de organización de los mensajes, desde el punto de vista de sus propiedades semánticas. La ideología es entonces un nivel de significación que puede estar presente en cualquier tipo de mensajes, aun en el discurso científico".

No debe pensarse, entonces, que las declaraciones de un funcionario del gobierno, dice Verón, constituye un material "más ideológico" que una revista de modas. Para fines de este ensayo, este planteamiento de Verón resulta bastante ilustrativo:

"Desde esta perspectiva podemos definir una ideología no como un cuerpo de proposiciones, sino como un sistema de reglas semánticas que expresa determinado nivel de organización de los mensajes…Dado que la estructura de los mensajes, por definición, no es manifiesta, conviene entonces advertir que el carácter no manifiesto de la función normativa o conativa de los mensajes ideológicos deriva de las propiedades mismas de la comunicación".

Enseñan los marxistas que ideología es un sistema de concepciones e ideas. Y encasillan en estas concepciones las políticas, las jurídicas, las morales, las estéticas, las religiosas y las filosóficas. Puntualizan que al adoptar esta definición están haciendo una estimación exacta de las concepciones de filósofos y sociólogos burgueses. Es una manera de hacer tales concepciones más universales sacándolas del mero contexto materialista.

Según la teoría marxista la ideología forma parte de una superestructura que descansa en una base que refleja las relaciones económicas. Ven en todo esto la lucha de las contradicciones motivadas por los intereses de clases contrapuestas, cada una con su propia ideología. Habría, entonces, una lucha ideológica. "La ideología puede constituir un reflejo verdadero o falso de la realidad, puede ser científica o no científica".

Se puede hablar entonces de que existen varias tesis relacionadas con la ideología como concepto, su estructura, funcionamiento y ámbitos de desempeño.

La primera de esas tesis que puede tener, según los filósofos, tanto un sentido negativo como positivo, asegura que la ideología es una "representación" de la relación imaginaria de los individuos con sus condiciones reales de existencia. En este sentido las ideologías religiosa, moral, jurídica, política, etc. que son otras tantas "concepciones del mundo" que contribuyen sean una ilusión o una realidad a interpretar la realidad y acercarnos de manera común al mundo circundante. Las diferencias entre la ilusión/representación que se pude verificar en las ideologías, por ejemplo, la religiosa existen diferentes tipos de interpretación.

•La mecanicista, corriente en el siglo XVII (Dios es la representación imaginaria del Rey real)

•La "hermenéutica" inaugurada por los primeros Padres de la Iglesia y adoptada por Feuerbach (Dios es la esencia del Hombre real) y la escuela teológico-filosófica surgida de él, ejemplificada por el teólogo Barth.

La segunda tesis encontrada al revisar diversos tratados filosóficos sobre el tema es aquella que plantea que la ideología tiene una existencia material.

Esta afirmación se ha adelantado al decir que las "ideas" o "representaciones", de las que está compuesta la ideología, no solamente tienen existencia ideal, idealista, espiritual; sino material que se verifica en la concreción en acciones, hechos, acontecimientos, etc. de los valores en la vida cotidiana. De estas dos tesis se puede deducir que no hay práctica sino "por y bajo" una ideología y que no hay ideología sino "por el sujeto y para los sujetos". Así pues, la estructura de la ideología asegura a la sociedad y los individuos:

1) la interpelación de los "individuos" como sujetos y la plena identificación del hombre con su subjetividad

2) el reconocimiento mutuo entre el colectivo social y los individuos así como de los grupos y personas en sí mismos

3) la garantía absoluta de que todo está bien como está y de que, con la condición de que los sujetos reconozcan lo que son y se conduzcan en consecuencia, todo irá bien. La ideología ofrece una estructura de ideas que ofrece seguridad y estrategias para entender y operar en el mundo moderno.

Aparece entonces la idea de los medios de comunicación y el oficio del periodista como uno de los campos donde se construye esa ideología. El periodismo, si lo aceptamos así, nos lleva a la verdad pasando de manera objetiva por el trayecto de la realidad, sin obviarla, sin manipularla. Más bien testificándola. No hay mejor filosofía, mejor método que ese, para discernir con propiedad entre lo bueno y lo malo. Aunque no se milite en el marxismo. El periodismo es manejo de la realidad concreta, objetiva.

Desde el punto de vista de lo ideológico, cada quien tiene sus formas de pensar y sus creencias. Tiene su apreciación sobre las cosas de la vida. Las cosas de la vida serán siempre objetivas, sin embargo, independientemente de cómo las vea cada quien. No es necesario que haya coincidencias entre todos quienes ven la misma realidad. Pero la realidad es una. Y la ideología tiene que servir para justipreciar la realidad. Para objetivarla. Eso, por lo menos en un régimen abarcado por las libertades, por el sistema de la democracia.

Ya hablamos de cómo hasta hace algún tiempo, el periodista profesional estaba y sigue sometido a la decisión de la empresa para la que trabaja. Pero ese empresario que influye para filtrar el trabajo del periodista se corresponde con un contexto social. El periodista es miembro de esa sociedad que tiene su propia ideología. Lo que la sociedad adopte como normativa ideológica

será la normativa, en sentido general, del ejercicio profesionalperiodístico. El periodista aprendió a vivir, se desarrolló como ente social en una comunidad determinada en la que adoptó esos mismos patrones en la escuela, en la calle, en los grupos en que se desenvolvió siempre. En función de esa ideología social aprendida será el resultado de su trabajo periodístico. El periodista no es hacedor de realidades, sino que capta esa realidad para darla a conocer, condicionado por la ideología de la empresa, y también de la sociedad. El periodista no posee una ideología independiente, sino que ésta lo conecta y hace que se asimile a la misma para difundirla.

Aparatos ideológicos del Estado

Luego de profundizar en la ideología como concepto e identificar algunas de sus peculiaridades, estructura, etc., se impone precisar cómo se reproduce esa ideología, y cuál es su relevancia en función de la organización social contemporánea. Así emergen sólidas instituciones que reproducen, actualizan y legitiman ideologías en nuestros países: la familia, la escuela, la iglesia. A ellas es preciso sumar aquellas que algunos filósofos como Louis Althusser han nombrado como los aparatos ideológicos del estado (AIE): la escuela (y también otras instituciones del Estado) enseña las "habilidades" bajo formas que aseguran el sometimiento a la ideología dominante o el dominio de su "práctica". Esto se debe, según el pensamiento marxista a que la reproducción de la fuerza de trabajo no sólo radica en la reproducción de su "calificación" sino también en la reproducción de su voluntad y capacidad de asumir la ideología dominante

¿Qué son los aparatos ideológicos de Estado (AIE)?

No se debe confundir con el aparato (represivo) de Estado, bien definido en la teoría marxista: el gobierno, la administración, el ejército, la policía, los tribunales, las prisiones, etc., Estas instancias de alguna manera funcionan mediante la restricción y la violencia que sin dudas en la mayor parte de las ocasiones, no involucra formas de violencia física. No obstante hay que observar que ninguna de esos aparatos represivos actúa sin responder a ninguna ideología y que, a la vez, los aparatos ideológicos también ejerce un tipo de violencia que es la simbólica y que se expresa en la censura, la selección, etc. Se consideran aparatos ideológicos del Estados: el sistema de las distintas Iglesias, el sistema de las distintas "Escuelas", públicas y privadas, la familia, el sistema jurídico, el sistema político del cual forman parte los distintos partidos, la organización sindical, los medios de comunicación, sistema cultural.

Es verificable entonces que existe una pluralidad de aparatos ideológicos de Estado que no pertenece exclusivamente al dominio públicos; sino que en el ámbito privado promueve las lógicas de actuación, las normas y límites y define finalmente el bien y el mal. En este sentido sería difícil asociar estas instituciones con el Estado cuando su naturaleza privada podría suponer un distanciamiento de lo público que representa el estado (al menos atendiendo a las reglas del derecho burgués). Sin embargo, Antonio Gramsci, marxista consciente, aseguró que poco importa en este aspecto si las instituciones que los materializan son públicas o privadas; lo que importa es su funcionamiento. Las instituciones privadas pueden funcionar perfectamente como aparatos ideológicos de Estado (AIE). Los AIE reproducen la ideología de clases y también son un escenario donde tiene lugar la lucha de clases ya que la clase (o la alianza de clases) en el poder no puede imponer su ley en los aparatos ideológicos de Estado tan fácilmente como el aparato (represivo) de Estado. Este es el caso de innumerables enfrentamientos entre por ejemplo los medios de comunicación y las clases en el poder.

En síntesis como confirmó Louis Althusser [1]

1) Todos los aparatos de Estado funcionan a la vez mediante la represión y la ideología, con la diferencia de que el aparato (represivo) de Estado funciona masivamente con la represión como forma predominante, en tanto que los aparatos ideológicos de Estado funcionan masivamente con la ideología como forma predominante.

2) En tanto que el aparato (represivo) de Estado constituye un Todo organizado cuyos diferentes miembros están centralizados bajo una unidad de mando —la de la política de lucha de clases aplicada por los representantes políticos de las clases dominantes que tienen el poder de Estado— los aparatos ideológicos del Estado son múltiples, distintos, "relativamente autónomos" y susceptibles de ofrecer un campo objetivo a contradicciones que, bajo formas unas veces limitadas, otras extremas, expresan los efectos de los choques entre la lucha de clases capitalista y la lucha de clases proletaria, así como sus formas subordinadas.

3) En tanto que la unidad del aparato (represivo) de Estado está asegurada por su organización centralizada y unificada bajo la dirección de representantes de las clases en el poder, que ejecutan la política de lucha de clases en el poder, la unidad entre los diferentes aparatos ideológicos de Estado

---

1 ALTHUSSER, Louis. *Ideología y aparatos ideológicos del Estado. Freud y Lacan, Nue-va Visión*, Buenos Aires, 1988.

está asegurada, muy a menudo en formas contradictorias, por la ideología dominante, la de la clase dominante. Así, como confirmó Althusser, "el rol del aparato represivo de Estado consiste esencialmente en tanto aparato represivo, en asegurar por la fuerza (sea o no física) las condiciones políticas de reproducción de las relaciones de producción que son, en última instancia, relaciones de explotación. El aparato de Estado no solamente contribuye en gran medida a su propia reproducción (existen en el Estado capitalista dinastías de hombres políticos, dinastías de militares, etc.) sino también, y sobre todo, asegura mediante la represión (desde la fuerza física más brutal hasta las más simples ordenanzas y prohibiciones administrativas, la censura abierta o tácita, etc.) las condiciones políticas de la actuación de los aparatos ideológicos del Estado".

Así bien, podemos confirmar que, de entre las formaciones sociales más estudiadas en la historia de la humanidad: esclavismo, feudalismo, capitalismo; es en esta última en la que se registran una mayor cantidad de aparatos ideológicos de Estado: el aparato escolar, el aparato religioso, el aparato familiar, el aparato político, el aparato sindical, el aparato de información, el aparato "cultural", etcétera.

Desde la etapa pre-capitalista gran parte de las luchas ideológicas se suscitan entorno a los aparatos ideológicos del estado, desde la primera Reforma, pasando por la revolución francesa hasta las actuales disputas por el modelo civilizatorio. Iniciándose el siglo XX tuvimos el renacimiento chino con Sun Yat-sen y el Kuomintang. Como aseguró Lisandro Otero, en Rebelión[2]: aquel intento republicano, opuesto al pasado imperial, desembocó en la hegemonía comunista y Mao Tse-tung, pero incluso el marxismo chino contó con fuertes

---

2 *https://rebelion.org/la-batalla-por-la-identidad/*

raíces nacionalistas. Con perfil similar tenemos a Mohandas Gandhi quien con su filosofía de la resistencia pasiva condujo a la India a su emancipación del colonialismo británico. De igual manera Kemal Ataturk intentó una modernización europeizante de Turquía pero basándose en las raíces nacionales.

La discusión entre partidos y tendencias de la cual tampoco se encuentran exentos los sistemas políticos socialistas donde también se verifican gran cantidad de aparatos ideológicos cuya acción es más evidente y palpable. En síntesis cada uno de los AIE actúa de la forma y en los ámbitos que le son propios y en los cuales han desarrollado grandes habilidades, cambiando según el momento histórico o la ideología dominante. En este sentido en la actualidad los más protagónicos son:

•el aparato político sometiendo a los individuos a la ideología política de Estado, la ideología "democrática", "indirecta" (parlamentaria) o "directa" (plebiscitaria o fascista);

•el aparato de información sobresaturando a todos los "ciudadanos" mediante la prensa, la radio, la televisión, con dosis diarias de nacionalismo, chauvinismo, liberalismo, moralismo, estructuras para interpretar y relacionarnos con el mundo: lo próximo y lo lejano, etcétera.

•el aparato cultural (el rol de los deportes es de primer orden en el chauvinismo, legitimando las culturas centrales y reduciendo lo alternativo a marginal). Así la historia del siglo XX y lo que va del XXI, no puede reducirse a un combate entre el nazi-fascismo

y el comunismo, ni ha sido solamente la lucha de la clase obrera por su ideológica en todos los frentes. Y, en este sentido, debemos recordar que aunque la era moderna abrió con la confianza en la razón, el progreso y la ciencia y se cierra con el vertiginoso avance de las tecnologías de la información y de la comunicación. Una era que abre paso a una postmodernidad donde se deben rescribir las maneras en que opera la ideología y como los medios de comunicación y en especial los profesionales de esos medios así como las empresas mediáticas son uno de los escenarios de mayor difusión y contraposición de sistemas de ideas.

Ideología y... ¿Periodismo independiente?

El secreto de toda ideología radica en la producción y reproducción de un ideal social, de una imagen de una realidad en cuyos marcos las contradicciones existentes se presentan como superadas y, por consiguiente, de una finalidad capaz de unificar y organizar a aquellos grupos y clases sociales en torno a la tarea común de realizarla. Hablar de ideología, pues, es hablar de ideales sociales, de génesis social de los ideales, de realización histórica de los ideales, de confrontación y lucha de ideales; o, desde otro ángulo, es hablar de la realidad en la medida en que ésta es vertida en ideales, tiende a los ideales, se aparta de ellos, es contrastada —para su bien o, como casi siempre ocurre, para su mal— con los ideales.

De modo que ideal e ideología son dos facetas de una misma realidad o, con más exactitud, dos modos de aprehender una misma realidad. En el primer caso —el ideal—, esa realidad es fijada estáticamente, como producto, como resultado; en el segundo caso —la ideología— es fijada dinámicamente, como movimiento, como proceso.

Aceptando que el periodista es expresión de la realidad en que está sumergido, ¿puede hablarse de un periodismo independiente? ¿Puede un periodista asumir una propia ideología, de manera independiente, al tiempo que se mantiene apegado a la objetividad, y manejarse con esa independencia frente a otras ideologías?

Debe aclararse que no todo el mundo entiende la objetividad periodística de la misma manera, como tradicionalmente la han entendido los periodistas. Hay quienes creen y predican que los profesionales del periodismo disponen de nuevas concepciones de objetividad viéndola hacia el interior del mundo de la política.

La ven como un imposible, como una ilusión tomando en cuenta los actuales mecanismos de selectividad de los detalles de los hechos noticiosos. "Las decisiones editoriales respecto de qué hechos pueden ser convertidos en noticia, cuáles cubrir y cuáles no, con qué criterios y de qué modo se relatan, titulan, ilustran estos contenidos son ejemplos de discrecionalidad cotidiana indefectible."[3] Es lo que decimos cuando afirmamos que el periodista profesional no es ajeno a su realidad, produce mensajes para esa misma realidad, para un público que ese mismo periodista ha seleccionado como objetivo. Un público con el que está comprometido, incluso con la ideología de ese público. El concepto de objetividad como que se aleja, un poco.

Si el periodista no estuviera condicionado por su propia ideología y con la ideología de su público perceptor sería posible un concepto neutro del mensaje. Pero no resulta así, como hemos visto.

Cuando hablamos de filtros condicionantes del mensaje, aludimos a cómo las noticias son manejadas a través de esos filtros. El propietario del medio, los ejecutivos de ese mismo medio, terminan teniendo en sus manos los detalles de los

---

3 *ANA PAMELA PAZ-GARCÍA; "Ideología de la objetividad en periodismo político. Actitudes, valores y creencias profesionales en torno a la verdad como horizonte ¿posible?" http://www. alaic2015.eci.unc.edu.ar/files/ALAIC/EJE9/alaic_-_9_-_12.pdf*

sucesos y son ellos quienes tomarán una decisión sobre las tonalidades y contenidos de los mismos. Es más, antes de tener en sus manos los detalles, fueron ellos quienes decidieron la agenda de cuáles acontecimientos debían recibir cobertura de prensa para que sus medios los difundan. Cualquier definición absolutista de ideología, o de objetividad, se estrellará contra esa real situación que se vive en los medios de comunicación, que son los medios en que viven inmersos y a los que responden contractualmente los periodistas. Es cuando la objetividad se vuelve lo mismo que una ilusión. Más, aún en mundo de hoy en donde hay un creciente flujo de información, muchas veces, superficiales y hasta falsas que lo único que buscan es influir con premeditación en la conducta de los receptores. Y como ya hablamos del nuevo concepto de periodista, y de periodismo, el comunitario. En el que se tratan los mensajes sólo sometiéndolos al filtro del emisor, se puede hacer un fácil contraste entre un periodismo y otro. La objetividad es prisionera de la ideología de los individuos. Todavía, pese al flujo masivo de mensajes enviados o recibidos por vías y canales diferentes, resulta una condicionante la selección del canal preferido por el emisor o el recipiente. Por eso se habla de redes sociales seguras o inseguras, según lo tiendan los interesados. "Atendiendo al papel de la ideología como criterio de selectividad expositiva de las audiencias mediáticas, investigaciones experimentales sobre los efectos persuasivos de la información política analizan el impacto de las noticias editoriales y los sesgos políticos de las fuentes mediáticas". [4] Cuando algunos hablan de periodista y periodismo objetivo quisieran sustraer la actividad del aspecto ideológico. Lo objetivo como lo conocimos tradicionalmente, sobre todo, a partir

---

4 Idem

de empezar a masificarse la comunicación, y aún después, es pura ideología. Lo explicamos aquí. Se quiere decir que al ser objetivo se despoja al mensaje de lo ideológico. Eso no es posible, como estamos viendo. Un periodista que se dice objetivo, ya está imponiendo su ideología al mensaje. El receptor del mensaje también someterá el mismo a su propia ideología, al hacer una opinión propia sobre lo que está recibiendo. La cuestión de lo que es cierto y lo que es falso, de lo que es bueno y lo que es malo, será una cuestión que viene condicionada y será condicionada a su vez por la forma de ver el mensaje por quien lo recibe.

No se puede hablar de forma que no se pueda discriminar el medio ni las fuentes de los mensajes noticiosos. En el mundo de la actividad política, el medio oficialista, es indudable que es un reto a la credibilidad de la audiencia que siempre tendrá una actitud defensiva, condicionada, para recibir los mensajes. El caso de los medios de propiedad privada, ya vimos cuántos filtros hay que pasar con los mensajes.

Ahora bien, los gobiernos y los estados, entendiendo muy bien esta situación, han optado por pasar por encima de filtros y demás condicionantes. Sencillamente, han adoptado el método de la compra de los periodistas, convirtiéndolos de meros voceros o bocinas. Es el máximo de manipulación de las fuentes y los mensajes. Es un sistema totalmente corrupto y de violación de los derechos tanto del receptor como del profesional de la comunicación que se deja atrapar en esa madeja.

Ahí no se puede hablar de objetividad alguna, sino de ideología del Poder que es la preferida por los políticos que acceden al manejo de los asuntos del Estado. Ideología es aquí sinónimo de manipulación al margen de todo tratamiento deontológico y moral. Entiéndase por moral, la de la sociedad a la que

20

está supuesto a servir el Estado. Claro, cuando se produce esta indeseable realidad con los profesionales, es porque los propietarios de los medios de prensa privada, ya están, asimismo, atrapados por el mecanismo de la corrupción. Eso, desde los gobiernos se consigue fácil ya que son quienes disponen de los aparatos de fiscalización financiera y de los aparatos represivos.

Conforme con todo lo dicho, hasta ahora, sobre objetividad, profesionalismo, ideología, no es preciso hacerse estas preguntas: "¿pueden tener ideología los medios de comunicación?; ¿tienen derecho a manifestarse a favor o en contra de programas o partidos políticos? Y si lo tienen, ¿resultan sacrificadas la objetividad, la exactitud o la credibilidad? La respuesta es única: siempre habrá una ideología en todo mensaje, sea originado en fuente política o no. El periodista no es sólo portador de la ideología que trae asignado el mensaje, sino que lo adorna con su propia ideología. No hay objetividad posible. La objetividad de que se habla, dijimos, no es más que una ilusión. En el caso de los mensajes religiosos no hay diferencias, entonces, con otros tipos de mensajes. El mensaje religioso, aparte de ideológico es propagandístico. Va imbuido de la idea de que tiene que convencer al auditorio, convencimiento que a veces, sino siempre es conminatorio. Y no es propio de alguna religión, sino de todas. La ideología, no obstante, es propia de todos los seres humanos. Su capacidad de apreciación y crítica, es ideología.

El islamismo es un fundamentalismo religioso, como lo suelen ser todos emanados de religiones. El fundamentalista es intolerante hasta rayar en la violencia contra quienes sustentan ideologías contrarias. Los islamistas, por ejemplo, no entienden de libertades, y cuando los medios y los periodistas quieren dar muestras de una ideología libertaria, se convierten en presas de los fundamentalistas, y de los islamistas como tales.

Los cristianos, y particularmente los católicos son modelos de condicionamientos ideológicos que se distinguen no precisamente por ser libertarios. ¿Por qué la Iglesia Católica ha tenido que ceder terreno al discutirse la forma en que mantuvo secularmente ocultos los abusos y violaciones que cometían sus representantes? Habría que preguntar a los propietarios de medios católicos si nunca tuvieron noticia sobre esos hechos que nunca difundieron, lo que constituye un claro arrebato de manipulación ideológica.

Si la religión, específicamente la católica, da importancia a lo ideológico en los contenidos tratamientos de los medios, baste ver cómo el Papa Francisco ha mostrado sistemático interés como congeniar con los líderes de las principales cadenas y redes de comunicación social. Fue Francisco quien invitó al Vaticano al presidente ejecutivo de Alphabaet, matriz de Google, Eric Schmidt. Claro, el Papa ha insistido en que la Internet es un regalo de Dios.

Tenemos como muestra en la que se mezclan varios de los conceptos que emitimos, el caso del atentado terrorista cometido por islamistas contra Charlie Hebdo, el semanario satírico francés, en el resultaron muertas doce personas, incluido el periodista Stephane Charbonnier, director de la revista, el 7 de enero del 2015. El yihadista Amedy Coulibaly también en enero del 2015 entró a una tienda de alimentos judíos, y mató a cuatro personas, también en París, Francia.

Hoy día existe la llamada ideología de género, en la que se alinean defensores y detractores. El debate radica, según los sustentadores de las ideas, en que hay quienes entienden que en lo que tiene que ver con el sexo es más importante lo biológico que lo social. Es un debate ideológico ya que se basa en las creencias y apreciaciones, en los conocimientos de los participantes en el mismo sobre el tema del sexo que hoy día atrae a multitudes que se sienten socialmente comprometidas. En esta controversia juegan un papel determinante los medios de comunicación, que a su vez, emiten mensajes llenos de una carga ideológica según se sitúen. La política y lo ideológico a la luz de los medios de comunicación es tema resaltante como dejamos establecido.

Donald Trump, mientras ha estado al frente del gobierno de Estados Unidos, ha sido un presidente ligado al tema ideológico en el uso de los medios de prensa, como el que más.

En una ocasión llamó a reunión al consejero delegado de Google, Sundar Pichai, para comprometerlo con los fines del Ejército norteamericano y tratar de alejarlo de los intereses de China. Pero Trump en el uso de la red social Twitter ha prescindido y se ha burlado y fustigado los medios tradicionales de comunicación en Estados Unidos

Las redes sociales tienen unos atributos definitorios al hablar de la tecnología digital y la forma nueva de hacer comunicación social. Trump parece una de las figuras mundiales más interesadas en esas características.

Los norteamericanos no están entre quienes puedan ser eximidos del uso ideológico de las comunicaciones sociales, ahora, ni a través de su historia. El mismo Trump resalta en el empeño en utilizar los servicios de la cadena Fox, con su discurso racista y antinmigración, es conocida como una empresa ultraconservadora y en donde se desarrolló el mismo Trump como productor de televisión. Fox se toma como modelo a la hora de tener un ejemplo de manipulación ideológica de los mensajes a través de las noticias.

Cada medio norteamericano, como cada medio de comunicación en todo el mundo puede ser asimilado a sus respectivas posiciones ideológicas, según el tipo de sociedad en que estén insertos. Se toma a los norteamericanos por la capacidad de influencia en la sociedad total sobre la tierra, dado el rol de estar entre las primeras potencias mundiales. Trump agota un discurso netamente ideológico al abordar cualquier tipo de tema, sea económico, político, geopolítico. Su estilo busca el mecanismo del populismo para no tener que dar muchas explicaciones, sino que usa los medios para explotar los gustos y preferencia del público y asimilarlo a la preponderancia del cargo que ocupa y de sus pretensiones como político. Trump lanza objetivos ideológicos al explotar el tema de las relaciones norteamericanas con países como Venezuela, Nicaragua, Cuba, Irán, Ecuador, entre otros. Este presidente radical en sus posiciones sistemáticamente convierte en ideológicos los más inverosímiles asuntos económicos, ecológicos y militares. Este hombre resulta un buen ejemplo cuando se hable de manipulación en los mensajes convertidos en instrumentos ideológicos.

En estos países fustigados por Trump no se diferencian de Trump las formas de expresión ideológica. Trump, en un régimen de plenas libertades exige sumisión, ataca a sus contrincantes queriendo reducirlos a su mínima expresión. Es una metodología ideológica, sin duda. En Cuba, por ejemplo, la pobreza de la información está intrínsecamente ligada al carácter absolutista de su ideología. Y no puede ser de otra manera si se atiende a la definición marxista ya conocida de lo que es ideología. Como no hay libertad, no puede haber diversidad ideológica en los mensajes. Lo mismo está ocurriendo en Venezuela, tras la instauración de lo que se conoce como Socialismo del Siglo XXI, traído hasta allí por la llamada Revolución Bolivariana protagonizada por Hugo Chávez. En Venezuela se atropelló la libertad de empresa y con ella la libertad ideológica. Se estableció un solo canal para las noticias, el canal del Estado y sus protagonistas. En Venezuela ha primado una ideología estatal, como la proclamada por los países marxista, pero como contrapeso a esa realidad de control absoluto las multitudes que adversan al régimen de Nicolás Maduro han encontrado en las redes sociales y en la internet una vía efectiva para escapar al aislamiento y expresar sus denuncias, sus protestas y desesperaciones.

Es precisamente en Cuba es donde se está empezando a plantear, en un empeño por modernizar esa sociedad, la importancia de la propiedad de los medios de comunicación, que como se sabe, siendo ésta una sociedad totalitaria inspirada en el marxismo es cosa normal que los medios comunicacionales sean todos propiedad del Estado. Es su manera de prácticar una ideología. La ideología, en Cuba, es concebida y ejercitada como un instrumento de la revolución y con ese instrumento se monta el sistema comunicacional. Un sistema que sólo tiene credibilidad para ellos y sus congéneres. Pero los cubanos señalan que andan en busca de un nuevo modelo, generado en un cambio estructural. Ellos lo proclaman así en sus eventos y cónclaves donde examinan sus preocupaciones ante el mundo. Dicen que quieren encontrar algo distinto a lo inviable de lo que han tenido hasta ahora como comunicación social. Quieren medios que les permitan mayor confrontación de sus ideas. ¿Una nueva ideología?

"El periodismo verticalista y de reafirmación, si bien permitió fraguar los grandes consensos que demandó el país frente a la agresividad de los Gobiernos norteamericanos, y a estructurar un modelo de sociedad para unas condiciones históricas muy concretas, distorsionó las funciones de contrapeso y equilibrio de los medios, que ocurrió a la par de la de otras estructuras de confrontación democrática del país." Ellos están hablando así. Pero es sin apartarse del concepto marxista de que todo está determinado por lo económico.

Comunicación, persuasión, política

Por todo lo expuesto, es evidente que el líder moderno deberá entender, casi tanto como los comunicadores sociales de profesión, lo que significa la comunicación con las masas. Lo primero es suponer que el líder está consciente de que está destinado a general consenso y manejar realidades virtuales, ¿cuáles son los asuntos de interés para la nación?, pero no el interés visto desde la poltrona del Gobierno, sino desde la óptica de los núcleos sociales que tienen que ser la razón de ser de los líderes. Dicho de otra manera, el líder, si lo es, vive constantemente captando los detalles que componen lo que se llama opinión pública, los cuales nacen del palpitar de los miembros de la sociedad. Los entendidos en la materia ven a la opinión pública como un fenómeno psico-social que nace del surgimiento de un acontecimiento comunitario, social, que ha impactado a la sociedad. El líder moderno, conocedor del intríngulis de la comunicación y sus medios que la condicionan y norman, hará una simbiosis de las percepciones con las percepciones de los miembros de su sociedad, de lo que se llama opinión pública, y conseguirá respuestas, viendo crecer y consolidar de esa manera su condición de dirigente social.

¿No conoce cómo se manejan los mensajes y los medios que moldean y conducen esos mensajes sociales? Debe, entonces, de dejar de ocupar un sitio de liderazgo que no le compete. En 1901, Lenin, el líder bolchevique dejó establecido que "el periódico es no sólo un propagandista, y un agitador colectivo, sino también un organizador colectivo". [5]

¿Quién creía que una figura, al margen de la política de Norteamérica con fines supremos, como Donald Trump, acabaría siendo Presidente de la más grande potencia mundial de la época moderna? Eso, también ya fue estudiado con celeridad, como fenómeno comunicación social de la actualidad. Trump, con ayuda o como fuera, fue sabio manejando como candidato, y lo sigue haciendo como Presidente, menos de diez técnicas de persuasión. Se puede decir que Trump es un populista exitoso.

El discurso de Trump podrá parecer a muchos, un tanto irracional. Pero con todo e irracionalidad, impacta en la mayor parte de la sociedad norteamericana. ¿Cómo ha podido conseguir eso? En general, se considera que tiene un discurso ególatra, elitista, xenófobo, misógino, mal hablado, rodado de escándalos que han sido suficientes para engrosar las páginas de libros convertidos en best-sellers, insulta a la gente, se mofa de todos hasta el escándalo, acumula uno detrás de otros planes sin sentido comunitario, es un ente protagónico a diario en sus contradicciones. Trump, sin embargo, logra mantenerse en las preferencias sociales. Y a su paso, sigue teniendo a la totalidad de la prensa tradicional en su contra. El problema o su solución, parecen estar en que el votante estadounidense escoge a una persona, al momento de concurrir a los comicios, no escoge ideas.

Trump ha tenido y sigue teniendo éxito persuasivo porque "ignora los hechos y crea nuevas realidades que resultan atractivas al público; Trump habla de lo que la gente quiere escuchar, explota la emocionalidad del público. Lo objetivo,

---

5 *RICARDO HOMS; "Estrategias de marketing político". Técnicas y secretos de los grandes líderes. Editora Ariel, Planeta Mexicana S. A. Primera edición, 2000.*

como información, no le importa a este presidente, al momento de buscar conectar con su público que lo escucha. El lenguaje de Trump es siempre lo más inusual posible, lo que menos el interlocutor piensa que va a decir un presidente para descalificar a su oponente. Trump es un artífice construyendo íconos. ¿O es que el proceso de promoción de la necesidad de construir un muro para separar a los norteamericanos de México, no es eso? Construir un muro cueste lo que cueste, pero que sea como lo imagina la gente: bello, grande, alto, con puertas bonitas.

Trump devuelve insultos con insultos, envuelve sus defensas en el mismo traje de sus atacantes. Trump es vago en su discurso y en sus respuestas. A la gente que le sigue no le interesa que él sea preciso, ni que sea certero. Le interesa oír cosas que le satisfacen. Trump lo sabe hacer. Y lo hace desde la cima de la Presidencia de los Estados Unidos de Norteamérica. Él siempre tiene una solución, aunque lo que propone sea algo inverosímil. Quienes lo siguen quieren oír una respuesta, y nada más. Pero que sea una respuesta que les gusta.

Y donde parece que tiene la sartén por el mango es en el manejo de esa mecánica comunicacional clientelista, pero social y moderna: el uso de las redes sociales, de Twiter. Donde el mismo instrumento comunicacional escogido le limita hasta la cantidad de palabras a usar. Eso es lo máximo al momento de ser breve. Brevedad que le impide la crítica y la argumentación. ¿Y cómo, con cuál espacio lo haría? Podrá estar ausente de la capacidad crítica que te autoriza la democracia, pero la brevedad del mensaje ¡la brevedad!, facilita el mensaje: y esa es la consigna clave para que el comunicador tenga éxito en el manejo de los mensajes: la brevedad. Lo bueno, si breve, dos veces bueno. Y los

28

interlocutores de Trump sólo les interesa eso, que hable en la menor extensión posible. Y sus contradictores por igual, para no tener que seguir oyéndolo, ya cuando él ha logrado sus objetivos persuasivos. [6]Si antes fue necesario manejar todo este tinglado comunicacional mediante una tropa en equipo, hoy, sigue siendo igual. Sólo que hoy se requiere mayor solidaridad entre los componentes de ese equipo, porque cada día se hace más complejo. Y hasta raya en lo irracional, cuando uno entiende que se a conseguir un objetivo propio, y el objetivo es el contrario quien se le embolsilla.

Faltaría hablar del contra periodismo, aquel que sirve a la falsedad y a la mentira. Al invento para substituir la verdad de los hechos. Ya sabemos del llamado periodismo amarillo, invento mercurial norteamericano de la matriz de William Randolph Hearst , director y propietario del New York Journal, quien valiéndose de su inmensa riqueza manejó un conglomerado de medios de prensa que influyó en el mundo. Hearst era un personaje frívolo que hizo del periodismo un gran negocio para aumentar su peculio personal y hacer mucho daño a la sociedad. La huella de Hearst fue el anti periodismo, todo lo contrario del periodismo auténtico.

El Periodista informa de lo que sucede, de lo que el periodista ha visto. Hearst informaba a través de sus medios de testimonios ajenos, de manera subjetiva y silenciando circunstancias de los hechos. Deformando esos hechos en sus detalles con el objeto de producir determinados efectos en el auditorio, en los receptores. También se inventan hechos, prefabricándolos, y llevando los periodistas a testimoniarlos como si fueran reales.

A Hearst se le tiene como el padre del sensacionalismo o

6 *https://gutenberg.rocks/las-9-tecnicas-persuasion-llevaron-trump-la-presidencia/ 10Francisco Mermeosolo; "El Origen del Periodismo Amarillo", libros de bolsillo RIALP, Madrid, 1962*

periodismo amarillo, imitado por muchos otros a través de la historia de la comunicación social, desde finales del siglo XIX. No se debe olvidar, asimismo, la otra figura del anti periodismo, Joseph Pulitzer, quien fuera propietario y director del New York World. A Pulitzer se le conoce hoy por una cadena de premios periodísticos establecidos para géneros y profesionales del oficio, evaluando su trabajo.

Pero Pulitzer fue el gran competidor de Hearst en las malas artes del periodismo amarillo. Ambos se odiaban y rivalizaban en el mundo de los negocios de la información y el entretenimiento. Peleaban por lo que se conoce en el mundo de la comunicación por obtener la primicia de los sucesos para valuar sus medios y conseguir seguidores. Hearst tuvo mucho que ver con la manipulación de las guerras en Latinoamérica, sobre todo, en Cuba, en 1898, sucesos de los que se lucró con impudicia manipulando hechos con pasión infortunada.

Estos análisis apuntan, sin dudas, la presunción de que los medios de los periodistas, a través de los medios de comunicación de masa, logran "persuadir" a las audiencias sobre determinadas ideas y acción. Esta teoría, desde el primer abordaje sistemático (Carl Hovland, Irving Janis y Harold Kelley, 1953)[7] , se centra en el cambio de actitud en función de la persuasión, bajo una óptica más cercana a los procesos cognitivos del aprendizaje que al conductismo en boga (Liska y Cronkhite, 1995). Los primeros acercamientos indicaban que el cambio de las actitudes podían ser un método efectivo en combatir el prejuicio, los estereotipos, la delincuencia y los efectos negativos de la propaganda (Philipchalk y McConnell, 1994).

---

7 Hovland, C. I.; JANIS, I. L.; KELLY, H. H.: *Communication and persuasion. New Haven, Yale University Press, 1953.*

Los teóricos alertan sobre la necesidad de que un mensaje persuasivo para que logre cambiar actitudes y conductas debe incidir previamente las creencias de las audiencias a partir de la incorporación de informaciones e incentivos. Por tales motivos el proceso de persuasión puede ser dividido en etapas:

•La fuente (quien emite el mensaje: su experiencia, sinceridad, atractivo, semejanza con el receptor, poder, etc.).

•El contenido del mensaje (calidad de los argumentos, incentivos prometidos, organización, claridad, si pone énfasis en los aspectos racionales o emocionales, etc.).

•El canal comunicativo (visual- auditivo; directo-indirecto)

•El contexto (relajado, serio, agradable o desagradable, distracciones, etc).

Los efectos estarán mediados a su vez por ciertas características de los receptores como la susceptibilidad ante la persuasión, edad, nivel educativo, las condiciones en que se encuentran expuestos al mensaje, creencias previas, autoestima, etc. Entonces esperaremos que un mensaje con argumentos muy complicados y técnicos tendrá ciertos efectos positivos en un público con abundantes conocimientos sobre el tema y con gran interés en saber o en el tema, esperando lo contrario con un público que carezca del interés y/o el conocimiento necesario.

Hovland y su equipo definieron en resumen cuatro posibles efectos psicológicos en los públicos necesarios para lograr que el mensaje persuasivo sea efectivo:

•La atención: Los mensajes deben ser captados. Independientemente de su calidad si no logran captar la atención de las audiencias son inútiles a los efectos persuasivos

•La comprensión: Los mensajes para los efectos persuasivos es necesarios que sean bien comprendidos, no deben ser ambiguos, usar lenguaje rebuscado o ser demasiado complejos.

•La aceptación: El grado de aceptación de un mensaje depende fundamentalmente de los incentivos que ofrezca al receptor

•La retención: Es una etapa necesaria si se pretende que el mensaje tenga un efecto en el largo plazo.

A estos aspectos podemos sumar que las fuentes de mayor poder persuasivo están asociadas a la credibilidad y el atractivo. Ya los estudios de Hovland sugerían que cuanto más creíble fuera la fuente, mayor sería su efecto en el cambio de actitud. En este aspecto vale destacar que esa credibilidad se construye en los medios de comunicación pública y que es uno de los aspectos que se encuentran en mayor crisis en la prensa contemporánea.

Asimismo, las fuentes más atractivas poseen un mayor poder persuasivo, debido posiblemente en que logran mayor atención, también porque su atractivo puede influir en la fase de aceptación. Sin embargo entre la credibilidad y el atractivo los estudios indican que se impone con mayor poder persuasivo aquellas informaciones que sean creíbles.

Estos acercamientos sobre la persuasión, se centran básicamente en el emisor de los mensajes y el mensaje en sí mismo, pero poco ahondan en los receptores o en los usos y gratificaciones que encuentra los públicos con el consumo de los medios de comunicación. Resulta entonces necesario acercarnos a la teoría de los efectos para mirar esa otra cara de la moneda.

Teoría de los Efectos
Aunque a inicios del acercamiento fundamentalmente norteamericano a la comunicación se pensó en la posibilidad

de lograr efectos a corto plazo, efectos mágicos en los diversos públicos que se exponían o intercambiaban con los medios de comunicación de masas, esta idea fue evolucionando y ya en 1960 Joseph T. Mapper, en su estudio clásico sobre los efectos en las comunicaciones de masas, afirma que "las comunicaciones de masas de tipo persuasivo tienden en general más a reforzar las opiniones existentes en el público que a cambiar tales opiniones". Este efecto reforzador, más que conversor parece deberse, según los estudiosos a las diversas mediaciones y factores que intervienen en el proceso comunicativo:

•Predisposiciones y procesos derivados de exposición, percepción y retención selectivas.

•Grupos y normas del grupo al que pertenecen los miembros del público.

•Difusión interpersonal del contenido de la comunicación.

•Liderazgo de opinión

En este sentido emerge la necesidad de entender los efectos a largo plazo de los medios de comunicación en sus públicos y la ciudadanía en general. Así los estudios de los efectos cognitivos ha sido en cierta medida una continuidad de los estudios clásicos de efectos (para refutarlos o para superarlos parcialmente).

Como confirma el profesor de Teoría de la Comunicación de la Universidad de La Habana, José Ramón Vidal[8], la tradición norteamericana de los efectos limitados centraba su atención en los procesos de persuasión destinados a modificar actitudes. El estudio de las actitudes (y de las opiniones como su manifestación verbal) excluía cualquier otro tipo de efectos que excediera el ámbito persuasivo. Sin embargo, bien sabemos ya que el sistema comunicativo provoca efectos

---

8 *Vidal, J. R (s/f) Historia de la Comunicación Social, Félix Valera: La Habana*

ajenos a los procesos de persuasión, tanto en el público, como en las instituciones.

Podemos confirmar luego de una amplia revisión bibliográfica que los medios de comunicación de masas y en la actualidad las redes sociales y espacios informativos en Internet, han sustituido en gran medida a la escuela y a la familia en la formación política de los adolescentes y la incidencia en el público, se manifiesta en tres áreas de efectos de carácter cognitivo:

•inciden directamente en el tipo de valorización del público sobre la política y los políticos

•inciden sobre el grado de compromiso del público con las diversas organizaciones políticas

•desarrollan una notable influencia sobre el grado de consenso de la sociedad sobre la agenda de temas políticos.

En este acápite podemos observar y cuestionar estas aseveraciones cuando se analiza el creciente abstencionismo en las elecciones, no solo norteamericanas; sino en todo el orbe. Es necesario renovar el consenso social y esa es una cuestión que también refleja la lucha ideológica a escala planetaria.

Se puede confirmar que el cambio de perspectiva en el estudio de los efectos hacia su dimensión cognitiva, alejándose de la suposición de efectos mágicos o a corto plazo, ha permitido su contextualización en el marco de una opinión pública cambiante que ofrece un análisis menos fragmentado de las audiencias y el posible impacto de la información en sus actitudes y valores. Esto se complementa con el replanteamiento de la noción de opinión pública heredada de la tradición liberal. "En tal sentido – confirma Vidal- la comprensión de la opinión pública en la sociedad capitalista desarrollada implica una consideración global de la comunicación política y de los efectos cognitivos en su conjunto".

Periodismo, política y elecciones

Vista la trascendencia del periodismo en sentido general, las características psicosociológicas de esta profesión y su incidencia en las libertades y los derechos humanos, veámoslo ahora de una manera más particular, en lo referente a la actividad política que es vital para mantenimiento del sistema democrático. Y también la incidencia en el funcionamiento del aparato partidario objeto de la actividad de los grupos políticos que va a desembocar en un proceso electoral para escoger líderes nacionales y locales.

Cuando suceden acontecimientos trascendentales en el orden social y de la opinión pública, los grupos, encabezados por los gobiernos, suelen asumir posturas de advertencia. Ante actos de terrorismo, por ejemplo, surgen las condenas. Ante graves crímenes, aún no sean actos de terrorismo propiamente dicho, los sectores se sumen en lamentos, advertencias, condenas. Con actos delictivos no violentos, necesariamente, aunque sean violaciones sociales y legales, también los grupos se acogen al clamor. En cada circunstancia, los políticos, agrupados en esos entes que llaman partidos, llamados a ser soporte estructural de la metodología política del sistema, no se sustraen a esos clamores de los grupos sociales. Más que ningún otro, el grupo o partido político, a través de sus voceros y dirigentes clama, sugiere, aconseja, condena, recrimina y se resguarda.

Todas son posturas de corte ideológico como lo son las posturas de los grupos y los seres humanos. Por eso, atendiendo a la ideología de cada grupo resulta fácil dar seguimiento al sustento y la trayectoria de la postura de cada quien tras el acontecimiento. Lo primero que se impone es una declaración pública. Si el asunto es muy grave se procede a la presentación directa ante la prensa, una rueda de prensa. Es decir, se acude a los medios de comunicación para usarlos de soporte ideológico para la conducta reactiva ante el o los sucesos. En esa rueda de prensa o declaración vienen las aclaraciones, las acusaciones, las informaciones interesadas para que la prensa se haga eco de las mismas.

Los partidos y sus voceros suelen informar detalles si los tienen, junto con aclaraciones desvinculándose de los hechos antisociales.

Siempre buscarán desvincularse de hechos de los que podría sospecharse les incumben. Si es posible, suministran información a título de primicias, pero sin aportar datos concretos ni detalles, sólo la acusación que cargan contra algún adversario, basándose en la legitimidad que le da la autoridad, si es que se trata de un político bien situado en un cargo electivo, como sería el de presidente de cualquier país que se vea envuelto en sucesos de violencia o terrorismo. Quienes quieran tener detalles de comportamientos como el que se describe aquí, que acudan a los archivos de sucesos y políticos en España, y desentrañen la historia de llamado 11-M, acciones terroristas ocurridas el 11 de marzo del 2004, en horas de la noche, tras las cuales se produjo un debate con informaciones y declaraciones entre el Gobierno y determinados grupos como ETA, al que se terminaría acusando, entre otros sectores políticos y de opinión. El hecho, se dice, no lo cometió ETA, sino Al Qaeda, grupo islamista. Pero el gobierno quería como ente político, pescar en ese mar revuelto. El gobierno, encabezado por sus voceros más representativos diría a la prensa, de inmediato la versión con la respectiva acusación, política, indudablemente. La prensa sería el preservativo usado para vaciar toda versión oficialista sobre los hechos. Todo construido en versiones y descripciones sin confirmación alguna, en contradicción, incluso con lo que decían los organismos policiales y de seguridad del mismo gobierno, que andaba detrás de convencer al público por una razón política partidista. A raíz de este hecho se resalta la sumisión de la prensa española aceptando la versión del gobierno, a pesar de la cadena de detalles surgidos en el país y el exterior, entre autoridades y medios de prensa, viendo con claridad que los autores de ese atentado terrorista habían sido los islamistas. España en ese momento se había unido a Estados Unidos, Reino Unido, e Israel, en la guerra en Irak.

Ese involucramiento se debía a que el hecho ocurrió en medio de un proceso electoral que culminaba, tres días después. Los oficialistas perderían esos comicios, en España. Los dirigentes del PP, partido oficialista, se destacaron en esos días por influir con mentiras a los medios de información, en busca de confundir y obtener ventajas. La paliza electoral que la población le propinó a los mentirosos sobre el atentado del 11-M, en el que fallecieron alrededor de doscientas personas, fue brutal. "...el gobierno desinformó, ocultó datos, urdió patrañas, tergiversó, mintió de forma deliberada a los españoles e intentó inducirle a engaño sobre la autoría de los atentados haciendo uso de los servicios de inteligencia, de los cuerpos y fuerzas de seguridad del Estado, de los medios de comunicación de titularidad pública y del servicio exterior, entre otros medios de carácter público. Esa incesante cascada de mentiras políticas, cuando estaba en juego el valor básico de la vida y el respeto a los muertos y a sus deudos, fue castigada con la expulsión del gobierno". [9] (...) «Los políticos

---

9 Miguel Catalán; *"Prensa, verdad y terrorismo: la lección política del 14-M". El Argonauta Español,*

necesitan más que convencimiento para enfrentarse a una crisis de [la magnitud de los atentados de Madrid]. Necesitan gozar de un nivel excepcional de confianza por parte de su pueblo. Claro que las bombas influyeron en el resultado de las elecciones. Pero se pude argumentar que más importante fue que Aznar, que dio la impresión de ocultar o minimizar pistas que llevaban al terrorismo islámico, no vasco, perdió esa confianza». [10]

Los políticos son los mismos en todas partes. Actúan movidos por una sicología y una ideología similar. Ideología que no es distinta a la ideología de las sociedades que los soportan. Los políticos siempre buscan la prensa para apoyarse en esta y en sus principios. Terminan pasando por encima de esos principios a cada paso que pueden. Siempre convocan la prensa para exponer y discursear, y comprometerse. Los políticos andan siempre en busca de la prensa para que les sirva de plataforma en su búsqueda de adeptos y seguidores. No hay un espacio de radio o televisión, ni columna escrita que no quieran utilizar para favorecerse. Los políticos se valen de un ejército constituido por especialistas en forjar imagen hacia el público: están los relacionistas públicos, los publicistas, los especialistas en marketing, los diseñadores. Y ahora, los expertos en manejo de los medios electrónicos, como las redes sociales, las webs diversas, los sociólogos encuestadores. Con toda esta gente detrás, los políticos buscan que todo lo que dicen o hacen aparezca en la prensa con caracteres positivos. Y la prensa que es de su misma ideología, los sirve con placer, no importa lo que denuncien, lo que afirmen, lo que digan o prometan.

---

en línea. http://journals.openedition.org/argonauta/1191 #ftn4

10 Idem.

Todos ganan titulares en los medios de comunicación social. Los políticos usan la prensa para ganar el poder.

Todo es esfuerzos de los políticos en la prensa será dirigido a que se le ayude a ganar el poder, en un sistema democrático, a través de las elecciones, en las que debe participar la población.

La prensa suele ser la gran aliada del político. El político la utiliza y hasta paga por ello. Y es que los medios tienen un papel fundamental en el soporte de la democracia. La prensa sirve toda la información institucional relacionada con los procesos electorales, lo que facilita el acceso de los electores a sus preferencias como votantes, a sus líderes participantes, a sus planes y programas en oferta. Institucionalmente, los gobiernos, el Estado, son los responsables de trazar las pautas para que los votantes se ciñan, igual que los políticos, a determinadas reglas de juego. Un gobierno y las instituciones del Estado están en capacidad de establecer plazos, norma el uso del lenguaje, para la publicidad de los políticos, en tiempo de elecciones, sin que esto signifique violación alguna a los derechos y libertades de que deben gozar. Sin medios de comunicación, la democracia sería muy difícil de manejar. Por eso los medios son regulados en su actividad electoral.

Hay que ver cómo se ha desarrollado esta actividad en favor de los políticos. Un candidato, por ejemplo, organiza una manifestación a la que convoca a sus seguidores y curiosos. Pero esto lo hace con la idea de que la televisión, y en ocasiones, simultáneamente, la radio, se hagan eco de esa actividad. Por eso existen las regulaciones del uso de la publicidad, las normas para los debates entre candidatos a través de los medios electrónicos. Claro, cuando las normativas no están claras, o cuando no existen esas normativas, se cometen barbaridades y abusos de frente a los receptores de los mensajes de los políticos quienes aprovechan al máximo la ausencia o las fallas de las regulaciones, en connivencia con los propietarios de los medios, quienes obtienen buenas ganancias financieras en esta época.

Los partidos y sus dirigentes, los políticos, se nutren cada vez más de los mismos procedimientos comunicacionales que los votantes a los que dirigen todos sus esfuerzos por conquistarlos para fines electorales. En el fondo, esto es resultado de que políticos y votantes profesan la misma ideología y se confunden en la metodología de trabajo para sus fines. Los dirigentes políticos, acorde con el avance comunicacional y de las tecnologías para esos fines, son usuarios de las redes sociales y de todos los recursos de la Internet. Tienen la ventaja, ante los votantes, de que disponen de recursos que les facilita el ejercicio político para el manejo de tales mecanismos comunicacionales.

La diferencia se la dan a los políticos ya que pueden, simultáneamente manejar varias redes y recursos tecnológicos. Uno se imagina que cada político dispone por lo menos de una computadora o un teléfono inteligente, con sus respectivas cuentas de usuario en las compañías que venden los servicios tecnológicos.

Los políticos que no están obligados a estar en sus curules, o en sus oficinas, disponen de esos servicios a título personal. Pero aquellos que están obligados a servir los puestos para los que fueron electos tienen a su disposición de manera institucional el financiamiento de esos recursos y equipos.

Un político puede construir un sitio en YouTube, por ejemplo, y tener quien se lo administre por paga, como productor de los mensajes y como asistente tecnológico.

Pero no sólo eso, sino que los políticos de hoy día tienen a su disposición grupos humanos, como servidores, que conocen las técnicas comunicacionales con las que cumplen sus compromisos pagados por los políticos, o por las instituciones. Muchos de ellos no sólo se valen de los recursos tecnológicos más avanzados, sino que disponen de la propiedad de medios tradicionales de comunicación, como medios impresos, estaciones de radio y televisión.

Los votantes disponen de acceso a todos esos recursos, pero tienen que buscar soluciones como usuarios independientes, solitarios, y desarmados de los recursos económicos que tienen a su disposición los políticos. Para paliar este desajuste no existen regulaciones que emanen de textos legales o reglas institucionales.

La meta de los políticos y sus partidos es la de irradiar hacia la sociedad y los votantes mensajes que los persuadan en su favor. Ya vimos cómo algunos políticos, como es el caso del presidente norteamericano Donald Trump creen a ciegas en el recurso de la persuasión. Lo veneran y lo usan, algunas veces de manera agresiva para forzar que el mensaje en términos populista llegue a su destinado y logre los fines pertinentes.

Los políticos tienen acceso fácil, asimismo, a las técnicas y recursos instituidos por los profesionales de distintas áreas de la comunicación. En eso entramos de inmediato para conocer de esos recursos.

Podemos asegurar que como confirma Ricardo Montoro, en su texto "Nuevos desafíos de la comunicación para un mundo en cambio", la clase política y los gobiernos tienen una especial relación con los medios de comunicación. "El impulso natural de cualquier gobierno, aun siendo el más democrático del mundo, le lleva a intentar controlar de alguna manera los principales medios de comunicación. Es un modo de defenderse de ellos, de evitar que le hagan daño. Cuanta más libertad de expresión haya, más tenderá el Gobierno a aliarse con los medios de comunicación; más les temerá. Y, en el otro lado, los medios son perfectamente conscientes de su influencia, y tenderán también a abusar de ella. En medio queda el ciudadano de a pie, que asiste atónito a las luchas entre medios y políticos que se producen delante de sus narices. En una democracia consolidada, no está bien visto que el Gobierno tenga el control de ningún medio de comunicación". Sin embargo, continúa Montoro, el gobierno norteamericano, independientemente del partido político o presidente en la Casa Blanca, carece de ese control directo, y, en Europa, las cadenas estatales como la BBC y EFE, aun siendo públicas, mantiene su independencia del Gobierno. Aunque se puede afirmar que siempre será una independencia difícil aunque se continúe intentando. La filiación de los medios de comunicación es, sobre todas las cosas, con los grupos económicos que los financian.

En Latinoamérica, sobresale el caso mexicano que "con notables y contadas excepciones", según confirmó el desatacado periodista mexicano Gerardo Albarrán de Alba, director de la revista electrónica Sala de Prensa, la gran prensa desde sus inicios, se inclinó como práctica más generalizada ante el presidente en turno, quien determinaba la agenda pública de los medios y subordinaba a la prensa. En la actualidad la prensa mexicana se encuentra en un proceso transición y muchos profesionales críticos de los medios de comunicación, aseguran que esa subordinación de la prensa frente al Estado se ha invertido, y "ahora, continuó Albarrán de Alba, son los grandes grupos mediáticos –particularmente la televisión– los que someten a sus propios intereses una buena parte del juego político nacional, en gran medida debido a la incapacidad política de la actual administración panista en el poder, la cual, de forma encomiable, al pretender renunciar a los poderes metaconstitucionales que había concentrado la Presidencia de la República, pero sin tener a cambio un proyecto de institucionalización de la vida pública nacional, terminó por abandonar también la mayor parte de sus responsabilidades como conductor del Estado".

Otros casos podrían servir de ejemplo de las líneas de conexión entre los periodistas y las elecciones es la, ya clásica, elección de Jair Bolsonaro quien encontró en los medios digitales, las diversas plataformas de redes sociales e internet, una importante tribuna que le garantizó los votos necesarios para ser elegido, a pesar de sus altos niveles de desaprobación social.

Estos análisis y estudios de casos permiten introducir la necesidad de comenzar a visibilizar la relación evidente entre la política y los medios de comunicación. La propaganda, entendida como la esfera de comunión entre la política y la comunicación pública, desborda el espacio de las pancartas y lumínicos, para confundirse con la información de interés colectivo.

Relaciones entre Política y Medios de Comunicación

La civilización occidental se cimenta en algunos principios como la libertad y la igualdad. Sin embargo, estos conceptos se difuminan en la actual avalancha de imágenes sin control que relativizan la importancia de los acontecimientos y dificultan la búsqueda de referentes. Por tales razones, la centralidad de los medios de comunicación como espacios para el ejercicio y la práctica política, se ofrece como un espacio donde esas sobreproducción de imágenes encuentran una lógica y una legitimidad.

Pero comencemos por el inicio. La Escuela de Chicago, en las décadas de los años veinte y treinta, en medio de lo que conoció como "revolución behaviorista", se dedicó a estudiar la importancia de la psicología, en su versión conductista, en la participación política. Así, Richard Jensen (1969) uno de los pensadores de dicho grupo, describe el encuentro entre los politólogos y los psicólogos de la siguiente manera: "El largo camino recorrido por Merriam desde el progresismo hasta el estudio del comportamiento psicológico fue parejo al avance de los politólogos en conjunto. La segunda conferencia sobre 'ciencia de la política' se celebró en Chicago, adonde llevaron a varios de los más brillantes psicólogos de la época especialmente Thurstone de Chicago y Floyd Allport de Siracusa. Thurstone y Allport aprovecharon la oportunidad y, en cinco días de septiembre de 1924, revolucionaron la ciencia de la política al conseguir que prácticamente todos los dirigentes de la profesión aceptaran el punto de vista de la persuasión conductista".

Luego de los aportes del movimiento behaviorista, que comenzó a valorizar al individuo, sus valores y motivaciones así como identificar aquellos componentes de la actitud que elaboran las identificaciones políticas del hombre, se comienza a pensar en la comunicación política como uno de las tipologías que pueden expresarse en los medios de comunicación de masas. Esta comunicación política puede definirse como "el tipo particular de mensajes -y de informaciones–que circulan dentro del sistema político y que son indispensables para su funcionamiento, ya que condicionan toda su actividad, desde la formación de las demandas hasta los procesos de conversión, y las respuestas del mismo sistema" [11]Por ello, el poder político tiende a crear y mantener una despolitización de la opinión pública, una

---

11 *Panebianco, A.: *Comunicación política" in Bobbio-Mateucci: Diccionario de política. Madrid, Siglo XXI, 1982*

despolitización de las masas para poder irla moldeando según las necesidades en cada momento en concreto.

Para M. Moragas,[12] "la comunicación política está compuesta por distintas facetas y niveles:

1.-Sistemas de comunicación como instrumentos, no propagandísticos, sino organizativos de la actividad política y administrativa.

2.-Utilización política de la industria cultural, es decir, uso y fines políticos de la cultura de masas.

3.-Comunicación masiva y su papel en orden a mantener una conducta adecuada al 'statu quo' político y económico.

4.-Recursos comunicativos como sistema de oposición al poder establecido (contrainformación, comunicación de resistencia, comunicación alternativa).

5.-Procesos concretos de persuasión política (referéndums, elecciones, campañas de sensibilización, etc.)".

Esta sistematización permite comprender como el prestigio de los medios de comunicación, el tipo de mensajes transmitidos y la frecuencia de los mismos son determinantes para la formación de las actitudes de la opinión pública. Por tales razones, MacLuhan conciben que lo importante no es el contenido del mensaje sino la manera, la frecuencia y el canal por el que este se transmite. Así se concluye que los medios de comunicación lejos de ser perfectamente neutrales, determinan las formas de pensar, de actuar y de sentir de la sociedad.

La comunicación es una creadora de un espacio político y según resume Gabriel Colomé de la Universidad Autónoma de Barcelona "la acción política parece tener por objeto la producción de lenguajes y de símbolos: textos jurídicos, circulares ministeriales, órdenes, discursos, programas

---

12 Moragas, M. de (ed.): *Sociología de la comunicación de masas*, Barcelona, Gili, 1979.

y ceremonias. Los símbolos a los cuales recurre la vida política pueden ser muy variados: las imágenes, la música, los objetos, el uniforme, la arquitectura. Todos producto de la actividad humana puede ser tomados y valorados para la acción política".

Grainsci[13] afirma que el Estado "gobierna con el consentimiento de los gobernados, pero con el consentimiento organizado, no genérico y vago como se afirma en el momento de las elecciones. El Estado tiene y pide el consentimiento pero también lo 'educa' igualmente por organismos privados. El consentimiento 'espontáneo' es dado por las grandes masas de la población a la orientación emprendida de la vida social por el grupo dominante fundamental, consentimiento que nace 'históricamente' del prestigio (y, por lo tanto, de la confianza) que el grupo dominante obtiene de su posición y de su función en el mundo de la producción".

Sin embargo, el rol de los medios de comunicación en las campañas políticas ha cambiado en los últimos años drásticamente y los efectos de los medios de comunicación es ahora mayor. No obstante esta influencia es menos aparente y los procesos a través del cual esto sucede, y las ramificaciones de los efectos de los media para el sistema político son cada vez menos explorado especialmente luego del impacto de las nuevas tecnologías de la información y las comunicaciones. Al respecto Diana Owen, de la universidad de George Town de Washington en Estados Unidos asegura que "los nuevos medios de comunicación surgidos después de la aparición de internet siguen evolucionando vertiginosamente a través de formas novedosas y a veces imprevistas, que suponen serias consecuencias para las políticas y los gobiernos democráticos.

---

13 Gramsci citado por Colomé, G (1994), *Política y medios de comunicación: una aproximación teórica, Universidad Autónoma de Barcelona. España*

Los nuevos medios han alterado radicalmente la manera en la que funcionan las instituciones gubernamentales, han obligado a cambiar la táctica que utilizan los políticos para transmitir sus ideas y posicionamientos, la estrategia para disputarse las elecciones y el compromiso ciudadano".

Esta investigadora asegura que los nuevos medios (páginas web, blogs, plataformas para compartir vídeos, aplicaciones digitales y redes sociales) han modificado las formas en que funcionan las instituciones gubernamentales y como se comunican los líderes políticos. Han transformado el sistema de medios políticos y redefinido el papel de los periodistas. Han influido enormemente en la forma en que se disputan las elecciones; y han cambiado la forma en que los ciudadanos se implican en la política.

De igual manera los nuevos medios, como ella los clasifica, han introducido grandes peligros como es la diseminación de contenidos triviales, poco fiables y altamente polarizados que confunden a los receptores quienes con alta frecuencia siguen asociando a la verdad, la letra, la imagen o la información publicada. Aunque la diversidad de contenidos políticos promovidos por los nuevos medios ha permitido una mayor multiplicidad de voces en el panorama de la opinión pública, se puede verificar que han sido fundamentales para la cobertura política en una sociedad de la postverdad, en la que falsedades que contienen pequeñas referencias a hechos reales pasan por noticias.

De igual manera algo pernicioso es la relación simbiótica que se establece entre los medios de comunicación clásicos y los nuevos ya que los consagrados han incorporado a los nuevos en sus estrategias informativas con el fin de acceder a las grandes audiencias y sus contemporáneas formas de consumo.

Así, se funde el contenido político con elementos de la industria del entretenimiento. Un ejemplo fue la campaña digital del presidente demócrata Barack Obama. El equipo de Obama, apuntó Diana Owen, hizo un uso avanzado de las redes y los medios digitales que sacaban el máximo rendimiento de la interconexión, la colaboración y el potencial de generar lazos comunitarios de las redes sociales para crear un movimiento político. Su campaña fue pionera en las tácticas de minimarketing digital. Utilizó las redes sociales para recopilar datos sobre las preferencias políticas y de consumo de la gente, y generó perfiles de votantes para seguir a grupos concretos, como los profesionales jóvenes, con mensajes a medida para ellos. Muchos ejemplos han sucedido luego de la experiencia del presidente Obama y su equipo, análisis que nos permiten concluir, al igual que Diana Owen, que los nuevos medios han expandido y también socavado los papeles tradicionales de la prensa en una sociedad democrática.

No obstante, se puede resaltar como positivo que han incrementado la posibilidad de que la información y las estrategias de las diversas campañas políticas, llegue incluso a los ciudadanos más desinteresados y propicia nuevas vías para que se establezca el flujo de esa información y se construyan nuevas estrategias de colaboración y compromiso entre la clase política y los ciudadanos.

Al mismo tiempo continua Owen, "la unión del auge de los nuevos medios y la sociedad de la postverdad ha generado una situación precaria que subvierte los aspectos positivos. En la actualidad, parece que hay frenos eficaces a la marea creciente de inteformación falsa. La sustitución del periodismo de investigación serio por la cobertura de escándalos ha debilitado el papel de controlador de la prensa. La postura ambigua de los medios como voceros de los políticos hace que los periodistas sean cómplices de la proliferación de desinformación y hechos inciertos".

Ese rol de guardián público que era atribuido a los medios de comunicación se deconstruye a la vez que se difuminan los límites entre política y medios de comunicación.

MORAL, ÉTICA Y COMUNICACIÓN

Es el ser humano, la única especie capaz de valorar y dotar de sentidos subjetivos los actos propios y los de los demás que lo rodean en la organización social contemporánea. Esta capacidad desarrollada durante años de evolución de la especie, unida a la necesidad de construir patrones, reglas y normas para la vida en grupo abre el camino al surgimiento de lo que hoy conocemos como conciencia social que encuentra en la moral un espacio para su consolidación.

Diferenciar los bueno de lo malo, es base para la socialización y los criterios para esa ejercicio constante de valoración que desarrolla el hombre y las distintas instituciones socializadoras, requiere de un cuerpo sólido que se transmita a través del tiempo. La conciencia moral es entonces parte de la vida espiritual de la sociedad y de la psicología social o conciencia común, formada espontáneamente en base a la experiencia vital de la sociedad y sus realidades.

Por tales razones varios son los valores que los filósofos han atribuido a la moral como sistematiza Julio García Luis (2004):

•Cognoscitivo, ya que nos proporciona una visión del mundo y sirve para que interpretemos los hechos que ocurren en nuestro entorno

•Afectivo, puesto que se vincula indisolublemente con nuestras emociones y sentimientos

•Conductual, porque trata de orientar de forma práctica nuestro comportamiento, nuestras actitudes y acciones en cualquier área de la vida

La amplitud de características, ámbitos y funciones de la moral, ha incidido muchas veces en la dificultad de su definición. Adolfo Sánchez Vázquez , destacado filósofo español-mexicano, la define como "un sistema de normas, principios y valores, de acuerdo con el cual se regulan las relaciones mutuas entre los individuos, o entre ellos y la comunidad, de tal manera que dichas normas, que tienen un carácter histórico y social, se acaten libre y conscientemente, por una convicción íntima, y no de un modo mecánico, exterior o impersonal".

Así el ser humano adquiere y desarrolla su conciencia moral en un largo proceso que comienza desde la infancia cuando nos caracterizamos por la heteronomía moral hasta que podemos considerarnos moralmente autónomos. Gracias a las experiencias vitales y no exclusivamente a través de la prédica o la persuasión se va conformando ese universo personal y colectivo que nos permite juzgar y regular nuestras conductas.

El vocablo "moral" proviene del latín mores, costumbres, carácter y la palabra "ética", del griego ethos, lugar habitual de vida, uso, carácter. Sin embargo, desde hace muchos años, los términos moral y ética han sido empleados para aludir a un mismo concepto: el conjunto de principios y normas de conducta que regulan las relaciones entre los hombres. Por eso, en algunos momentos se le ha entendido como conceptos equivalentes. Ambos términos hacen hincapié también, en un modo de conducta, que es adquirido o conquistado por hábito. Por su parte la ética, que muchas veces se utiliza como sinónimo de moral, tiene un significado distinto aunque ambos conceptos se encuentran estrechamente relacionado. La ética es el campo del conocimiento o la ciencia que se ocupa del estudio de la moral. Por tales razones Julio García Luis (2004) sintetiza las diferencias y semejanzas entre ambos conceptos:

1.-La moral existe como ideas reales en la que se entremezclan elementos espontáneos y aquellos elaborados y trasmitidos por la sociedad, mientras que la ética solo existe como teoría.

2.-La moral existe a lo largo de toda la sociedad humana, al menos desde que esta trasciende el estadio de la horda primitiva; la ética,

en cambio, solo surge cuando se separan el trabajo físico y el intelectual, en los inicios de la sociedad de clases esclavista.

3.-La moral actúa en el plano de la reflexión práctica del ser humano ante la vida y sus problemas inmediatos. La ética es una reflexión en el plano teórico, que trata de ser racional y sistemática.

4.-La moral existe como acción, pasada, presente o potencial; la ética como valoración. En otras palabras: la moral es concreta, la ética es abstracta.

5.-La ética no da moral, en el sentido de que no por conocer mucho de ética y tener una amplia información intelectual al respecto se es necesariamente una persona con una mejor formación moral.

Un académico puede ser un individuo de conducta moral deficiente, mientras que un simple trabajador puede resultar, en cambio, una persona de gran integridad moral. Sin embargo, la ética puede influir sobre la moral de modo indirecto al proveer a la política, el derecho, la educación, los medios de comunicación o la cultura de una determinada filosofía.Por tales razones, la ética y la moral son inseparables y se apoyan en instituciones de la sociedad para crear, consolidar, transformar, actualizar la conciencia moral. Una de esas instituciones son los medios de comunicación y la comunicación en sí misma como práctica sustancial del ser humano. A través de la comunicación la moral y el pensamiento ético se transmite de generación en generación y se establece como criterio normativo que luego puede conducir a conductas de regulación y autorregulación social. Como afirmó Van Dijk (1997) los medios de comunicación tienen una gran importancia en la creación y transmisión de ideas y actitudes en las poblaciones, "ya que la mayor parte del conocimiento social y político, así como las creencias sobre el mundo que adquirimos, provienen de las numerosas informaciones que difunden a diario los medios de comunicación y añade que posiblemente no hay otra práctica discursiva, aparte de la conversación cotidiana, que se practique con tanta frecuencia y por tanta gente como son el seguimiento de las noticias en prensa y televisión"[1]

Distintas corrientes de pensamiento ético

Mezclado con otros campos como la filosofía y la religión, el pensamiento ético comienza a delinearse en las primeras civilizaciones de la humanidad. Esta presencia se puede identificar en el pensamiento filosófico griego dentro de los conocidos "filósofos de la naturaleza" de la escuela jónica: Tales de Mileto, Anaxímenes, Anaximandro, Heráclito de Efeso. Ya en Demócrito de Abdera, se encuentra un primer intento más explícito por delimitar el campo de la reflexión ética.

---

1 *Van Dijk, T. (1997) Racismo y análisis crítico de los medios. Barcelona. Paidós*

La eterna pregunta filosófica: ¿qué es la virtud?, y el consecuente necesidad de conocer cómo se forman ciudadanos virtuosos y se organiza la vida pública para fomentarla, impulsó de manera decisiva la reflexión ética en la antigua Grecia. Así los sofistas, Sócrates y Platón se acercan a este campo. Sin embargo, fue Aristóteles el verdadero sistematizador de la ética como disciplina filosófica, la cual desarrolla en su obra "Ética a Nicómano" fundamentalmente. Aristóteles defiende la idea del albedrío humano e identifica el bien como lo justo. Luego de revisar estos antecedentes podemos confirmar, también a partir del estudio del entorno sociopolítico griego, que la ética surge encuentra su espacio como ciencia o saber constituido, como resultado de la división o diferenciación entre el trabajo manual y el intelectual y la consolidación de la sociedad clasista en que evoluciona.

La ética en sus primeros tiempos se separa de la conciencia moral espontánea de la sociedad. Aristóteles, uno de sus creadores, la comprende como un "saber de lo práctico". Por eso desde estos momentos iniciales la Ética tiene también, además de su significación estricta, un significado amplio que engloba a la economía y la política.

Filósofos posteriores como los epicúreos y los estoicos proponen otros ejes al pensamiento ético que, en combinación con la doctrina aristotélica, son las cimientes de las dos grandes corrientes del pensamiento ético moderno: la ética del deber de Kant y la ética utilitaria de John Stuart-Mill. Aunque otros nombres contribuyeron indiscutiblemente al desarrollo del pensamiento ético como Tomas de Aquino y Juan Jacobo Rousseau, la filosofía clásica alemana en la figura de Enmanuel Kant (1724) confirma que lo moral es lo que obedece a la motivación interna por cumplir el deber. Por su parte, el utilitarismo de John Stuart-Mill (1806) refleja la ideología conservadora del capitalismo, una vez que ha consolidado su poder, y aspira a orden, estabilidad, progreso y beneficios.

Es el filósofo positivista Stuart-Mill quien propone que el ser humano es por naturaleza egoísta, con lo cual se justifican determinas reglas económicas. No obstante, esa esencia individualista del hombre puede ser ajustada a través de la educación que debe de mediar entre el interés público y el privado.

Por otro lado, encontrando asideros en la filosofía marxista y en la moral cristiana, la ética de la liberación latinoamericana sostiene, como confirma Paulo Freire, la centralidad de la ética en el pensamiento filosófico y la cultura, y defiende que la ética de la liberación es la ética absoluta, pues defiende el principio de la justicia como valor supremo y descansa –frente al discurso hegemónico y autoritario del poder- en el diálogo, como camino para el verdadero humanismo, la construcción democrática de la verdad y la comunicación entre los hombres. El humanismo, para ser auténtico, solo puede ser dialógico [2].

Sin embargo, existe consenso entre los pensadores en la idea de que en el campo ético-filosófico, fue la cultura anglosajona la que más influencia ha tenido en gran parte de los países industrializados y es base del pensamiento liberal y neoliberal. Como concluye Robert White[3], el análisis de los factores políticos y sociales que influyen en el desarrollo de la ética comunicacional contemporánea sugiere que el ethos de la comunicación ha surgido como parte del movimiento de clases sociales ascendentes que aspiran a un status profesional

---

2 Freire, P. (1993). *Pedagogía de la esperanza. México. Siglo XXI*

3 White. R. (1979) *"The need for new strategles of research on the democratization of communication". In Media development: A reader. Ed. by Michael Traber. London: Sage Publications*

que identifican con el mito del progreso basado en la ciencia. La internacionalización de la ética de la comunicación se ha dado en el contexto de la modernización en todo el mundo, la cual es una extensión de la hegemonía de naciones que tenían una temprana primacía en la tecnología científica y la industrialización.

La aspiración por elementos en común en la ética de la comunicación se establece dentro de estos mismos parámetros. Las filosofías alternativas de la comunicación se desarrollan en contextos políticos y culturales no occidentales, pero no han logrado una participación significativa y coherente en la discusión internacional sobre la ética de la comunicación.

Concluyendo, podemos identificar que existen dos vertientes de la ética como ciencia y que fue bien sistematizada por Nicola Abbagnano[4] , pensador positivista italiano:

1. Aquella que identifica a la ética como ciencia del fin de la conducta del hombre y de los medios para alcanzar ese fin, o sea, una ciencia que traza conceptos e ideales: Ética Sustantiva.

2. Aquella que ve a la ética como la ciencia del impulso o mecanismos de la conducta, y trata de dirigirlos o encauzarlos, esto es, una ciencia reguladora: Ética Normativa.

Asimismo, con el auge de desarrollo científico técnico e info-comunicacional experimentado desde finales del siglo XX, aparece una corriente de ética aplicada que intenta fundamentar el manejo de todas las esferas de la vida de la sociedad incluida la ciencia, la innovación, el medio ambiente, el contenido de la globalización, etc. Un escenario donde cada vez se apela con más frecuencia a la ética como vía para dirimir confrontaciones; pero donde su contenido realmente es más manipulado y desconocido.

---

4 Abbagnano, N. (1973) *Diccionario de Filosofía. La Habana. Edición Revolucionaria*

Lo moral y lo deontológico

Existe una íntima relación entre lo moral, lo ético y lo deontológico. Como confirmó Luis López Bombino [5], toda ética es deontológica, en tanto procura siempre orientar la conducta del ser humano

en relación con los deberes, con el deber-ser. De aquí que los primeros antecedentes de lo deontológico se pueden identificar en el código de conducta del Juramento Hipocrático en el campo de la medicina y luego en el Derechos los abogados intentaron regular su accionar. Ambos son espacios profesionales donde juega un importante rol la observancia de los códigos deontológicos ya que permiten una guía para la regulación y la autorregulación.

La deontología o ciencia de lo debido (del griego deon y logía), entonces, puede ser entendida como "una parte especializada de la ética -ética aplicada- que considera y traduce en normas el aspecto moral del hombre en el ejercicio de su profesión".[6] Es decir que hace referencia al conjunto de principios y reglas éticas que regulan y guían una actividad profesional.

En el campo de la comunicación durante el siglo XIX se encuentra la primera iniciativa para regular la actividad de los medios de comunicación. Charles Dana, importante editor, promueve la necesidad de un código periodístico para corregir el sensacionalismo, la corrupción y otros asuntos negativos que marcaban a la prensa de ese país. Así como privilegiar los mejores valores y prácticas de los profesionales de los medios.

---

5 *López Bombino, L. (2002) "Los códigos de ética profesional: ¿enriquecen o empobrecen el trabajo científico? Ed. L. López Bombino. Ética y Sociedad. Tomo 1. La Habana. Editorial Félix Varela.*

6 *Gomes, P.G (1997) Comunicación Social, filosofía, ética, política. San Leopoldo, RS, Brasil. Editora Unisinos*

Luego estos códigos se fueron desarrollando y ampliando para abordar los espacios de protección de los derechos fundamentales de los emisores y los receptores. Sin embargo existen muchas críticas al desarrollo de códigos deontológicos en todos los países y en todas las especialidades y medios de comunicación.

Como paladín de esta crítica se encuentra Antonio Pasquali (1990)[7] , al criticar el llamado boom deontológico, destaca que las deontologías son el más exquisito invento de un sistema hedonístico-utilitario, de una moral liberal-burguesa de comerciantes,

1) para olvidar la dimensión social y universal del problema moral, y sustituirlo por códigos sectoriales y corporativos de "deberes";

2) para impedir con dichas normas corporativas y de nivel "moral"

(o sea, sin tribunal interno), el advenimiento de normas jurídicas emanadas del Estado, que regulen y sancionen "foro exteriore" la violación (...) ... la deontología encierra al menos potencialmente los peligros de un "fascismo moral" (por su carácter corporativo), de ahondar el divorcio artificial entre norma moral y norma jurídica ("me regulo moralmente para que no me regulen jurídicamente") y de una pérdida de universalismo ético que perpetúa un mundo moral hobbesiano..."

Sin embargo, este podría considerarse un criterio muy absoluto y radical que, si bien se encuentra en el centro de la crisis deontológica que atraviesan los medios de comunicación, no contempla la indiscutible importancia del ejercicio normativo en esta área de las ciencias sociales.

Como alerta Julio García Luis :

---

7 Pasquali, A. (1990) Comprender la comunicación. Caracas. Monte Avila Editores

•Los cuerpos deontológicos pueden tener vigencia si los sujetos de la acción moral de que se trate, una comunidad profesional, por ejemplo, han participado en su elaboración y los reconocen conscientemente como suyos.

•Lo deontológico, a su vez, nutre y fortalece lo axiológico, al darle asideros concretos con la realidad comunicativa y sus problemas.

•Los cuerpos deontológicos, dinámicos y cambiantes, permiten el ajuste incesante del sistema de valores a las transformaciones que tienen lugar en el entorno.

•Gracias a lo deontológico, ya se trate de códigos recogidos formalmente o de normas espontáneas y no escritas, los sistemas de comunicación aprenden de la realidad y fijan sus experiencias como parte de un proceso de culturización de tipo ético y profesional.

La deontología profesional, entonces, en tanto la mayor parte de las veces se expresa en códigos escritos y aprobados por los propios profesionales del gremio, es uno de los órdenes reguladores del ejercicio de una especialidad, en una situación intermedia entre el derecho y la moral. Aunque muchas veces se incurre en violaciones de los aspectos relacionados en los códigos deontológicos, las consecuencias no son necesariamente coercitivas como en el caso de los códigos jurídicos.

Sin embargo, como alerta en El País, María Dolores Masana, la ética es un requisito transversal, permanente y universal desde cualquier soporte de prensa. "En periodismo la deontología profesional es la única garantía para la credibilidad de los medios ante los ciudadanos. Partiendo de la base de que la deontología periodística es de ámbito público, solo será eficaz si se da un compromiso voluntario" [8]

---

8 *https://elpais.com/diario/2011/07/28/opinion/1311804005_850215.html*

Por tales razones, la supervivencia del periodismo depende de la responsabilidad ética que los medios y los periodistas y profesionales de la comunicación en sentido general, asuman respecto a los derechos de los ciudadanos a recibir una información veraz mediante una buena praxis. Es entonces la ética periodística piedra angular para el desarrollo democrático de las sociedades.

Regulación, Autorregulación y Censura

Abundantes han sido las aproximaciones teóricas que vinculan los sistemas sociales a otros subsistemas como el comunicativo y el cultural por solo citar los que nos tocan en este análisis. En particular se ha verificado en innumerables estudios de casos y ejemplos en todas las geografías los estrechos nexos entre la comunicación y los sistemas políticos y económicos.

Esto se debe a que, aunque dispone de autonomía y relativa independencia, el sistema de comunicación pública está determinado por la estructura sociopolítica y económica prevaleciente. Estos lazos indisolubles y la dualidad aparentemente contradictora que mantiene los medios de comunicación, hacen cada vez más relevantes la necesidad de contar con mecanismos de regulación interna y externa.

Así la regulación debe atender al contexto y la conciencia social e individual de los sujetos que tomar parte de las prácticas y procesos comunicativos. Al exponer su teoría sobre la ética del discurso, el filósofo alemán Jurgen Habermas [9] destaca que hay dos formas mediante las cuales un interlocutor, ego, puede determinar sobre la conducta del otro, alter:

•Ego trata de operar a través de un control potencial sobre la

---

9 Habermas, J. (1999) *Teoría de la acción comunicativa. Racionalidad de la acción y racionalización social. 2 tomos. Buenos Aires. Taurus Humanidades.*

situación en que alter se halla y tiene que actuar;

•Ego trata de conseguir un efecto sobre la intención de alter, con independencia de los cambios en su situación. Tanto la regulación como la autorregulación son ejercidas por los actores legítimos de la comunicación y responden a una necesidad positiva de ajuste entre los sistemas que interactúan en la sociedad.

Sin embargo, estas estrategias no deben confundirse con la censura ni la autocensura. "La censura es ejercida por una autoridad externa (habitualmente gubernamental, política o militar) para coartar con sentido negativo las funciones legítimas de los comunicadores. La autocensura, derivada de ella, es la inhibición del comunicador social a ejercer estas funciones por temor a la sanción o represión,

ya sea material o moral". En la actualidad estas cuestiones se disuelven y es difícil identificar entre regulación y censura, ya que las intervenciones de agentes externos e internos al sistema de comunicación son veladas y no se expresan de manera pura. Como destacó Armand Mattelart (2001)[10] las tendencias dominantes a nivel mundial:

•Los empresarios asumen la autorregulación mediática mediante códigos deontológicos y otros compromisos que hacen innecesaria la acción del Estado

•La regulación desde el Estado, es concebida generalmente como establecimiento de marcos jurídicos

•La regulación al mercado, lo que se conoce comúnmente como desregulación.

Siguiendo esta misma lógica el profesor estadounidense Herbert Schiller [11], afirma que la regulación de los media,

---

10 Mattelart, A. y Mattelart, M. (1997) Historia de las teorías de la comunicación. Barcelona. Paidós
11 Schiller, H. (1976) Comunicación de masas e imperialismo yanqui. Barcelona. Editorial Gustavo Gilí

se produce en tres niveles: 1) el de los contenidos 2) el de las tecnologías, y 3) el marco jurídico. Estos ámbitos campos están especialmente delimitados y encuentran expresión en códigos deontológicos e incluso en el caso de Estados Unidos en el sistema de leyes.

En síntesis existen varias instancias tanto internas como externas que intervienen en la regulación de la comunicación social. En el plano externo se pueden señalar como mediaciones importantes:

•Las nuevas tecnologías de la información y la comunicación que interviene en la regulación de los actores, instrumentos, expresiones y representaciones de la comunicación.

•La ideología dominante que propone un criterio de valor que sobre determina la actividad comunicativa en cuanto a los contenidos y representaciones sociales que asociar a las informaciones.

•Las relaciones entre los medios y la sociedad civil, como espacio multilateral de socialización, intercambio e influencia. Hacia el interior del gremio como agente regulador podemos identificar :

•La definición de atribuciones de los ejecutivos, colectivos y comunicadores en lo personal, como forma particular de expresión de las relaciones entre la propiedad y la gestión comunicativa concreta.

•La organización, estructura, funcionamiento y flujos internos de trabajo de los medios e instituciones que realizan la comunicación social.

•La información interna de estos medios e instituciones y la participación real que en ella -en tanto valencia de poder- tienen los ejecutivos y los colectivos de comunicadores.

•La cultura organizacional, ideologías profesionales, rutinas, tradiciones, mitos, rituales y otras formas de subjetividad influyentes en los medios e instituciones que realizan la comunicación pública.

•La conciencia moral, los valores y las normas deontológicas aceptadas conscientemente o impuestas formalmente en estos colectivos y sus integrantes individuales.

•La formación y desarrollo del capital humano, incluida la política de selección, preparación y designación de los directivos.

•Los subsistemas de vinculación, estudio y retroalimentación con la opinión pública.

En sentido general una autorregulación con bases éticas descansa en la aceptación voluntaria de determinados valores y normas. Asunción sincera de criterios que rigen comportamientos y formas de actuar que muchas veces no pueden ser normadas por el derecho o la economía. Siempre será preferible una autorregulación ética que aplique sus propios criterios aceptados y elaborados gremialmente, que además por lo general abarcan la tradición ética universal y característica de la profesión para separar determinados contenidos, antes que una intervención de otro tipo.

La responsabilidad ética no se puede imponer, forma parte de un todo: la ética profesional y la ética personal. "Es el individuo, como persona, el que tiene que imponer sus principios y valores en todas las facetas de su vida" [12].

Como dice Villanueva (1996) [13], para alcanzar un uso responsable de los medios, el primer implicado debe ser el periodista, porque los principios éticos deben ser asumidos de forma voluntaria por razones de integridad, de profesionalismo y de responsabilidad social. Añade que la

---

12 Sobrado. M y Muñoz, P. (2011) *La ética periodística en el contexto de una sociedad multicultural En La ética de la comunicación a inicios del siglo XXI, Edufora; Madrid*
13 Villanueva, E. (1996) *Códigos europeos de ética periodística. Fundación Manuel Buendía-Generalitat de Catalunya, México*

ética se encuentra directamente vinculada al perfil moral del periodista: cómo quiere vivir, cómo se ve a sí mismo, cómo son los valores morales que aplica al momento de recabar y difundir la información, y qué relación debe existir entre el público y su tratamiento periodístico

Si la comunicación como campo profesional desestima sus principios éticos, pierde sus valores fundamentales, su credibilidad y su razón de ser. Se impone entonces reglamentar la deontología periodística. Solo el compromiso voluntario [14]de respetar las normas éticas puede devolver su prestigio a una profesión tan necesaria pero centro de muchas críticas y tormentas.

Códigos de ética profesional

El desarrollo de la comunicación y la profesionalización del sector, han indicado la necesidad de elaboración, por parte de los gremios y colectivos de periodistas y comunicadores, códigos de ética que contribuyan a la regulación de la práctica profesional.

Esta urgencia que se sustenta en que tanto los reporteros como los realizadores de televisión y publicistas, etc., tienen una cultura profesional bien delimitada, reconoce que como asegura Robert White[15], "el reportero del diario no está simplemente transportando información, sino detectando e interpretando el significado de una situación, definiendo qué es información en esta situación, resaltando ciertos símbolos representativos claves, y traduciendo esto en un patrón de comprensión narrativo y mítico (la síntesis) que permita entender a los actores en esa cultura. Si la comunicación

---

14 https://es.unesco.org/courier/july-september-2017/periodismo-etico-vuelve-primera-plana
15 White. R. (1979) "The need for new strategles of research on the democratization of communication". In Media development: A reader. Ed. by Michael Traber. London: Sage Publications

es mediada, entonces la competencia científica del comunicador profesional incluye el entendimiento de cómo los patrones de significados percibidos deben traducirse en los lenguajes, formatos y géneros en el proceso de producción institucionalizado para ese medio específico".

En este sentido el comunicador no es un observador pasivo de la cultura y la sociedad sino que también puede incidir en su transformación. El imperativo ético de los profesionales de la comunicación entonces gira en torno a ciertos dilemas y tensiones fundamentales de la acción cultural ya que la acción de un periodista no se debe centrar en un individuo sino en la representación social de la vida y el mundo. En muchos casos los códigos de ética o deontológicos, sobre todo en aquellos países que no tienen una ley de prensa, resultan esenciales y se puede considerar que cumplen la función normativa y de jurisprudencia de la esas leyes. Los códigos y sus organismos veladores, tienen control sobre los profesionales que de manera voluntaria lo acatan.

En sentido general dichos códigos tienen semejanzas en las áreas temáticas que ellos abarcan. Porfirio Barroso[16] distingue cuatro énfasis principales en la mayoría de los códigos de ética de los media.

1. Principios generales de ética aplicados a los media (veracidad, objetividad, servicio al bien común, respeto al secreto profesional, etc.).

2. Respeto a los derechos humanos básicos (evitar la calumnia, respeto a la privacidad, defensa- de la libertad de información y libertad de pensamiento de los periodistas, derecho a un salario justo para los periodistas, etc.).

3. La deontología específica de un medio o profesi6n

---

16 *Porfirio Barroso A. (1984)Códigos deontológicos de los medios de comunicación. Madrid: Ediciones Paulinas*

(integridad de los periodistas al rechazar coimas o al usar sólo formas honestas y justas de obtener información, solidaridad profesional de los periodistas, etc.).

4. Obligaciones de las empresas de comunicación. Un aspecto mucho menos frecuente en los códigos (derecho de réplica, responsabilidad social, evitar pornografía, etc.).

Sin embargo, existen principios internacionales de ética periodística que podrían permitir una guía básica universal. Estos principios fueron recogidos en el Código Internacional de Ética Periodística publicado por la UNESCO en 1983 [17] y que reconoce:

1.- El derecho del pueblo a una información verídica: El pueblo y las personas tienen el derecho a recibir una imagen objetiva de la realidad por medio de una información precisa y completa, y de expresarse libremente a través de los diversos medios de difusión de la cultura y la comunicación.

2.- Adhesión del periodista a la realidad objetiva: La tarea primordial del periodista es la de servir el derecho a una información verídica y auténtica por la adhesión honesta a la realidad objetiva, situando conscientemente los hechos en su contexto adecuado.

3.- La responsabilidad social del periodista: En el periodismo, la información se comprende como un bien social, y no como un simple producto. Esto significa que el periodista comparte la responsabilidad de la información transmitida. El periodista es, por tanto, responsable no sólo frente a los que dominan los medios de comunicación, sino, en último énfasis, frente al gran público, tomando en cuenta la diversidad de los intereses sociales.

4.- La integridad profesional del periodista: El papel social del periodista exige el que la profesión mantenga un alto nivel de

---

integridad. Esto incluye el derecho del periodista a abstenerse de trabajar en contra de sus convicciones o de revelar sus fuentes de información, y también el derecho de participar en la toma de decisiones en los medios de comunicación en que esté empleado.

5.- Acceso y participación del público: El carácter de la profesión exige, por otra parte, que el periodista favorezca el acceso del público a la información y la participación del público en los medios, lo cual incluye la obligación de la corrección o la rectificación y el derecho de respuesta.

6.- Respeto de la vida privada y de la dignidad del hombre: El respeto del derecho de las personas a la vida privada y a la dignidad humana, en conformidad con las disposiciones del derecho internacional y nacional que conciernen a la protección de los derechos y a la reputación del otro, así como las leyes sobre la difamación, la calumnia, la injuria y la insinuación maliciosa, hacen parte integrante de las normas profesionales del periodista.

7.- Respeto del interés público: Por lo mismo, las normas profesionales del periodista prescriben el respeto total de la comunidad nacional, de sus instituciones democráticas y de la moral pública.

8.- Respeto de los valores universales y la diversidad de las culturas: El verdadero periodista defiende los valores universales del humanismo, en particular la paz, la democracia, los derechos del hombre, el progreso social y la liberación nacional, y respetando el carácter distintivo, el valor y la dignidad de cada cultura, así como el derecho de cada pueblo a escoger libremente y desarrollar sus sistemas políticos, social, económico o cultural. El periodista participa también activamente en las transformaciones sociales orientadas hacia una mejora democrática de la sociedad y contribuye, por el diálogo, a establecer un clima de confianza en las relaciones internacionales, de forma que favorezca en todo a la paz y a justicia, la distensión, el desarme y el desarrollo nacional.

9.- La eliminación de la guerra y otras grandes plagas a las que la humanidad está confrontada: El compromiso ético por los valores universales del humanismo previene al periodista contra toda forma de apología o de incitación favorable a las guerras de agresión y la carrera armamentística, especialmente con armas nucleares, y a todas las otras formas de violencia, de odio o de discriminación, especialmente el racismo.

Solo observando y cumpliendo con los compromisos éticos adquiridos a partir de la aceptación de rigurosos códigos éticos, podrán los periodistas y comunicadores enfrentarse a la diversidad de problemáticas que se presentan en el mundo de hoy.

No debe olvidarse, apunta Juan Carlos Suárez (2011), que desde el punto de vista social, el sistema mercantiliza la información y somete lo humano al libre mercado, en una especie de maquiladora intelectual que hace que la ética sea el único recurso para re humanizar el mundo. "La ética en la comunicación no sólo es una garantía de calidad y una inversión en credibilidad y confianza; contribuye a gestar una sociedad crítica, tolerante y responsable"[18] .

Problemas éticos de la comunicación
en el mundo de hoy

La ética es un asunto de actitudes. Por tanto, como se expresa en textos normativos de la UNESCO[19] , más allá de los adelantos

---

18 *Suarez, J. (2011) La ética de la comunicación a inicios del siglo XXI, Edufora; Madrid*
19 *http://www.unesco.org/new/es/media-services/single-*
view/news/journalistic_ethics_in_the_digital_age_a_contemporary_guid/

tecnológicos y técnicos la ética debe ser mantenida como uno de los principios relacionados con la verdad, con el servicio a la sociedad y con el ejercicio de la justicia y de la libertad. La publicidad en internet, los contenidos patrocinados, la frontera opinión-noticia, la propiedad intelectual, la utilización de fuentes, la cuestión entre ¿Informar o divertir? y las nuevas audiencias, resultan ejes medulares para discutir los problemas éticos de la comunicación en el mundo de hoy. Estos asuntos no se pueden abordar, comprender, ni resolver desde la acción individual, ya que la ética de la comunicación involucra a la sociedad en su conjunto, a los procesos económicos, sociales y culturales, políticos e ideológicos y abarca tanto a los emisores como a los receptores.

Al respecto Fernando Checa Montúfar (1998), al comentar la creciente preocupación en América Latina por el tema, expresó "La responsabilidad ética del periodismo radica, principalmente, en los dueños y directores de medios quienes son los que establecen las políticas editoriales (en muchos casos, determinadas rásticamente por el negocio y no por el servicio (...)" [20].

Como alerta en el diario El País, María Dolores Masana[21], perder credibilidad es lo peor que le puede ocurrir a un medio de comunicación a la vez que no se puede aceptar que los periodistas recurran a medios ilícitos para conseguir exclusivas impactantes con el objetivo de lograr una mayor audiencia. "Menos aún, cuando los métodos empleados son constitutivos de delito. Es precisamente lo que ha desatado el mayor escándalo al que se haya enfrentado la prensa escrita y que ha costado la desaparición de NEWS OF THE WORLD. Hoy la prensa se debate entre el escándalo, la opacidad, la

---

20 *Checa Montúfar, F. (1998) "Nota a los lectores", en revista Chasqui No. 61, Ecuador*
21 *https://elpais.com/diario/2011/07/28/opinion/1311804005_850215.html*

desinformación cuando no la transgresión de la ética. Hay que decir bien alto que en periodismo no todo vale. ¿Conseguir una información a toda costa? No. Rotundamente, no cuando hablamos de prácticas ilícitas que rozan el delito".

Se debe aceptar además que las funciones clásicas de los medios de comunicación en la sociedad contemporánea se sustentan en valores éticos y están regulados por códigos deontológicos. Sin embargo, las desigualdades de accesos a las nuevas tecnologías y la monopolización de la información generan situaciones conflictivas sobretodo en los países de la llamada periferia.

De igual manera en el contexto actual, en el nuevo orden de información mundial el debate en torno a la ética de la comunicación debe analizar los peligros de la globalización y la reducción de riqueza cultural que se proyecta desde los grandes conglomerados mediáticos.

De aquí que se impone acercarnos críticamente a la creación de estrategias para comprender y enfrentar, no solo los sobornos para inclinar a los comunicadores en favor de una empresa determinada –aceptados muchas veces bajo la presión de sueldos miserables-, sino contra un problema ético de mayor trascendencia aún: la repetición constante en los medios de comunicación de una suerte de "catecismo del mercado", que, escribe Ignacio Ramonet[22] , "confiere tal fuerza intimidatoria que ahoga cualquier tentativa de reflexión libre y dificulta toda forma de resistencia contra el nuevo oscurantismo que representa". Asimismo, se han identificado como fuentes de grandes dilemas éticos de los periodistas en la actualidad y que aquejas a todos los colectivos son:

1.la precariedad laboral y la inseguridad en el empleo

2.el predominio de los intereses económicos y políticos sobre

---

22 Ramonet, I. (1997) *Un mundo sin rumbo. Crisis de fin de siglo, Madrid, Editorial Debate*

los fines periodísticos
3.la concentración de los medios de comunicación
4.Influencia de los índices de audiencia
5.Confusión con las tareas propias de otras
6.Intrusismo profesional
7.Falta de respeto a la autonomía de los profesionales
8.Baja conciencia de la responsabilidad social del periodista
Periodismo

En igual sentido la posibilidad de que los periodistas compatibilicen sus tareas con el desarrollo de otro tipo de actividades ha sido tomada en cuenta en diversos tratados que regulan las conductas de los profesionales de la información. En muchos casos esta compatibilidad es percibida como perniciosa e imposible.

Estos ejes ponen en crisis las concepciones éticas y hacen necesarios los códigos deontológicos. En particular en América Latina, estos desafíos éticos en los que, sin dudas, la corrupción constituye una grande y fuerte amenaza, transcienden el espacio interno de las empresas periodísticas y los Estados Nación

Es esencial reconocer la relación causa-efecto, como lo hace Adalid Contreras[23] , que "en América Latina la globalización es excluyente, que su espiritualidad no alienta la vida; que su ética está basada en el tener y no en el ser; que la cultura de la eficiencia y competividad descartan la solidaridad y la justicia, que el crecimiento en los indicadores macroeconómicos camina de la mano del crecimiento de la pobreza material y espiritual, y que la economía, la ciencia y la tecnología se idolatrizan y absolutizan"

Ni la ética, ni los códigos deontológicos de la comunicación en

---

23 Contreras, A. (1998) *"La pasión por la dignidad. Ética y pastoral de la Comunicación". en revista Chasqui No. 61, Ecuador.*

América Latina pueden olvidar el contexto de desequilibrio informativos y las relaciones de dependencia que existen entre los países periféricos y centrales, ente el estado como elemento unificador y la preponderancia económica global.

Como confirma en el sitio Oficial de la UNESCO Aidan White ,[24] "El periodismo vive hoy una mutación sin precedentes. El trabajo de los periodistas es más rápido, está sometido a numerosas limitaciones y es muchísimo más complejo. Los medios informativos se han percatado, a pesar suyo, de que la revolución de la información ha resultado ser una espada de doble filo, pese a todas sus virtudes liberadoras".

Los valores éticos del periodismo reconocidos por la UNESCO que son considerados puntos cardinales para la guía de todos los comunicadores, incluso aquellos que son emisores en las redes sociales o los que practican el conocido como periodismo ciudadano son:

- Información conforme a los hechos
- humanidad y respeto por los demás
- transparencia
- reconocimiento de los eventuales errores

Sin embargo, los gigantes tecnológicos Google, Facebook, Amazon y Twitter, están imponiendo nuevas necesidades de regulación ética para sobretodo proteger a las audiencias de la difusión de informaciones que carece del compromiso periodístico con la construcción social de la verdad y "su marketing pone en pie de igualdad el periodismo con cualquier otra información, aun cuando ésta sea malintencionada o injuriosa"[25] .

Es necesario continuar cultivando, aun en la actual era digital un periodismo ético y comprometido con sus valores

---

24 https://es.unesco.org/courier/july-september-2017/periodismo-etico-vuelve-primera-plana
25 Ibidem

fundacionales: exactitud, independencia y tratamiento responsable de la información.

Aportes al debate del I Congreso Internacional de la Ética de la Comunicación

La relevancia de la discusión acerca de las nuevas contradicciones ética a las que se deben enfrentar los profesionales de la comunicación en todo el mundo así como la existencia de un contexto especialmente hostil y adverso para el ejercicio de la práctica comunicativa preservando su naturaleza de servicio social y a la vez ofrecer medios de vida y constituirse en empresas autosustentables, justificó que en 2011, destacados pensadores se reunieran en la ciudad española de Sevilla para debatir acerca de la ética de la comunicación.

Como Adela Cortina[26] , "pensar con seriedad y deliberar sobre una ética de los medios de comunicación es una de las tareas más importantes, y también más urgentes, en una sociedad que quiera serlo de ciudadanos, y no de siervos".

Así, en los diversos espacios del I Congreso Internacional de Ética, se discutieron acerca de diversos ejes en los que la moral y la ética son transversales y definitivos.

Como ejemplo podemos citar los límites éticos al sensacionalismo informativo y mediático, la ética de los medios y la educación cívica, la responsabilidad de los medios de comunicación como garantía de la verdad informativa, la ética de los receptores como productores de contenidos informativos y la tensión entre mercado y democracia, entre Política y Economía.

En este sentido, relevantes resultan los aportes de María

---

26 *Cortina, A. (1998). 10 palabras en ética. Editorial Verbo Divino. Madrid*

Purificación Subires, de la Universidad de Málaga[27] , quien hace incapiés en los peligros de violaciones éticas que pasan desapercibidos en la web 2.0 en la actualidad. En este contexto alerta que "el usuario deja de ser mero consumidor de información para convertirse también en emisor y productor de contenidos, con el beneficio que supone para el ejercicio de la libertad de expresión en la sociedad democrática, también viene acompañado de algunos dilemas y problemas de tipo ético y jurídico, relacionados con los derechos a la intimidad y a la propia imagen de los ciudadanos".

En las diversas plataformas de internet, a la vez que se logra un espacio para concretar la libertad de expresión también permite un escenario para múltiples violaciones de la privacidad y la imagen pública de todos. Entre los riesgos que existen en este ámbito, tanto para los emisores como para los receptores, se pueden identificar según sistematizan varios autores como David Caldevilla Domínguez, Maria Elena Del Valle Rojas, Noelia García, Omar Rosas, María del Mar Gordillo, entre otros:

1. Baja conciencia de la necesidad de configurar altos niveles de privacidad en los perfiles de las redes sociales. Los usuarios hacen completamente públicos datos y características personales, relaciones sociales, hábitos, ideologías, preferencias sexuales y religiosas, que no son expuestas en la vida cotidiana a través del contacto cara a cara. Es un hecho que muchas empresas de contratación y hasta en investigaciones policiales, comerciales, etc. se verifican los contenidos de los perfiles en redes sociales de los individuos.

2. Suplantación de personalidad. Existen varios tipos de

---

27 *Subires, M. (2011) Libertad de expresión frente a privacidad en la red. El riesgo de la vulneración de los derechos a la intimidad y a la propia imagen en las redes sociales y otras aplicaciones de la Web 2.0 En La ética de la comunicación a inicios del siglo XXI, Edufora; Madrid*

suplantación de identidad. Esta aquella en la que otra persona asume en red la identidad de otra, esta aquella en que se hackea la contraseña de un usuario y otro se apodera de su perfil, y existe aquella en la que deliberadamente una persona se hace pasar por otra, por ejemplo un adulto que se presenta como niño, etc.

3. Publicación de contenidos de carácter personal sin el consentimiento de la persona afectada. Se puede producir a partir de la publicación en el muro propio datos privados de otra persona, fotografías, videos, etc.

4. Cyberacoso, cyberbullying Utilización de las redes sociales y otras aplicaciones web 2.0, como por ejemplo Youtube, para acosar y difundir información falsa y contenidos difamatorios y ofensivos.

5. Cesión de nuestros derechos sobre los contenidos que publicamos en las redes sociales. Estas plataformas se apropian de nuestros contenidos y hacen uso de ellos incluso luego de dar baja en esas plataformas.

Coincidentemente la académica Migdalia Pineda de Alcázar en su presentación "Las paradojas de Internet: entre el control gubernamental y la regulación civil de las redes sociales", confirma que Internet y las redes sociales han transformado los modos de comunicación y de información de las personas, propios de las sociedades industriales. Esos cambios se combinan, mezclan, contamina con aquellos propios de las contradicciones provenientes del mismo desarrollo tecnológico plantea a las sociedades contemporáneas.

"Por una parte, confirma Pineda de Alcázar[28] , asistimos a un época donde hay más libertades para producir mensajes

---

28 *Pineda de Alcázar, M. (2011) Las paradojas de Internet: entre el control gubernamental y la regulación civil de las redes sociales En La ética de la comunicación a inicios del siglo XXI, Edufora;*

Madrid

y difundirlos por todo el globo terráqueo, sin limitaciones espaciales, temporales, ni técnicas, rompiendo incluso los límites entre lo público y lo privado. Por el otro, surgen múltiples intentos de control y regulación de los contenidos de las redes, porque son vistos con fuentes de peligros para gobiernos, instituciones y grupos vulnerables de la sociedad civil"

Muchas voces en el encuentro de Sevilla, alertaron sobre los peligros que implica la desregulación de internet relacionados con la privacidad de los datos, la confiabilidad de la información, la confidencialidad, la posibilidad de acceso y expresión, la estigmatización de grupos sociales vulnerables, entre otros. Estos riesgos evidencian la repercusión moral y ética y de las prácticas de exposición y escrutinio constante de la vida de los individuos con y sin consentimiento.

En este sentido se discutió sobre la regulación de las redes y su relación con la libertad de expresión y de información. En ese foro se coincidió en que aunque la libertad de acción absoluta en las redes no es lo ideal, tampoco lo es el control gubernamental o la censura. Esto tiene su sustento en la aparición de nuevos tipos de periodismos que surgen en consonancia con la evolución de las nuevas tecnologías. Se habla en medios científicos de periodismo 3.0, 2.0 y 1.0. En el periodismo 3.0, resultado evolutivo del periodismo 2.0 y éste, a su vez, del periodismo "a secas" o 1.0[29] , los usuarios son primero el receptor de informaciones publicadas en la edición de papel y luego pasadas a la web (1.0). Después las informaciones pasarán a ser producidas para los medios online específicamente y comentadas y producidas también por los usuarios (periodismo 2.0) para, en último término,

---

29 *Varela (2005) "Blogs vs. MSM. Periodismo 3.0, la socialización de la información", en Revista Telos, nº65*

ser producidas por los usuarios sin medios de comunicación: el periodismo 3.0.

Todos estos tipos de periodismos catalogados a partir de las potencialidades y lenguajes propios de los soportes donde se promueve la información, siguen siendo valorados a partir de su calidad. Una calidad que debe ser definida a partir de los principios deontológicos: veracidad, contraste, coherencia y equidad. Sin embargo, estos criterios valorativos se ven interferidos por los condicionamientos económicos, ideológicos y laborales–profesionales. "Así, con frecuencia se designan como periodísticos productos que sólo cumplen algunas condiciones de lo noticiable, pero omiten requisitos fundamentales como responder a lo veraz, el interés público, el equilibrio de fuentes o el background. Cabe plantearse pues cómo reconocer al periodismo de calidad, cuáles deben ser sus atributos, no en la teoría, sino en los parámetros aplicables al periodismo real, al que traspasa el portal de la audiencia" [30].

Así, como propuso desde Bélgica, Omar Rosas[31] , un análisis ético de la confianza en el periodismo digital debe ser articulado en torno a tres valores morales:

1. La credibilidad del periodista digital en términos de su responsabilidad moral al verificar las fuentes

2. La transparencia informativa y financiera de las organizaciones periodísticas digitales

3. La construcción de redes de confianza entre lectores destinadas a evaluar y promover los sitios periodísticos digitales que ellos consideran dignos de confianza

---

30 *García, M. Pérez, C. y Rodríguez, A. (2011) "Nuevas formas de manipulación: la red y la comunicación política (el caso de Wikileaks)" En La ética de la comunicación a inicios del siglo XXI, Edufora; Madrid*
31 *Rosas, O (2011) "La ética de la confianza en el periodismo digital" En La ética de la comunicación a inicios del siglo XXI, Edufora; Madrid*

Y es que para desarrollar su trabajo los periodistas digitales adoptan las ventajas tecnológicas de la informática social (redes sociales, sitios de microblogging, bases de datos, etc.) con el ánimo de mejorar y extender sus prácticas periodísticas cotidianas. "Sin embargo, dado el alto nivel de incertidumbre que caracteriza la producción y difusión de la información digital (falsas noticias, fotomontajes, ausencia de fuentes identificables, etc.), los usuarios de los medios digitales deben implementar estrategias para seleccionar y procesar la enorme cantidad de información disponible en Internet, estrategias que, en muchos casos, obedecen a sus ideales éticos de responsabilidad, transparencia y confianza en el tratamiento de la información".[32]

Este análisis abre las puertas a otra área de conflictos éticos ampliamente estudiados y debatidos durante el encuentro en la capital andaluza: los nuevos medios y periodismo ciudadano. La democratización del acceso a internet y la capacidad de los receptores de convertirse en emisores, han dado lugar nuevas transformaciones de la profesión que implican novedosas maneras de entender el compromiso social y la participación ciudadana en la construcción de la esfera pública y la agenda de los medios de comunicación.

"El tema del compromiso social que asume aquél que práctica el periodismo y que se ve reflejado en los valores éticos adoptados en su praxis parece estar generando una segregación entre periodismo profesional y periodismo ciudadano. Mientras gran parte de los periodistas profesionales entienden el cumplimiento de dichos valores como una obligatoriedad exclusiva del periodista profesional, el periodismo ciudadano parece empezar a asumir una especie de racionalidad propia que se posiciona al margen de los parámetros éticos

---

32 IBIDEM

asumidos por el periodismo tradicional" [33]. En el ámbito del conocido como periodismo ciudadano, se identifican los mayores casos de violaciones éticas a la privacidad así como los distanciamientos con el bien común que debe defender el periodismo. Sin embargo, existen algunas iniciativas para lograr que este ejercicio periodístico espontáneo y ajeno a espacios tradicionales sea regulado deontológicamente.

Siguiendo está lógica resultan ejemplos de gran valor el proyecto "Knight Citizen News Network"[34] que desde el año 2005 propone cinco principios que deberían regir el periodismo ciudadano, los cuales son: "precisión", "riguridad", "equidad", "transparencia" e "independencia", así como la plataforma digital "OhMyNewsvi"[35] que a pesar de no presentar un proyecto claro de declaración de principios para el periodismo ciudadano, plantea algunas exigencias éticas a sus colaboradores en el proceso de construcción de la noticia.

Como insisten varios autores el proceso de reconstrucción ética de la práctica periodística comienza por un acercamiento a la legitimidad profesional como espacio para garantizar en primer lugar democracia y en segundo lugar formar opinión pública

Defendido como cuarto poder durante todo el siglo XX, el periodismo entendido como freno de los otros poderes y vigilante estricto de sus acciones, ha sido blanco de grandes críticas por no ser exactamente, en todos los casos, ese guardián que se proponía.

Por otra parte la formación de opinión pública crítica, informada y consciente se ha debilitado ya que "se ha visto que a lo largo de los años el periodismo ha adoptado una

---

33 *Tavares do Couto, D. (2011)" La ética del periodismo a debate. Nuevos medios y periodismo ciudadano" En La ética de la comunicación a inicios del siglo XXI, Edufora; Madrid*
34 *http://www.kcnn.org/principles/*
35 *http://international.ohmynews.com*

función más bien mercantil, lo que ocasionó la masificación de la comunicación, fundando los grandes conglomerados mediáticos y, produciendo un fuerte control en la divulgación de información en escala mundial (Ramonet, 1998).[1] Por tales razones no se trata exclusivamente de garantizar legitimidad a partir de profesionalización del sector sino de incluir, asimilar y privilegia "el saber ético, que nace de la reflexión crítica sobre la consecución del bien interno del periodismo, los valores que lo hacen posible y que a su vez permiten que se haga legítima la actividad en una sociedad. Todo ello, luego se plasma en las prácticas específicas del periodismo profesional, generando así un saber profesional que va más allá de la simple consecución de una serie de técnicas, pero que es la unión de teoría–práctica que lo consolida como profesión" (Navarro, 2006)[2]

Para superar la crisis ética del periodismo actual en el contexto de sobre explotación de la información, la existencia cada vez mayor de fake news en las diversas redes sociales, así como aumento excesivo de actores de la comunicación en todas las plataformas posibles, resulta necesario volver sobre el modelo teórico desde de donde se aborda la praxis del periodismo.

"Reconstruir el periodismo a través de una perspectiva comunicativa, que sea capaz de responder a las demandas legítimas de todos los partícipes –afectados – en la actividad confirma Tavares do Couto[3]. Un proyecto que se apoya en el planteamiento de una ética aplicada al periodismo fundamentada en la ética discursiva habermasiana. Esta introduce un procedimiento para la resolución de los

---

1 Ramonet, I. (1998). *La Tiranía de la Comunicación. Madrid. Debate*

2 Navarro, E. (2006). *"Ética de La profesión: proyecto personal y compromiso de ciudadanía. En: Veritas. Revista de Filosofía y Teología. Chile: Pontificio Seminario Mayor San Rafael de Valparaíso. Vol. I, n° 14, pp. 121-139. Disponible en: http://revistaveritas.cl/articulos_14/E_Martinez.pdf*

3 Tavares do Couto, D. (2011)" *La ética del periodismo a debate. Nuevos medios y periodismo ciudadano" En La ética de la comunicación a inicios del siglo XXI, Edufora; Madrid*

conflictos de acción que debe ser entendido como un horizonte normativo que servirá como brújula para buscar fortalecer las bases de la ética periodística. Un propósito que tiene sus orígenes en entender el periodismo como una actividad social que en su quehacer diario asume diferentes formas de actuación, pero que todas deben buscar la consecución del sentido que legitima la existencia de la actividad periodística. Y, por lo tanto, responder éticamente a las demandas originarias de su bien interno, la información".

Una ética sobre y para Internet toca aspectos de tipo social, económico e individual, además de las formas de acceso desigual a la información digital y sus contenidos. Aún en el mundo existen problema y desigualdades en el acceso a la red que se relaciona con barreras económicas, técnicas, socioculturales e interculturales.

El acceso y uso de Internet tiene una implicación tanto a nivel micro (presupuesto para comprar una computadora equipada para conectarse a la red), como macro (las condiciones nacionales de infraestructura técnica y educativa necesaria). Por tales razones aunque el acceso universal constituye una condición indispensable para acceder a la red y facilita la participación democrática en el espacio virtual, no es suficiente.

La ética informática se impone entonces también como un campo que intersecta a la actividad periodística ya que muchas veces los propios algoritmos cibernéticos implican violaciones relacionadas con la privacidad y el acceso a la autogestión de la información, a la vez que pueden encubrir prácticas desleales de competencia.

En su segunda presentación en el congreso sevillano el académico proveniente de Bélgica Omar Rosas[4] confirmó

---

4 Rosas, O (2011) *"Tecnología, valores periodísticos: implicaciones de la ética informativa para el*

que "el desarrollo acelerado de lo que se conoce actualmente bajo el nombre de data journalism o periodismo de bases de datos, genera numerosos interrogantes éticos respecto de los que los periodistas pueden y deben hacer cuando disponen de aplicaciones informáticas versátiles como las que han hecho posible WikiLeaks".

"De la misma manera, continuó Rosas[5] , la popularización de redes sociales como Facebook y sitios de micro-blogging como Twitter, han abierto nuevas vías a técnicas de recolección de información (Crowdsourcing) y financiamiento (Crowdfunding) en las que los medios digitales y el público implementan diversos niveles de comunicación mediada por ordenador para generar nuevas pautas de selección, producción e incluso marketing de noticias.

En este caso, resulta pertinente preguntarse si la producción digital de contenidos periodísticos no es sino un efecto colateral de un paradigma "tecnologizante" de la sociedad de la información".

La ética informática[6] y la ética de la confianza de las que habló Rosas se hacen especialmente relevantes cuando también Internet es una herramienta imprescindible para el trabajo periodístico y no exclusivamente un medio o soporte donde promover los contenidos e informaciones.

Intentando abrirse camino como ética aplicada, la ética de la informática es aquella disciplina que analiza los problemas éticos de los equipos informáticos y de las personas que

---

periodismo digital" En La ética de la comunicación a inicios del siglo XXI, Edufora; Madrid

5 ibidem
6 *La informática ha creído conveniente pensar sobre una ética particular, la cual se la conoce como "Ética Informática", cuya finalidad no es únicamente analizar el impacto de las Tecnologías de Información y Comunicación en los valores humanos, sino también plantear un modelo conceptual válido para comprender los dilemas éticos que causa la informática y marcar una guía cuando se carezca de reglamentación.*

usan los avances de las tecnologías. "No obstante, es una definición muy restrictiva considerando que los problemas éticos son creados por la propia naturaleza de la tecnología de los ordenadores. Algunos de los autores seguidores de esta línea cuestionan que los aspectos éticos sean inherentes a la evolución tecnológica a la que la informática está sometida día tras día" [7].

Sin embargo, el gran reto y responsabilidad de la Ética Informática es aportar modelos de actuación cuando no hay códigos reglamentarios o cuando éstos son obsoletos. "Al vacío legislativo se le añade también un componente conceptual. Por ello, es necesario también estudiarla mediante una concepción empírica y formular un marco conceptual que sea adecuado para entender los dilemas éticos que esta materia ocasiona" [8].

Esto se verifica en el accionar rutinario de los periodistas en la contemporaneidad ya que desde principios del siglo XXI las redes sociales son una fuente de información habitual para los redactores, que buscan en este entorno datos para iniciar una investigación periodística, obtener informaciones, declaraciones y posturas políticas de determinadas personalidades ante hechos cotidianos, etc. Este nuevo nicho de información y su uso encubre riesgos éticos que fueron develados por José Romero y Javier Vega. Si bien es cierto que los profesionales de los medios de comunicación se han adaptado y sacado eficaz provecho de los nuevos espacios para obtener información como pueden citarse Facebook, Twitter o Youtube que también permite la creación de

---

7 *Caldevilla, D., Del Valle, M. E., Del Valle Rojas, C. (2011) "Las radios 2.0: Redes sociales que precisan de un marco ético de regulación", En La ética de la comunicación a inicios del siglo XXI, Edufora; Madrid*

8 *Caldevilla, D., Del Valle, M. E., Del Valle Rojas, C. (2011) "Las radios 2.0: Redes sociales que precisan de un marco ético de regulación", En La ética de la comunicación a inicios del siglo XXI, Edufora; Madrid*

redes virtuales, en las que se comparten noticias, opiniones, fotografías o vídeos, podemos confirmar que también han tenido que generar nuevas estructuras para lograr conductas éticas.

"Los retos periodísticos que se derivan del contraste de las fuentes o del uso fraudulento de contenidos íntimos son factores a tener en cuenta a la hora de aportar información veraz. Por ello, resulta necesario cuidar la diligencia de los periodistas desde las propias aulas universitarias, incentivando el empleo de técnicas adecuadas para contrastar y verificar la información que se obtiene de ese "yacimiento anárquico" de información que componen las redes sociales".[9]

Es por tales razones que los periodistas no deben apropiarse y publicar indebidamente las imágenes e informaciones expuestas en internet. Aunque resulta polémico esta práctica puede vulnerar la intimidad, la imagen pública y la privacidad de las personas.

Hay que recordar el impacto que ejercen los medios de comunicación en los derechos de la persona: el derecho al honor, a la intimidad y a la propia imagen que son inherentes e inalienables del ser humano, y por ello, los límites éticos deben constituir una barrera infranqueable. "No deben olvidarse los criterios éticos en la diligencia profesional de los medios, en el modo de actuar de una profesión que ha de servir como punta de lanza a la sociedad sobre los valores que han de estar presentes en la convivencia. Por eso, unos medios de comunicación que convierten la privacidad en objeto de atención injustificada, que faltan con ligereza al honor de las personas, o que conceden a la cámara el derecho de grabar y poseer la vida del otro sobre la lente de su objetivo, son

---

9 Romero, J. y Vega, J. (2011) *"Uso periodístico de las redes sociales: ventajas, obstáculos y riesgos"* En *La ética de la comunicación a inicios del siglo XXI, Edufora; Madrid*

formas que menoscaban la dignidad humana" [10].

Por esto preocupa a la comunidad científica y los profesionales de la comunicación temas como la ética de la imagen, los límites de su valor informativo y de los excesos que se cometen en su utilización para despertar conciencias habituadas al consumo del dolor ajeno.

Otro entorno de conflictos éticos y deontológicos identificados por los asistentes al encuentro de Ética de la Comunicación desarrollado en Sevilla, España, fue el vinculado a la publicidad y las relaciones públicas. En este terreno como confirmaron varios estudiosos la consolidación del medio Internet en las estrategias comunicativas y publicitarias de los anunciantes ha puesto de manifiesto la necesidad de autorregular el medio online en diferentes ámbitos. Esto se debe a que vivimos en un mundo saturado de marcas y productos donde se establecen estrategias de competencia muy cruentas y en ocasiones esta carrera acelerada por acceder a los clientes y los públicos conduce a conductas poco honestas en el mundo de la publicidad. La falta de ética en el mercado conduce a las actitudes negativas: se cae en la tentación de usar en los mensajes la denigración o la imitación falaz de los rivales, la exageración o la omisión engañosas, la simple y llana mentira, las imágenes impactantes que llamen la atención y provoquen el escándalo.

La publicidad, confirma Hugo Aznar [11], se convierte en manos de quienes no respetan sus normas en una fuente de mensajes agresivos, falsos y engañosos que causan un perjuicio injustificado. Primero, a los consumidores; pero también a la propia publicidad.

---

10 Suárez, J.C. (2011) *"La ética periodística a comienzo del siglo XXI", Edufora; Madrid*
11 Aznar, H. (1994): *"Cuestiones morales en torno al uso del dolor en la publicidad", Comunicación y Sociedad, vol. II, núm. 2, pp. 75-81.*

Al consumidor de nueva generación que es capaz no solo de recibir información sino generarla y dotar de valor y sentido a los mensajes publicitarios se le ha bautizado como crossumer, prosumer, fansumer o persumer. "En la era 2.0 el receptor, además de audiencia, es un consumidor profesional (prosumer), ejerce simultáneamente de co-productor y distribuidor (crossumer), es fan de la marca (fansumer) pero, sobre todo, es persona (persumer). Todos estos términos destacan, en palabras de Marshall (2004)[12] , la "dimensión interactiva del usuario", que ha modificado el concepto de audiencia en entornos colaborativos y tecnologías participativas"[13] .

Compartir, comunicar, conversar y cooperar son los cuatro pilares de los nuevos entornos digitales. Las iniciales estrategias comerciales de pop ups y pop unders que muchos consideran como intrusos o publicidad forzada, ha venido cediendo paso ante nuevas formas de comprender y proyectar las ideas empresariales en la que los consumidores son el centro y los que garantizarán el éxito de las campañas. Un segmento de público al que se le dio especial atención fue el de los niñas y niñas. Los menores se encuentran inmersos en la sociedad de la información, pero su capacidad es limitada a la hora de evaluar la misma. "En relación con la publicidad que se dirige especialmente a ellos, como es el caso de la publicidad de juguetes, confirmó Consuelo Camacho[14], son consumidores vulnerables, necesitados de una especial tutela que les garantice la adopción de decisiones libres y conscientes

---

12 Marshall, D. (2004) *New Media Cultures. Arnold Publishers. Londres.*

13 Castelló, A. (2011) *"La saturación publicitaria en los nuevos entornos digitales: ¿una cuestión ética?" En La ética de la comunicación a inicios del siglo XXI, Edufora; Madrid*

14 Camacho, C. (2011) *"Estudio y consideraciones críticas al código de autorregulación de la publicidad infantil de juguetes, de la Asociación Española de Fabricantes de juguetes, junio de 2010" En La ética de la comunicación a inicios del siglo XXI, Edufora; Madrid*

de consumo, coadyuve a la transmisión de valores, y potencie su comprensión crítica" Existen límites éticos a la publicidad dedicada especialmente a los menores.

El tratamiento de las temáticas de género y la igualdad entre hombres y mujeres fue otro de los ejes temáticos señalados como directamente relacionados con la actividad publicitaria. Como aseguraron Eugenia Paredes y Narcisa Gómez [15] "A pesar de que la igualdad y la equidad de género son valores de la democracia moderna, seguimos viviendo en una sociedad patriarcal, donde el hombre mantiene relaciones de poder y superioridad sobre la mujer". En este contexto se visibilizó también "las conductas que suponen un desprecio de la mujer y, por tanto, van en contra de los valores democráticos y que, sin embargo, aparecen con total impunidad en la publicidad". Otra violación ética relacionada con el mundo de la publicidad es la relacionada con el periodismo y la labor de los profesionales de la prensa en función de generar opinión pública y representaciones sociales favorables a determinados, productos, marcas y empresas. Estas actitudes no solo afectan a quienes reciben la información parcializada sino a quienes la promueven porque comienza así su descrédito y falta de credibilidad.

Como alertó Aracelí Castelló de la Universidad de Valencia, España, "la deontología profesional en la actividad publicitaria está al servicio de la eficacia de las comunicaciones comerciales, al mismo tiempo que vela por los intereses y derechos del consumidor, de la libre competencia y del bien social. Por tanto, llegados a este punto, podemos concluir que la saturación ni es ética ni es eficaz desde el punto de vista

---

15 50 *Paredes, E. y Gómez, N. (2011) "Igualdad de género en la publicidad no convencional de televisión" En La ética de la comunicación a inicios del siglo XXI, Edufora; Madrid*

publicitario". [16]

En este sentido también volvió a aparecer sobre la mesa en el encuentro de Sevilla, la necesidad de la regulación. Sin embargo este control debe comprenderse desde un principio de heterogeneidad para garantizar la seguridad jurídica en la Red, cubriendo la protección de los derechos y libertades fundamentales de los ciudadanos en ella, la estabilidad del mercado, la vigilancia por el cumplimiento de la normativa y, en su caso, la imposición de sanciones a los transgresores de estas reglas." No obstante, observó David López[17], la eficacia de este tipo de normas se ve disminuida debido al carácter transnacional del que participa el ciberespacio, lo que implica la relativa operatividad e, incluso, en ocasiones, la total inutilidad de este tipo de regulación para ordenar la Red en exclusiva".

Al igual que otros espacios y ámbitos de la comunicación y la información emerge la necesidad de comprender la utilidad de la autorregulación como vía para proteger a los emisores y receptores de violaciones a sus derechos fundamentales. Muchas voces han confirmado la pertinencia de complementar formas tradicionales de regulación con las ejercidas por los propios comunicadores y organizaciones gremiales.

Actualmente, como fue aventurado en aquel 2011, "la idea de que la autorregulación pura no es, precisamente, la más conveniente, siendo cada vez más respaldada la teoría de la pertinencia de la autorregulación mixta o corregulación cuyo éxito estriba en la estrecha colaboración con el Estado, ya sea

---

16 Castelló, A. (2011) *"La saturación publicitaria en los nuevos entornos digitales: ¿una cuestión ética?" En La ética de la comunicación a inicios del siglo XXI, Edufora; Madrid*
17 López, D. (2011) *"Los códigos de conducta elaborados por la industria para Internet: estado actual y perspectivas de futuro" En La ética de la comunicación a inicios del siglo XXI, Edufora; Madrid*

para la creación de códigos de conducta o para la concesión de ciertas prerrogativas a aquellos que ostenten determinadas exigencias, ya sea para que aquél llegue a ser, en última instancia, la entidad encargada de resolver las controversias suscitadas en el ámbito de los sistemas de autorregulación".[18]

Durante el I Congreso Internacional de Ética se socializó una propuesta de Código Deontológico de Internet que incluyó varios aspectos que aún hoy se deben considerar pero que son susceptibles a grandes actualizaciones[19] : 1. Todos y cada uno de los usuarios Internet deben hacer de la libertad de expresión un bien máximo.

2. El intercambio de información en la Red se debe regular mediante razonamientos de verdad, exactitud y objetividad.

3. Se debe respetar la necesaria protección y seguridad en la información.

4. Primacía del servicio al bien social, público y comunitario.

5. Respetar la vida privada de las personas así como su intimidad y la confidencialidad de aquellas informaciones que la tuvieran.

6. Defender los derechos de autor y las leyes de propiedad intelectual evitando así toda forma de imitación o plagio ilegal.

7. Evitar toda forma de piratería.

8. No debe haber discriminación en el acceso a Internet.

9. Evitar el intercambio, fomento y distribución de material indecoroso, violento, erótico y/o pornográfico especialmente en menores.

10.Es obligación de todo usuario el asumir aquellas responsabilidades legales y éticas a las que la utilización que se

---

18 IBIDEM

19 Caldevilla, D., Del Valle, M. E., Del Valle Rojas, C. (2011) "Las radios 2.0: Redes sociales que precisan de un marco ético de regulación", En La ética de la comunicación a inicios del siglo XXI, Edufora; Madrid

hace de Internet diere lugar. De estas líneas se deriva que como puntualizó en su presentación Sara Ribas [20] de la Universidad Complutense de Madrid, "la Ética y la Deontología están muy por encima de las meras informaciones, por el bien de la comunidad a la que el profesional sirve, y pensando en que: el ciudadano se merece que la información sea verdadera y objetiva, para que sea moralmente justa. Como concluyen varios catedráticos existen límites a la hora de informar y los códigos periodísticos deben ser pragmáticos y ofrecer realmente garantías.

Asimismo, fue debatida la idea de la necesidad de la educación en valores y de la participación de los medios de comunicación en esa formación ya que en la sociedad actual el cambio tecnológico influye sobre los principios básicos y la forma de transmisión del discurso. Elementos claves en los que participan los mass media como agentes transformadores de la moral colectiva.

"Urge la formación y alfabetización ciudadana para que detecte las negligencias éticas a la hora de la recepción de la información, puntualizó Mari Carmen Cladeiro[21] . La velocidad de transmisión de ésta y la inmediatez requieren de la intervención educativa formal y no formal para el aprendizaje de competencias que posibiliten la decodificación y valoración de los datos junto al análisis de los valores difundidos por los múltiples medios masivos de comunicación".

Sólo queda señalar, sumándonos a las reflexiones del I Congreso Internacional de Ética de la Comunicación y luego

---

20 Ribas, S. (2011) *"Verdad, objetividad y exactitud en la Información" En La ética de la comunicación a inicios del siglo XXI, Edufora; Madrid*

21 Caldeiro, M.C. (2011) *"Comunicación, tecnología y democracia. La cuestión de los valores y la formación" En La ética de la comunicación a inicios del siglo XXI, Edufora; Madrid*

de acercarnos a los casos ampliamente explicados allí: el tratamiento de las mujeres y menos inmigrantes en la prensa vasca, la representación de las comunidades indígenas de mexicanas en los medios impresos universitarios, la imagen de la mujer candidato en los medios, así como las peculiaridades de la ética de los corresponsales de guerra y el tratamiento de los enfrentamientos bélicos, que es imprescindible pensar de manera sistemática y estratégica sobre los asuntos relativos a la ética y la moral.

De igual manera el desarrollo acelerado de nuevos códigos de comunicación, contenidos, medios y plataformas para su difusión y promoción obliga a la ciudadanía a adquirir competencias para generar juicios críticos e identificar cuándo se incumplen los códigos éticos a la vez que puedan generar estrategias de intercambio y consumo informativo que conduzcan a la consolidación de sociedades plurales, democráticas, con ciudadanía activa, participativa y autónoma

Es necesario también volver sobre los cimientos éticos de la profesión y repensar por qué cada vez es más central una formación y educación enfocada en valores no solo a nivel escolar y académico sino ciudadano.

Como confirmó Juan Carlos Suarez Villegas[22], organizador de la cita de Sevilla, "el carácter dinámico de la sociedad frente a la celeridad de los cambios producidos en el mundo de la comunicación, requieren del buen ejercicio de la ética comunicativa; y los medios de comunicación como principales protagonistas y responsables ante la sociedad deben basar su labor en el respeto a los derechos de las personas y el compromiso educativo con la formación cívica y política de la ciudadanía".

---

22 Suarez, J. (2011) *La ética de la comunicación a inicios del siglo XXI, Edufora; Madrid*

CRISIS DE LA LIBERTAD DE PRENSA

La Resolución 59 de la Asamblea General de las Naciones Unidas, aprobada en 1946, dejó establecido el derecho universal a la información. Hizo lo mismo en el Artículo 19 de la Declaración Universal de Derechos Humanos, en 1948. Libertad de información y libertad de expresión están concatenadas. La primera depende estrechamente de la segunda.[23]

La libertad de información quiere decir que los ciudadanos tienen derecho a conocer sobre todos los asuntos que manejan las autoridades públicas. Los miembros individuales de la sociedad tienen todo el derecho a indagar sobre toda opinión, sobre toda información que tengan en sus manos las instituciones públicas.

Pero no sólo eso, sino que también encima del derecho al acceso a esas informaciones, a cada quien hay que garantizarle, asimismo, la libertad para difundirlas y comunicárselas a otros, sin restricciones de ningún tipo. Esto, a través de cualquier medio de expresión que escoja para hacerlo. No sólo lo que tiene que ver con el conocimiento de las informaciones, sino que también, la población tiene derecho

---

23 *http://www.unesco.org/new/es/communication-and-information/freedom-of-expression/freedom-of-information/about/*

irrestricto a contradecir, respaldar, debatir, las opiniones e informaciones obtenidas de sus autoridades, o de cualquier entidad pública.

Ese tema fue consignado en el llamado Pacto Internacional de Derechos Civiles y Políticos, en 1966. Y también en la Convención Americana de Derechos Humanos, en 1969. Claro, como todas las libertades, la libertad de información, y la misma libertad de expresión, no pueden servir para dañar la seguridad y la privacidad de los demás, ni de los gobiernos, ya que es un recurso para garantizar el sistema democrático. Estas libertades tienen que ser normalizadas para evitar que se abuse de las mismas.

En 1990, ya 13 países habían adoptado leyes propias para establecer normas sobre la libertad de información. Ese número de países y otros, han continuado avanzando en la elaboración leyes propias sobre este tema. Es la forma de garantizar la formalidad, fortaleza y durabilidad de las libertades englobadas en la libertad de información.

La UNESCO, Organización de las Naciones Unidas para la Educación, la Ciencia y la Cultura, en sus propios estamentos, desde 1945 se comprometió a respaldar y supervisar el libre flujo de las ideas, sea por medio de palabras o de imágenes. Y así lo ha continuado plasmando como parte de sus principios de manera reiterativa. La idea de ese soporte de la UNESCO radica en que sin libertad de información y de expresión no hay desarrollo del conocimiento.

No sólo en los documentos constitutivos de la UNESCO se ha dejado claro el asunto, sino que otras entidades lo han remarcado, como se hizo en la Declaración de Brisbane, en 2010. También la declaración de Maputo, en el 2008; en la Declaración de Dakar sobre medios de comunicación y buena gobernanza, en el 2005). Sin libre flujo de la información

94

habría que prescindir de la noción de democracia. El bailoteo libérrimo de las ideas y su expresión es una condición imprescindible al ser humano, frente a los gobiernos y sus instituciones públicas.

La sociedad tiene derecho a saber todo lo relacionado con la marcha de la economía, los asuntos sociales, el uso de los fondos públicos. De no existir esa garantía no se puede hablar de democracia. Es esta situación la que fortalecerá el poder para enfrentarse a la corrupción y a otras deficiencias del sistema democrático. Cuando los gobiernos se equivocan la población tiene derecho a hacérselo saber de manera libre, aunque en el marco de sus propias reglas, para aplicar los correctivos pertinentes. Decimos que la garantía de tales libertades está consignada en las leyes de cada nación. Las leyes constitucionales para garantizar mediante éstas la existencia de los fondos para sostener ese ejercicio y desarrollar los recursos humanos que faciliten su aplicación. En esto tienen mucho que ver la existencia de las organizaciones civiles no gubernamentales. También los grupos de profesionales de la comunicación, como los periodistas investigadores y difusores de los hallazgos en favor de la comunidad.

Al abordar esta temática en lo concerniente a Latinoamérica y el Caribe, veremos cómo avanzan estos países en la conformación de sus estatutos constitucionales y jurídicos, habilitando una estructura que garantice el Derecho de Información.

Los pueblos deben mantenerse de manera permanente en alerta. No son los gobiernos los más indicados a decir si están en condiciones de garantizar estas libertades, sino que la población organizada deberá exigir su sostenimiento como una condición para el gobierno democrático.

El sector público está obligado en un régimen de libertad

a exigirse salir del secretismo de la información, y pasar a un plano de transparencia absoluta, frente a las exigencias mismas de la población y sus grupos organizados.

El avance del desarrollo de la electrónica y de las tecnologías deberá venir en auxilio del fortalecimiento de estas libertades. Las tecnologías de la información, en pleno desarrollo en la época actual, deberán ser usadas para la ampliación de esas libertades, motivando a los grupos populares a usar esos avances en favor de la debida transparencia.

La UNESCO, a la que ya hemos aludido, deberá continuar su trabajo para enfrentarse a los nuevos tiempos que traen nuevos desafíos para garantizar la libertad de información y de prensa. También en la promoción de manera amplia para la concienciación sobre la libertad de información e iniciativas de creación de capacidades destinadas a funcionarios públicos, ciudadanos, medios de comunicación y otros agentes clave.

En cuanto a la libertad de prensa, conocidas las características de las libertades de información y de expresión, cabe la precisión que, en ese mismo marco deberá ser incluida la libertad de prensa.

Una sociedad democrática debe garantizar el derecho a que los ciudadanos puedan organizarse y emprender la construcción de medios de comunicación social, para la edición de medios impresos con ideas libres, sin que ningún sector, institución o persona se crea en el derecho de imponer controles, filtros o censuras previas a los contenidos de tales comunicaciones. Ningún gobierno, ningún Estado, puede abrogarse esa autoridad a todas luces indebida, en una democracia bien concebida.

Haciendo un poco de historia, hay que remontarse al 2 de diciembre de 1766, cuando en Suecia se adoptó la primera regla en el mundo sobre libertad de prensa. A partir del criterio sueco sobre libertad de prensa pudieron establecerse comparaciones con otras zonas del mundo. China, por ejemplo, es considerando el punto contrapuesto a todo lo que significa libertad de información, de expresión y de prensa en un régimen democrático. Los chinos tienen sus reglas que se ajustan a un sistema huérfano de libertades ciudadanas individuales. Sin embargo, en el orden del desarrollo tecnológico y de instrumentos que se prestan para servir a esas libertades, los chinos avanzan a la vanguardia, aventajando a las naciones occidentales.

Estados Unidos de Norteamérica, en contraposición a los chinos, tiene en la primera enmienda a su Constitución, consignada la libertad de expresión como principio de apoyo a la libertad individual de los ciudadanos y de la comunidad, en el que está prohibida toda represión a las ideas y las opiniones, quedando éstas al margen de toda posibilidad de represalias, censuras o prohibiciones de ninguna especie. Las naciones de la región siguen las pautas norteamericanas, en ese sentido.

La Primera Enmienda, sin embargo, aunque garantiza la libertad de expresión y de la prensa, "no da el mandato para el derecho de acceder a la información del gobierno[24] ni fuentes de información dentro del control del gobierno. Sin negativos, requiriendo que el Congreso se abstenga de adoptar cualquier ley que limite la libertad de expresión".[25]

---

24 *Tomado de Houchins v. KQED, Inc., 438 EEUU 1 (1978), p. 15. file:///C:/Users/Juan%20Manuel/ Desktop/Wilson/TRABAJOS%20HECHOS%20Y%20EN%20CURSO/De recho%20a%20la%20 información%20en%20América%20Latina.pdf*

25 *La parte pertinente de la Primera Enmienda dice: "El Congreso no hará ninguna ley…que limite la libertad de expresión, ni de la prensa, ni del derecho del pueblo de reunirse en asambleas pacíficas, ni de peticionar al Gobierno para la remediación de sus agravios." file:///C:/Users/Juan%20Manuel/ Desktop/Wilson/TRABAJOS%20HECHOS%20Y%20EN%20CURSO/De recho%20a%20la%20 información%20en%20América%20Latina.pdf*

De la misma manera que en el ámbito universal moderno la Declaración Universal de los Derechos Humanos reconoce el derecho a todo individuo a investigar y recibir informaciones y opiniones y el de difundirlas sin limitación de fronteras, por cualquier medio de expresión (artículo 19) y el Pacto Universal de Derechos Civiles y Políticos (1966) establece que toda persona tiene derecho a la libertad de expresión, derecho que comprende la libertad de buscar, recibir y difundir informaciones e ideas de toda índole (artículo 19); en el espacio interamericano la Declaración Americana de los Derechos y Deberes del Hombre consagra el derecho de toda persona a la libertad de investigación, de opinión y de expresión y difusión del pensamiento (artículo 4) y la Convención Americana de Derechos Humanos[26] asume el derecho de toda persona a la libertad de pensamiento y expresión, comprendiendo dicho derecho, la libertad de buscar, recibir y difundir informaciones e ideas de toda índole (artículo 13.1).

En resumen, el derecho a la información es un pilar del Estado de derecho; no puede haber vigencia del Estado de derecho sin derecho a la información, ya que éste a su vez garantiza y casi como consecuencia la libertad de pensamiento. De la misma manera y en consecuencia, sin garantizar desde el Estado el derecho a la información tampoco podría ejercerse el control ciudadano de la gestión pública. Ahora bien para que esa vigilancia pueda contar con los elementos necesarios, no basta con garantizar el derecho a información y la expresión; sino que los medios de comunicación que amplifican los mensajes tengan unos rigurosos marcos éticos que los regulen.

---

26 *Informe Anual de la Comisión Interamericana de Derechos Humanos, 2000, vol. III, Informe de la Relatoría para la Libertad de Expresión, OEA/Ser.L/II.111-Doc. 20, 16 de abril de 2001.*

El concepto de libertad de expresión que es en el que se sustenta la libertad de prensa, se fundamenta y garantiza otro derecho fundamental, la libertad de pensamiento, ya había estado establecido en la Declaración Universal de los Derechos del Hombre y del Ciudadano de 1789 pactada en Estados Unidos de Norteamérica y ampliado por la Declaración de las Naciones Unidas con el concepto de libertad de información. "Se trata de un derecho fundamental que alcanza no sólo a los periodistas o empresarios de la información, sino a toda persona, independientemente de su condición".

Derecho a la información para garantizar la libertad de prensa

El derecho a la información que se deriva de la Declaración Universal de Derechos Humanos (1948), reconoce no solo la prensa y las ideas; sino las vías de acceso a la información, los medios de comunicación resultan centrales en el debate contemporánea acerca de las garantías democráticas individuales y colectivas. El artículo 19 de dicha declaración confirma que todo individuo tiene derecho a la libertad de opinión y de expresión; este derecho incluye el de no ser molestado a causa de sus opiniones, el de investigar y recibir información y opiniones y el de difundirlas sin limitación de fronteras por cualquier medio de expresión.

Esta propia Declaración Universal de los Derechos Humanos y específico su artículo 19, presenta entonces el vínculo entre el derecho a la información y el derecho a la libertad de prensa al implicar ciertas facultades resumidas por Díaz Arias[27]:

• Investigar opiniones
• Investigar informaciones

---

27 *Díaz Arias (2000) La libertad de programación en radiodifusión: un desarrollo del artículo 20 de la Constitución española. Madrid: Universidad Complutense. Tesis Doctoral.*

- Difundir opiniones
- Difundir informaciones
- Recibir opiniones
- Recibir informaciones

Asimismo estas facultades se amplían en el artículo 20 del Pacto de Derechos Civiles y Políticos de 1966 al incluir las ideas como objeto del derecho.

Así las facultades cuyo objeto son ideas u opiniones constituyen la libertad de expresión, y las que tienen como objeto informaciones, la libertad de información y ambas se concretan en la libertad de prensa que debeser libre de difundir ideas, opiniones e informaciones.

En tal sentido, argumentó el académico español, Pedro López López,[28] "las innovaciones señaladas (entre otras, la persona humana como titular del derecho a la información, la función social de la información y la dimensión social del trabajo del periodista, el hecho de informar como un deber hacia la ciudadanía, y no sólo como un poder, etc.) apuntan a la conexión entre derechos de información y democracia.

Y es que desde el siglo XVII con la aparición y consolidación de la imprenta y los medios de comunicación de masas en la figura de una prensa libre del control gubernamental, la libertad de prensa ha sido considerada un elemento constitutivo de toda sociedad libre, democrática e ilustrada.

En este sentido, dice Marcial Murciano[29], el valor de la libertad de expresión y opinión está relacionado con otros valores democráticos fundamentales como son el de reunión y de asociación, centrales ambos en la sociedad democrática

---

28 López López, P (2003) *Derecho a la información y democracia en el marco de la globalización neoliberal: bibliotecas, archivos y medios de comunicación de masas en Revista General de Información y Documentación 2003, 13, núm. 2 97-131*

29 Murciano, M (2009) *"Las políticas de comunicación en la construcción del estado democrático" en La comunicación pública en Iberoamérica I, Coord. Wilson Hernández, República Dominicana, Ediciones Infomega.*

plural". Uno de los argumentos esgrimidos y más reiterados sobre la libertad de prensa y de expresión como valor supremo democrático es el que su ejercicio permite el conocimiento de la verdad y ayuda a descubrir el error, presente en todos los grandes pensadores sobre la libertad y la democracia (Siebert, Peterson y Schramm, 1963)[30]. "

Aunque, continúa Murciano (2009), en la práctica el ejercicio de las libertades de opinión y de prensa no ha resultado una empresa fácil, ni tampoco lo es en nuestros días, sin embargo, como valores en sí mismos han tenido un reconocimiento constitucional generalizado que ha facilitado mecanismos para que periódicamente pudieran tomarse medidas políticas encaminadas a fortalecerlas, impulsarlas y renovarlas. Antecedentes en este sentido encontramos también las propuestas definidas por la Comisión sobre la libertad de la Prensa (Comisión Hutchins) en los Estados Unidos (1947) y las de la Comisión Real de la Prensa en Gran Bretaña de la misma época, que junto a los otros orígenes ya sistematizados como la Declaración del Buen Pueblo de Virginia, pautan las ideas que se construyen en este sentido hasta nuestros días.

"En este mismo sentido, aseguró Marciano (2009), hay que entender todas las deliberaciones posteriores sobre estas libertades fundamentales y las actuaciones y políticas relacionadas con los procesos de concentración en la prensa y otros sectores de los medios. Sobre la base de estos criterios y de otras iniciativas similares de política de comunicación ha sido posible limitar, en parte y en períodos de tiempo determinados, la concentración de poder económico y financiero en los medios".

Anualmente los periodistas y los medios de comunicación

---

30 *Siebert, S., Peterson, W. y Scramm, W. (1968) Tres teorías sobre la prensa, La Flor, Buenos Aires (edición original, 1963).*

han pujado para hacer avanzar conceptos claves como: la responsabilidad social de la prensa y de los medios en general, el derecho a la información plural e independiente, los consejos de la información y la calidad de la información, entendida en los términos de objetividad, diversidad y honestidad (Bardoel y Haenens, 2004)[31].

La situación en la región latinoamericana en relación con el derecho a la información y la libertad de prensa ofrece un panorama en que, como nefasta herencia de la colonización y los posteriores regímenes dictatoriales que se vivieron en el continente, la información menos accesible y sensible es aquella que se encuentra en poder del Estado. Aunque se ha avanzado en torno a la legislación y garantías de tales derechos, aún queda mucho por hacer. Según informaciones publicadas por el Observatorio de políticas públicas de derechos Humanos del MERCOSUR existen algunos países en la zona geográfica analizada que presentan avancen al respecto. Los países más estudiados por este observatorio y que pueden presentar algunas regularidades son Argentina, Paraguay, Bolivia, Chile y Brasil. No obstante todas estas intenciones se encuentran atravesadas por la globalización neoliberal que hace de la información también una mercancía que dificulta la consumación del derecho.

Para Ignacio Ramonet (1995)[32], este pensamiento es "la traducción a términos ideológicos de pretensión universal de los intereses de un conjunto de fuerzas económicas, en especial las del capital internacional". En esta línea Pedro López asegura "las fuentes principales de este pensamiento están en las grandes instituciones económicas, en especial

---

31 Bardoel, J. Haenens, L. (2002), *"Media Meet de Citizen. Beyond Market Mechanism and Government Regulations", Journal of European Commu nication, núm. 2, pp. 165,194.*
32 *Ramonet. I (1995) Pensamiento único y nuevos amos del mundo. En: Chomsky, N. y Ramonet, I. Cómo nos venden la moto. Madrid: Icaria/Más Madera.*

las del capital internacional: Fondo Monetario Internacional, Banco Mundial, Organización de Cooperación y Desarrollo Económico, Organización Mundial del Comercio, etc.

"Los mensajes de estas instituciones son recogidos y reproducidos por los principales órganos de información económica y principalmente por las "biblias" de inversores y especuladores de bolsa, que normalmente son propiedad de grandes grupos industriales o financieros. Asimismo, las facultades de Ciencias Económicas, los periodistas, los ensayistas y los políticos recogen estos mensajes y los lanzan en los medios de comunicación de masas, que los repiten hasta la saciedad, "sabiendo a ciencia cierta que, en nuestra sociedad mediática, repetición vale por demostración".[33]

El compromiso de la prensa en un estado democrático y observante de los derechos es, como confirmó Gerardo Albarrán de Alba[34], tener como elementos de guía la justicia social, libertad de pensamiento y expresión, así como el respeto a la diversidad cultural e ideológica, a la libertad de creencias y a las preferencias sexuales. Para lograr esto es necesario obtener y en consecuencia ofrecer, a cada ciudadano información suficiente, veraz y oportuna para comprender el mundo y participar.

Libertad de empresa vs Libertad de Prensa

Volver sobre la libertad de prensa, pero entendida desde la dualidad en la que se debaten los medios de comunicación, aquella que se encuentra delineada por su innegable compromiso con la sociedad a la vez que con su propia rentabilidad y sostenible; impone un acercamiento a este

---

33 *Idem*

34 *Albarrán de Alba, G (2009) "El periodismo iberoamericano en la encrucijada de su propia identidad: una visión crítica del periodismo de investigación en México" en La comunicación pública en Iberoamérica I, Coord. Wilson Hernández, República Dominicana, Ediciones Infomega.*

derecho y buscar sus intersecciones con la libertad que como empresas deben tener los medios de comunicación.

Por tales razones, como señaló desde 2002 Armand Mattelart, mientras que hasta principios de los años 80 del pasado siglo XX , la UNESCO era una de las principales tribunas para debatir sobre cultura, información y comunicación, en la actualidad gran parte de la discusión y normativas sobre estas materias se encuentra siendo regida por la Organización Mundial del Comercio (OMC).

"Los asuntos de cultura, información y comunicación, aseguró Armand Mattelart[35], ya no se inscriben en el debate ciudadano como elementos fundamentales para el ejercicio de la democracia, sino como productos de una industria «cultural» y del ocio dirigida a consumidores y contemplada fundamentalmente bajo los parámetros de la oferta y la demanda. De la soberanía del ciudadano se pasa a la soberanía del consumidor, deslegitimando cualquier tentativa de formulación de políticas públicas relacionadas con la cultura y el acceso a la información. De un debate político se ha pasado a un debate empresarial, degradando gravemente la dimensión democrática de estos asuntos. Es urgente reaccionar por parte de la ciudadanía, de las asociaciones profesionales relacionadas con estos asuntos (periodistas, bibliotecarios, archiveros, etc.) y de los ámbitos educativos y culturales. No podemos dejar que derechos democráticos conquistados a lo largo de siglos sean despojados a los ciudadanos en favor de intereses exclusivamente comerciales".

Es necesario equilibrar ambos intereses y valorar en su justa medida cada caso porque en la misma medida es necesarias la libertad de expresión de los periodistas y la solvencia de la

---

35 *Mattelart, A. (2002) Premisas y contenidos ideológicos de la Sociedad de la Información. En: Vidal Beneyto, J. La ventana global. Madrid: Taurus, p.*

empresa que permite la reproducción de las ideas, opiniones e informaciones.

Sin embargo esos intereses comerciales son esenciales porque solo una empresa sostenible con capacidad para su reproducción logrará mantener relativa independencia de los diversos poderes que pujan por multiplicar sus intereses a través de la construcción de la opinión pública en los medios de comunicación.

De aquí que desde la propia filosofía del derecho y los primeros textos que se refieren a la libertad de información, desde su promulgación hasta mediados del siglo XX cuando al unísono se consagra este derecho en las constituciones liberales y se profesionaliza el periodismo, se identifica la relación con el planteamiento empresarial de la actividad informativa, que se impone en el modo de entender cada uno de los elementos del hecho informativo. Azurmendi (1997) [36]señala lo siguiente:

1. El producto informativo es un valor más del mercado, que impone sus leyes.

2. La publicidad se impone como principal fuente de ingresos de las empresas periodísticas, lo que conlleva servidumbres informativas

3. Se plantea la actividad periodística como una tarea que requiere autonomía y libertad.

Estos asuntos confirman la responsabilidad de ser periodista. Una profesión que siempre ha sido una tarea inmensa e implica un gran desafío, ya que ubica en el mismo lado al profesional y al empresario, al interés público y el privado. En este sentido, la alta tecnologización del sector que implica mayor demanda

---

36 *Azurmendi, A. (1997) Derecho de la información: guía jurídica para profesionales de la comunicación. Pamplona: EUNSA.*

de capital para competir en el mercado de las audiencias y las necesidades informativas y de entretenimiento de los públicos. Así los directivos de los medios de comunicación muchas veces se enfocan más en las preocupaciones económicas por sobre las garantías y protección hacia los periodistas.

Las empresas informativas muchas veces se amparan en su carácter empresarial y evaden la responsabilidad social que deberían asumir a la hora de informar a los ciudadanos y tratan la información como una mercancía más, ignorando su función social. "La difusión de la cultura, la defensa de la democracia y la libertad, la formación ética de los ciudadanos, la neutralidad de las informaciones, quedan supeditadas a la lógica del beneficio (Álvarez Puga, 1996)[37]. Esta lógica empresarial afecta significativamente a nuestras sociedades. Como lo han expresado varios autores hay un efecto político relevante detrás de esta mirada economicista. Así, Chomsky (1992) señala que los medios cumplen el propósito de "inculcar y defender el orden del día económico, social y político de los grupos privilegiados que dominan el Estado y la sociedad del país", lo que llevan a cabo "mediante la selección de los temas, la distribución de los intereses, la articulación de las cuestiones, el filtrado de la información, el énfasis y el tono, así como manteniendo el debate dentro de las premisas aceptables".[38]

Aunque en el mundo neoliberal se hace énfasis en la libertad de expresión, de información y de prensa, realmente esta libertad a lo que refiere es a la libertad de expresión comercial (Mattelart, 2002)[39], con la pretensión de que ésta sea un

---

37 *Álvarez Puga, E. (1996) Maldito mercado: manifiesto contra el fundamentalismo neoliberal. Barcelona: Ediciones B.*
38 *Chomsky, N. (1992) Ilusiones necesarias: control del pensamiento en las sociedades democráticas. Madrid: Libertarias/Prodhufi*
39 *Mattelart, A. (2002) Premisas y contenidos ideológicos de la Sociedad de la Información. En: Vidal Beneyto, J. La ventana global. Madrid: Taurus, p.*

nuevo derecho humano. Y, si bien tanto la empresa como el periodista tienen teóricamente asegurada su libertad de expresión, como confirma Rallo (2000)[40]"no basta una prensa libre, un periodista libre, para tener un ciudadano informado", sino que una comunicación democrática exige que éste sea receptor de la pluralidad de opiniones, ideas y creencias para poder formar su opinión libremente.

Estados de la Libertad de Prensa en el mundo

Existe en mundo contemporáneo una gran discusión acerca de la libertad de prensa y la existencia de garantías en los distintos países para proteger tan relevante derecho universal. Sin embargo, se puede afirmar que esta discusión vuelve sobre aquella sostenida durante la Guerra Fría, entre los países firmantes del Pacto por los derechos Civiles y Políticos, y el Pacto de los Derechos Sociales, Culturales y Económicos. Esta dicotomía, matizada por el color político e ideológico de cada grupo, encuentra aún escenarios para el debate y la confrontación.

Sin embargo, hay un caso que resulta icónico en el contexto actual de la discusión sobre libertad de prensa. Un caso que polariza a muchos y enciende grandes polémica. Los partidarios del encarcelado fundador de WikiLeaks, Julian Assange, aseguran que con su arresto y acusaciones lo que está en tela de juicio son la democracia y la libertad de prensa. Pero, ¿qué argumentos sustentan este planteamiento?

Primeramente debemos oír al editor jefe de WikiLeaks Kristinn Hrafnsson quien en conferencia de prensa publicada reproducida en varios medios durante el proceso que sobrevino luego de que Ecuador retiró su protección a Assange: "Es una ofensiva contra la libertad de prensa,

---

40 Rallo, A. (2000) *Pluralismo informativo y constitución. Valencia: Tirant lo Blanch.*

nada menos, y no tengo dudas de que hay una conexión con otros casos que hemos visto en las últimas semanas; una ofensiva contra los periodistas. Es una situación muy seria la que estamos viendo. Es un ataque al periodismo y todo está interconectado. Es por eso que es extremadamente importante para los periodistas, y hablo con usted como colega, no olvidar los aspectos fundamentales aquí y no olvidar de qué se trata el verdadero problema".[41]

Hrafnsson "también criticó la acusación contra Assange por un gran jurado federal en el estado de Virginia, Estados Unidos, por cargos de felonía, por estar presuntamente involucrado en la filtración de documentos clasificados por el ex analista de inteligencia del Ejército, Chelsea Manning, diciendo que revelaba la verdadera naturaleza del caso".[42]

También califico de arcaica la Ley de Espionaje de Estados Unidos de 1917, en virtud de la cual Assange enfrenta una acusación por separado, que "nunca se ha utilizado contra un periodista y editor" y quienes sufren el ataque son el periodismo y la libertad de prensa.

La controvertida Ley de Espionaje de 1917, aprobada después de la Primera Guerra Mundial, se usó para atacar a activistas antibelicistas y disidentes políticos y ha sido denunciada como inconstitucional debido a que criminaliza el recibir y publicar información clasificada.

Christophe Marchand, un abogado de derechos humanos que forma parte del equipo legal de Assange.ha explicado públicamente cómo el arresto ilegal de Assange hace parte de un "experimento oscuro e ilegal sobre la libertad de prensa". "¿Qué inventó WikiLeaks? WikiLeaks inventó un sistema

---

41 *https://www.aa.com.tr/es/mundo/el-caso-de-assange-es-sobre-el-futuro-de-la-libertad-deprensa/1501704*
42 IBIDEM

para los denunciantes y ahora están tratando de romper este sistema, este silbato, no hay denuncias, y creemos desde la perspectiva de los derechos humanos que la denuncia es fundamental en el siglo XXI", agregó.

"También dijo que, tras la filtración de información clasificada, EEUU se ha convertido en un "elefante furioso en la sala que lo rompe todo" al violar los derechos fundamentales y atacar sistemáticamente a periodistas y denunciantes en un intento de silenciarlos. Es una gama completa de derechos fundamentales que se violan y es un patrón. No es algo especial para Julian Assange. Es para Julian Assange, es para WikiLeaks"[43]

Lo más irónico y lamentable de la situación, alertan muchos, sea que el principal motivo de EEUU para ir detrás de Assange jamás fue desmentir los secretos por su organización revelados, sino el simple hecho de su difusión. "WikiLeaks no solo ha puesto en evidencia las atrocidades cometidas por distintos gobiernos (entre ellos EEUU) alrededor del mundo, sino que a su vez ha dejado expuesta la gran vigilancia masiva que se ejerce sobre la población mundial. La difusión de los documentos que WikiLeaks ha puesto al alcance de conocimiento público en los últimos años amenaza con debilitar las bases tanto de los gobiernos en si como de los medios hegemónicos y empresas al servicio de estos. Una amenaza para el establishment"[44]

"En ningún momento, continua el artículo argentino, se ha discutido el contenido de las filtraciones, sino simplemente se ha argumentado en contra del hecho de haberlas realizado en vistas de que dicha acción ha "puesto en peligro la seguridad nacional". La vigilancia dirigida a cada ciudadano y la

---

43 *https://bit.ly/3ox3Y36*
44 *IBIDEM*

información resultante de esta almacenada en gigantes bases de datos son "herramientas necesarias" para la seguridad internacional y la paz social."[45]

Ante este análisis, podemos comprender como de complejo el acercamiento a la Libertad de Prensa a nivel mundial por el sesgo político con que se maneja y el hecho de que se esgrima como argumento o arma de ataque de unos contra otros y generar estados de opinión pública favorables en muchos casos a los poderosos. Sin dudas es un derecho fundamental, pero que debe ser examinado en su justa medida, esa que toma como principal criterio los puntos de unión entre el derecho a ofrecer y recibir información veraz, oportuna, confiable y respetuosa.

Siguiendo esta línea analítica, también se pude asegurar que la empresa periodística tiene libertad, en tanto no comprometa los intereses y valores de los grandes grupos económicos y políticos. La consecuencia directa de toda esta situación es la reducción de la "esfera pública" o el "espacio público", tan necesaria para el ejercicio de la democracia.

Amenaza a la Libertad de Prensa en América Latina

La libertad de expresión es el concepto amplio al hablar de las libertades del individuo. Conexa con la misma tenemos la libertad de prensa. Según la Organización de las Naciones Unidas, "la prensa (en sus varias plataformas) juega un papel central al informar de manera contextualizada sobre los temas relevantes para todos los ciudadanos y ciudadanas, al agendar en debate público las cuestiones centrales para el desarrollo y la democracia, al actual como "perro-guardián" de los gobiernos y otros actores."[46]

---

45 *http://bit.ly/38pBxyD*
46 *https://bit.ly/2LA8QWy*

La libertad de prensa recibe amenazas de múltiples formas. Las censuras directas mediante leyes y reglamentaciones al margen de las normas internacionales; la concentración de los medios, violencia contra esos mismos medios y contra los periodistas; impunidad ante crímenes contra medios y periodistas. Hoy se cita también, en la misma ONU y la UNESCO, la violencia digital. También la autocensura, aparte de una amplia diversidad de tretas que existen impulsadas por gobiernos y otros sectores contra la libertad de prensa y expresión del pensamiento.

La fecha reconocida internacionalmente para recordar la necesidad de la libertad de prensa y de expresión es el 3 de mayo de cada año.

El concepto de libertad de prensa en cuanto a ser parte de los derechos del ser humanos, ha sido discutido en numerosos eventos multinacionales en los que se han adoptado líneas y documentos que son pautas establecidas tras la discusión y análisis de las eventualidades pertinentes.

En su 25ª en 1989, la Conferencia General de la UNESCO, destacó de manera particular la necesidad del fomento de la libre circulación de las ideas por medio de la palabra y de la imagen, en los ámbitos internacional y nacional

El 3 de mayo de 1991, en Windhoek, Namibia, fue adoptada una declaración sobre los principios de la libertad de prensa, para promover los medios independientes y pluralistas, pautada por la Declaración Universal de los Derechos Humanos. Fue elaborada por periodistas de la prensa de África.

En realidad, el 14 de diciembre de 1946, mediante resolución de esa fecha, fue declarada la libertad de información como un derecho humano fundamental, y luego, el 11 de diciembre del 1990 se decidió que la información debe de estar al servicio de la humanidad. A propósito del año internacional de los pueblos indígenas, el 20 de diciembre de 1993, también se debatió el tema de la libertad de prensa, en el marco de la ONU.

El Consejo Intergubernamental de la ONU decidió, en su reunión de febrero de 1992, otorgar prioridad a proyectos que procuraran fortalecer los medios de comunicación independientes y pluralistas.

Del 2 al 6 de mayo de 1994, el tópico del desarrollo de los medios de comunicación y la democracia en América Latina y el Caribe, fue debatido por la ONU, un encuentro en Santiago de Chile.

Se celebró, también, la Conferencia de la UNESCO sobre asistencia a los medios de comunicación en zonas en situación de conflicto y países en transición, en Belgrado (Serbia y Montenegro), el 3 de mayo de 2004.

Luego, la Conferencia patrocinada por la UNESCO en el Día Mundial de la Libertad de Prensa, en Dakar (Senegal), del 1º al 3 de mayo de 2005, se discutió ampliamente el tema tocando los aspectos de motivación a los medios de comunicación y las asociaciones profesionales, en torno a la sacralidad de la libertad de prensa.

Otra conferencia sobre los medios de comunicación, el desarrollo y la erradicación de la pobreza, tuvo lugar, patrocinada por la UNESCO, en el Día Mundial de la Libertad de Prensa, en Colombo (Sri Lanka), los días 1º y 2 de mayo de 2006.

La UNESCO volvió a reunirse, en Medellín, Colombia, los días 3 y 4 de mayo del 2007, para tomar resolución sobre libertad de prensa, seguridad de los periodistas e impunidad, en que pide a los estados miembros investigar los crímenes contra los medios de comunicación y personal asociado, así como a tomar medidas previsoras y se exhorta a la comunidad internacional y las asociaciones de periodistas a actuar con energía frente a los desafueros contra la libertad de prensa. Luego vino el Foro de la CMSI (Cumbre mundial sobre la Sociedad de la Información, 2010, del 10 al 14 de mayo de 2010, en la sede de la Unión Internacional de Telecomunicaciones, en Ginebra, Suiza. La discusión y las participaciones versaron sobre los aspectos sociales de la Sociedad de la Información. La brecha digital existente en el acceso a las tecnologías de la información y las comunicaciones, específicamente las telecomunicaciones e internet.

Años después se realizaron reuniones de la UNESCO y organismos de la ONU con apuntaciones sobre libertad de prensa que emitieron declaraciones en Brisbane, Cartago y San José de Costa Rica. En este país, con la participación de reconocidos periodistas, juristas, y activistas internacionales abordaron, en una primera instancia, el funcionamiento de Internet y su impacto en el derecho a buscar, recibir y difundir información.

No se debe olvidar de la misma manera que en una democracia los poderes públicos están obligados a ser beligerantes en favor de un marco normativo que asegure la libertad de prensa en sus distintas dimensiones.

El Estado debe garantizar las condiciones para que los profesionales de la comunicación y los medios, en observancia de sus regulaciones, puedan desempeñar su rol en la sociedad. Sin embargo, podemos afirmar que la libertad de prensa encuentra grandes amenazas sobre todo por las condiciones en que deben ejercer su profesión los periodistas. Es poco usual que los profesionales de los medios de comunicación se vean sujetos a agresiones físicas y morales así como amenazas por parte de los grupos e intereses en su desempeño pueda eventualmente afectar. Basta afirmar que cuando una persona decide ser periodista debe asumir y comprender que es una profesión que tiene altas cifras de muertos por el simple ejercicio de la expresión y difusión de ideas, opiniones e informaciones.

América Latina: Casos sobresalientes

El rastro negativo del ejercicio del periodismo al margen de todo signo libertario, que los hubo y los habrá de méritos excelsos, lo podemos recoger hoy, en cualquier país de América Latina. En un país con más énfasis que en otro. No debiera de ser así, puesto que Latinoamérica está plagada de países que se dicen adoptan el sistema democrático como método de gobierno.

A nivel mundial se ha consignado que América Latina se ha convertido en la segunda región más letal y peligrosa para el ejercicio del periodismo. No menos de 174 periodistas murieron en el ejercicio de su profesión a causa de la violencia ejercida en su contra, entre 2012 y 2019. En ese contexto, México, Brasil, Honduras y Guatemala son los países más letales, en donde el narcotráfico ha tenido una incidencia determinante en estos casos.[47]

En América Latina, está claro. Uno de los principales obstáculos al ejercicio de las libertades, incluida la de prensa, está condicionada por el permanente interés de los presidentes a reelegirse, y la falta de institucionalidad y predominio de la corrupción y la impunidad. Se silencia las críticas. Tal vez, habría que añadir, el interés de algunos capitalistas en poseer medios, a veces, monopolizando su propiedad.

Un estudio jurídico preparado por la UNESCO comparó

---

47 *Oficina de la UNESCO en Lima, Perú. "América Latina es ya la segunda región más letal para periodistas a nivel mundial"; https://bit.ly/3oxZucE*

las distintas leyes vigentes en lo que se refiere al derecho a la información, conteniendo las referencias a once países de Latinoamérica: Chile, Colombia, República Dominicana, Ecuador, Guatemala, Honduras, México, Nicaragua, Panamá, Perú y Uruguay.[48] Como resultado de ese estudio, se comprobaron las normas y tendencias internacionales que inciden en el ejercicio de la libertad de prensa y de información, en la zona.

¿Y qué fue lo que determinó ese estudio jurídico latinoamericanista hecho por la UNESCO, el 2003?

Lo primero, que el derecho a la información era algo reconocido como derecho humano fundamental. Criterio que luego ha evolucionado aceptándose el mismo de manera general. Hoy día, numerosas declaraciones, nuevos estudios, a manos, por ejemplo, de la Corte Interamericana de Derechos Humanos que en forma resolutiva estableció que el derecho a la libertad de expresión, en el marco de leyes nacionales, incluye el derecho a la información.

Los organismos públicos, los gobiernos, han sido enmarcados jurídicamente para que acepten y ejerzan la información sobre asuntos que atañen a sus funciones, son temas de derecho. El derecho a la información, queda definido como un derecho humano fundamental para el sistema democrático. Las constituciones nacionales en la que se resume lo sustantivo, como las leyes adjetivas, estatuyen la libertad de información como un derecho de hombres y mujeres inalienable.

El derecho a la información viene a garantizar distintas luchas reivindicativas del ser humano: lucha contra la corrupción y la impunidad; lucha por el derecho ambiental; lucha por la demanda de libertad para participar de los asuntos públicos. Vimos que la Organización de las Naciones Unidas (ONU)

---

48 *El Derecho a la Información en América Latina: Comparación JUrídica https://bit.ly/35nFzp7*

viene reconociendo y luchando por la libertad de información, desde 1946, en su primera reunión como Asamblea General, con la resolución 59. Libertad de información entendida con la inclusión del derecho a buscar, obtener y difundir la información. Y también la discusión de las ideas, como un derecho.

Para poder apreciar el derecho a la información como un derecho humano de primerísimo orden hay que entender como parte del mismo el derecho de acceso a la información, la publicación en términos positivos de la misma, vinculándolo también a un régimen de excepciones legales, como el derecho que tienen grupos e instituciones independientes a la apelación.[49]

Vemos que ya, en 2003, son once las naciones de Latinoamérica las que han estatuido como un derecho humano legal el derecho a la información. Desde 1990, un conjunto de trece naciones, a nivel mundial, tenían leyes de que llamaron de Libertad de Información o de Acceso a la Información: en ese entonces, sólo un país de América Latina había aceptado esa situación. Por ahora, pasan de ochenta los países de leyes de este tipo en favor de la libertad de información. El mundo, sin embargo, sigue indagando y pautando la temática de garantizar el derecho a la información como un derecho del ser humano.

Pudiera pensarse, sin embargo, que por el simple hecho de dictar leyes y reglas que buscan garantizar formalmente la libertad de expresión y de información como un derecho, es suficiente. Y no es así. Las sociedades con esas legislaciones a mano deben de entender la responsabilidad de hacerlas cumplir para lo cual debe de mantenerse permanente

---

49 *file:///C:/Users/Juan%20Manuel/Desktop/Wilson/TRABAJOS%20HECHOS%20Y%20EN%20CURSO/D erecho%20a%20la%20información%20en%20América%20Latina.pdf*, página 173.

vigilancias y la decisión de defenderlas. Grupos de la sociedad civil, los periodistas y la ciudadanía en sentido general deberá entender que su empoderamiento como base de la democrática dependerá de la garantía de tener a manos toda información que tenga que ver con el ejercicio gubernamental, incluso de los representantes electos para las posiciones públicas. Es lo que legitima el régimen democrático.

Promueve el optimismo que los grandes avances digitales y de comunicación social tecnológica, están contribuyendo, y así deberá de ser siempre, al fortalecimiento del derecho a la información, facilitándolo al hacer la información sea cada vez más masiva, y llegue a todos los niveles sociales haciéndolos protagonistas del proceso informativo.

Decimos que organismos y grupos prestan cada vez más atención al derecho a la información. Desde 1993, la ONU dispone en su Comisión de Derechos Humanos, de una Relatoría Especial sobre Libertad de Opinión y Expresión, la que tiene como objetivo la aclaración del contenido de ese derecho. Hay numerosos informes al respecto, definiendo y fortaleciendo el concepto de derecho a la información.

Un Comité sobre Derechos Humanos vigila la aplicación de las normas sobre libertad de información y los derechos respectivos a esa libertad.

Los países de la región no sólo han conformado leyes, sino que éstas van emanando conforme los dictados de constituciones que definen sustancialmente tales libertades en el marco de derecho establecidos por las naciones.

Veníamos desde Suecia, cuando en 1766 la libertad de prensa quedó consignada en la Constitución. Otras constituciones de otros países también le han dado contenido, sucesivamente: Bulgaria, en 1991; Estonia, en 1992; Hungría, desde 1949;Lituania, en 1992; Malawi, en 1994; Filipinas, 1987;

Polonia, 1997; Rumania, 1991; Sudáfrica, 1996; y Tailandia, en 2007. En América Latina, constitucionalmente, México, lo estableció desde 1917. Con este precedente, primario en el tiempo, otros países de la región han seguido observando en sus constituciones el derecho a la información. Lo han hecho mediante la acción jurisdiccional del llamado habeas data (del latín, tener datos presentes), confirmando el derecho de cualquier persona física o jurídica a solicitar y obtener la información que exista sobre su persona, con la potestad de pedir sea modificada o eliminada tal información de todo registro. Argentina lo tiene incluido en su Constitución.

Una ley de derecho a la información fue establecida en este país en el 2002, en base a la garantía constitucional previamente estatuida, bajo la firma del Presidente Fox de la Ley Federal de Transparencia y Acceso a la Información Pública del Gobierno (Ley de DI) 5 en junio de ese año.

Otras naciones que tienen leyes para importantizar el derecho de información, en la región, son Chile, Guatemala, Honduras, Nicaragua, Argentina, Bolivia y Uruguay, entre otros.

En Argentina si bien no existe una disposición constitucional con relación al libre acceso a la información en poder del Estado, tienen carácter constitucional varios instrumentos internacionales, como la Convención Americana de Derechos Humanos. Sin embargo, en 2003 durante el gobierno de Néstor Kirchner, se firmó un decreto que permitía que todas las personas tengan acceso a la información en poder del Estado; se exceptúan los casos en que la información sea reservada por razones de seguridad, defensa nacional o esté protegida por el secreto bancario o fiscal. En este periodo del Kirchnerismo también se adelantó la construcción de una propuesta de Ley de prensa que finalmente fue aprobada en

2015. Chile modificó su Constitución Política, desde 1980, para que toda información pública, actas, resoluciones de instituciones públicas sean de conocimiento de la comunidad. Este país ha tenido que enfrentar decisiones correctivas a sus pautas originadas en la Corte Interamericana, para el ejercicio de la función pública sea totalmente transparente.

Según se reconoce en el Observatorio de Derechos Humanos del MERCOSUR, en enero de 2001, se aprobó en ese país un decreto supremo que reglamenta el secreto y la información reservada aplicables a los actos administrativos, documentos y registros en poder de los órganos de la Administración Pública.

Este decreto, según se reconocer en este Observatorio, se ha manifestado con suma preocupación que el decreto excede lo establecido por la ley que reglamenta, al ampliar ilegalmente los casos de información secreta y reservada de los actos administrativos, que las limitaciones establecidas por el decreto son sumamente amplias en su alcance, que socava el principio de transparencia y es contrario a las disposiciones de la Constitución y los tratados internacionales.

En mayo de 2003, se aprobó la ley n° 19.880, que establece normas para los trámites administrativos de los órganos de la Administración Pública, y se adoptó el principio de la transparencia con relación a los trámites administrativos que cada ciudadano puede seguir.

En Colombia, incluyó en su Constitución, desde 1991, el derecho de toda persona a tener acceso a los documentos públicos, especificando restricciones consignadas en las leyes, como derecho de acceso, las garantías procedimentales, la obligación de publicar en boletines y otros órganos de difusión, como las gacetas oficiales.

Ecuador, en del 2008, fijó en su Constitución el libre acceso a la información que produzcan las autoridades públicas o entidades relacionadas. Lo contrario sería una violación a los derechos humanos. Este país dispone de una ley sobre Transparencia y Acceso a la Información Pública, desde 2004, conteniendo derecho de acceso, garantías procedimentales, y la obligación de publicar en la Web u otros medios todo lo que es información de carácter público que se origen en las entidades oficiales, con sus excepciones y apelaciones, sanciones y protecciones.

En Guatemala, la Constitución lo consigna desde 1985, enmendada en ese año. Da "garantía general del derecho de expresión, por cualquier medio, sin censura ni licencia previa, aunque cualquier falta de respeto a la vida privada o la moral podrá sancionarse de acuerdo a la ley".[50]

Honduras no da garantías específicas del derecho a la información, aunque protege algunas cosas, incluido el ya dicho derecho de habeas data. Una ley de 2006 sobre libre acceso a la información fue adoptada en este país. Entró en vigencia en el 2008. "La adopción de la Ley fue precedida por un largo periodo de cabildeo por parte de la sociedad civil, apoyado por la comunidad internacional y varios líderes locales importantes".[51]

Esta desprotección y situaciones en Latinoamérica se reflejan en muchos incidentes. Innumerables son los ejemplos de violaciones que sufren los periodistas en el ejercicio del deben a lo largo de la historia de la prensa sin embargo resalta por su novedad lo acontecidos en Argentina. Recientemente salió a la luz que un total de 403 periodistas fueron investigados y se les armó fichas de perfil ideológico para las cumbres de la

---

50 *Decreto No. 57-2008 del Congreso de la República de Guatemala, 23 de septiembre de 2008;*
file:///C:/Users/Juan%20Manuel/Desktop/Wilson/TRABAJOS%20HECHOS%20Y%20EN%20
CURSO/De recho%20a%20la%20información%20en%20América%20Latina.pdf
51 *Decreto No. 170-2006.*

OMC y el G20 en Buenos Aires. Este trabajo de espionaje fue encomendado a la Agencia Argentina de Inteligencia por el Gobierno de Mauricio Macri.

Según se publica en el diario El País,[52] el listado encontrado en tres sobres en la caja fuerte de la oficina del exdirector operacional del Área de Contrainteligencia de la AFI incluye decenas de periodistas de medios extranjeros, entre ellos varios de la AFP, así como un centenar de académicos, empresarios y otras personalidades de la sociedad civil.

"Los nombres llevan comentarios como "se muestra muy crítico respecto del actual gobierno", "muestra su afinidad hacia el peronismo", "apoya al gobierno", "en Facebook pidió la liberación de Lula" o "firmó por el aborto Legal". Esta información, también publicada en Telesur[53] y la Agencia Prensa Latina[54], permitía percusión y represalias por cuestiones de ideas, opiniones o información de profesionales de la prensa.

Llama la atención que 49 periodistas fueron asesinados en el mundo en 2019, de ellos 14 en América Latina. En México, la Comisión Nacional de Derechos Humanos afirma que 155 comunicadores han sido asesinados en ese país desde el año 2000, y el 89 % de los crímenes cometidos contra periodistas permanecen impunes.

La Unesco reportó más de 1 300 periodistas asesinados en el mundo en el último quinquenio, lo que ratifica que la profesión es peligrosa. La Comisión Interamericana de Derechos Humanos (CIDH) pidió a Colombia, el viernes 20 de marzo de 2020, proteger a cuatro reporteros que investigan la presunta compra de votos a favor del presidente

---

52 *http://bit.ly/3bzoE7h*
53 *http://bit.ly/3oxnnB5*
54 *http://bit.ly/2XoytMN*

Iván Duque, y que están amenazados de muerte.

"Solicitamos al Estado de Colombia evaluar estas amenazas de muerte a cuatro periodistas de investigación y establecer medidas de protección adecuadas", escribió en su cuenta de Twitter Edison Lanza, relator especial para la Libertad de Expresión de la CIDH.

En 2019, en Colombia, otros dos pagaron con su vida el oficio. Además, hubo 137 amenazas, cuatro exilios, tres secuestros y 303 agresiones contra la libertad de prensa, según un reporte de la Fundación para la Libertad de Prensa (FLP).[55]

Este no es un caso aislado, muchos son los que cada día arriesgan sus vidas para hacer llegar la información a las grandes audiencias. Sin embargo, aunque existan periodistas responsables con su oficio, existen y se emplean otras maneras de silenciar la información.

Nos referimos a las estrategias que se implementan a partir de las propias lógicas que impone el mercado donde las empresas de comunicaciones que tienen más poder y recursos, logran llegar a los públicos; mientras que las voces emergentes logran impactar a reducidos individuos. La información que ellos proveen no se replica, no se multiplica, no cumple su ciclo vital.

Podemos confirmar que muchas de las planas de la prensa, los modernos medios digitales, las editoriales, están disponibles solo para los defensores del establishment, mientras permanecen cerradas para los cuestionadores del capitalismo. El dominio de los medios masivos de comunicación, esos calificados por Louis Althuser como aparatos ideológicos del Estado, son uno de los modos principales con que el capitalismo ejerce su control de clase.

"Esta la justificación para que la segunda semana de protestas

---

en Chile contra el gobierno neoliberal de Sebastián Piñera, cuando más de un millón de manifestantes llenó la Plaza Italia, la televisión, Canal 13, tvn, Mega y Chilevisión, criminalizaron la protesta, recurrieron a la censura, priorizando fuentes gubernamentales y tergiversando información al mostrar solo la violencia en las calles, pero no las violaciones a los derechos humanos cometidas por fuerzas especiales de carabineros y militares".[56]

Así mismo, se debe recordar que al realizar la toma de la Csutcb, los golpistas bolivianos contra Evo Morales, tomaron la Radio Comunidad y amarraron al director de esta institución a un árbol. Esas imágenes se hicieron virales pero no impidieron que se tomara Bolivia tv y Red Patria Nueva (ahora llamada Radio Illimani), mientras que muchas radios comunitarias han tenido que suspender sus noticiarios por orientaciones del gobierno de facto de Jeanine Áñez.

De igual manera muchos gobiernos han interrumpido las transmisiones de televisión de TeleSur y Actualidad RT por sólo citar algunas cadenas. Es cuestión de que hay opiniones y voces que tienen más oportunidad que otras para ofrecer su verdad. En este sentido los anunciantes y financistas de los medios, sean gobiernos o grupos económicos, muchas veces se abogan el derechos de dirigir, limitar, censurar los contenidos.

La FELAP como opción frente a la OEA

Ante ese cuadro gris, a veces negro, que ha presentado el desarrollo de la libertad de prensa y de expresión en los distintos países de América, ¿cuál es la actitud de la Organización de Estados Americanos (OEA), llamada a albergar lo mejor de las virtudes libertarias y solidarias de sus

---

integrantes? En marzo del 2018, específicamente, en fecha 21 de ese mes, la Relatoría Especial para la Libertad de Expresión de la Comisión Interamericana de los Derechos Humanos decía, en un informe correspondiente al año anterior: "Es un año crítico para la democracia, la independencia de los medios de comunicación, y la libertad de expresión en el Hemisferio".

En resumen, la OEA, a través de su organismo representativo del área expresaba su "extrema preocupación por el recrudecimiento de la violencia contra periodistas por motivos relacionados con la labor que desempeñan. Al menos 31 periodistas y trabajadores de la prensa fueron asesinados en la región durante 2018 por motivos vinculados con el ejercicio periodístico, lo que representa un incremento en relación con el 2017 (22 casos). Se registraron asesinatos de comunicadores en México, Estados Unidos, Brasil, Guatemala, Colombia y Nicaragua. Estos crímenes demuestran la persistencia de patrones de violencia en varios Estados de la región, mientras que en otros se han acentuado frente a contextos políticos cada vez más polarizados y que han deteriorado de manera seria el entorno en el cual los y las periodistas desempeñan sus labores".[57]

La preocupación de la ONU y de la misma OEA, ha sido sistemática y de vigilancia hacia la preservación de las libertades, de manera específica, la libertad de expresión y de prensa, como parte de las libertades y los derechos del ser humano. La misma OEA tiene establecida una carta de principios de defensa de la libertad de prensa y de los comunicadores.[58] En el caso de los latinoamericanos, ese no será un logro fácil de obtener a breve plazo. Y es que

---

57 *https://bit.ly/2Xt7hfO*
58 *http://bit.ly/38uKeYx*

Latinoamérica, es una zona en construcción como un todo, y donde a pesar de la solidez de los recursos que le ha facilitado la naturaleza plenos de riqueza, todavía los seres humanos sienten la vivencia de los procesos revolucionarios que dieron lugar a las repúblicas. La misma población que anhela desarrollos y progreso de todo tipo, se sabe inconclusa.

Lo que está por verse es si la Corte y la OEA tienen toda la razón. Estos organismos se rigen a sí mismos, por normas, estrategias y parámetros ideológicos. Son parámetros que en definitiva limitan las acciones de la comunicación social y de los periodistas, porque se sustentan en las presiones que ejercen los propietarios de los medios y los ejecutivos a sus órdenes; limitan los valores sociales y las costumbres, para el manejo de los cuales las sociedades que agrupan tienen acogida aquí, asimismo, con sus leyes y normas.

Uno no sabe hasta dónde estos organismos globalizantes contribuyen a formar una imagen inadecuada de regiones y zonas geopolíticas. Es el caso de América Latina, la que suele ser vista en términos generales a la luz de las informaciones ideologizadas por las que se le conoce, como una región prisionera del narcotráfico, de la corrupción en todos los sectores y de catástrofes naturales y violencia sistemática. No hay interés en proyectar una imagen de Latinoamérica como una región destinada a ser sostenedora del desarrollo global en todos los órdenes, por la gran capacidad de sus recursos naturales inexplotados y la actitud libertaria y amante del desarrollo de sus pobladores, que en resumen es también una ideología que contraría la ideología que se pregona.

Sin embargo, la actitud de la OEA ante determinadas situaciones relacionadas con la libertad de prensa en la región parece responder únicamente a los intereses de Estados Unidos.

Emerge entonces la Federación Latinoamericana de Periodistas (FELAP)[59] como una opción viable para las casusas de los profesionales de este continente ya que entre sus principios fundacionales incluyó "La libertad de prensa la conciben como el derecho de nuestros pueblos de ser oportuna y verazmente informados y a expresar opiniones sin otras restricciones que las impuestas por los mismos intereses de los pueblos".

Esta es una organización no gubernamental asociada a la UNESCO, integrada por organizaciones de periodistas -asociaciones, federaciones, uniones, círculos, colegios, y sindicatos- de América Latina y el Caribe, representando a más de 90 mil periodistas de la región así como más de 50 instituciones asociadas, ligadas al estudio y la práctica de la comunicación y el periodismo como centros de Investigación, escuelas de Periodismo, bibliotecas especializadas, agencias de noticias y publicaciones.

Desde su creación en 1976 en la Ciudad de México, la FELAP ha mantenido una línea de acción coherente con los postulados que le dio su razón de ser que son, entre otros, "la lucha por un periodismo al servicio de las mayorías populares, los trabajadores en general, la independencia de nuestros países, y por una profesión comprometida con la libertad de prensa y expresión: en tanto derechos de todos y no de sectores privilegiados", tal como recordaba su actual presidente, el periodista argentino Juan Carlos Camaño.

La FELAP que nació marcada por las terribles condiciones en que vivían los periodistas obligados a exiliarse muchos por cuestiones políticas y de expresión e ideas en el contexto delas dictaduras continentales (Brasil, Argentina, Chile, Paraguay, Uruguay, etc.) y el conocido Plan Cóndor

---

implementado por Estados Unidos en la región, ha probado ser una organización solidaria y fraternal, que se empeña en lograr la unidad de los periodistas-trabajadores de prensa de toda la región, en el marco de la pluralidad, el debate y la construcción de instancias organizativas profesionales y sindicales enfrentadas a los atropellos del poder.

La preocupación en torno de la seguridad y protección de los periodistas en la región que cuenta con el mayor número de muertes, agresiones, atentados y violaciones a los derechos humanos en el ejercicio de la profesión periodística, es otro de los aspectos tenidos en cuenta por la organización, que en febrero de 1993, creó la Comisión Investigadora de Atentados a Periodistas (CIAP), por mandato de su VI Congreso, realizado en 1991 en Brasil. La CIAP está presidida por el periodista chileno Hernán Uribe, y tiene entre sus miembros a dos premios Nobel de la Paz, la guatemalteca Rigoberta Menchú y el argentino Adolfo Pérez Esquivel.

Una de las últimas denuncias de esta Federación es la relacionada con los encarcelamientos arbitrarios en Guatemala[60] a periodistas que cubrían un incendio en la Antigua Guatemala. Los miembros de la FELAP y la Asociación de Periodistas Guatemaltecos demanda nuevamente al presidente Jimmy Morales a que evite continuar "con su discurso confrontativo hacia los políticos en los grandes medios de comunicación, siempre ha estado alineada con las causas legítimas de los periodistas que muchas veces no encuentra, ni en sus propias medios de comunicación cuando éstos informan o cuestionan sus desacertadas decisiones gubernamentales las cuales, lejos de buscar mantener el orden constitucional, como lo pregona, únicamente busca defender sus intereses personales".

---

60 *https://felap.org/2019/01/08/repudio-a-detencion-de-periodista-en-guatemala/*

Esta organización también vela y se suma a las luchas por mejorar los salarios, las condiciones laborales y el impulso de la capacitación y el desarrollo profesional de los periodistas latinoamericanos.

Aunque muchas veces invisibilidad esta organización por sus posicionamientos redacciones o gremios, el apoyo necesario para enfrentar las amenazas a que se enfrentan y en último caso reivindicar y hacer justicia a los atropellos a que son sometidos.

La autocensura.

Hasta ahora vimos cómo la censura es un mecanismo al servicio de los regímenes de fuerza, las dictaduras y los estados que no creen en las libertades de ningún tipo, al verlas como amenazas a su sobrevivencia, y como síntoma de desprecio por la calidad de la humanidad.

¿Cómo definir a la autocensura?

En esta condición hay una renuncia que deriva del miedo, miedo a tener que enfrentarse a las consecuencias del ejercicio de la libertad personal como derecho. La autocensura es totalmente dañina cuando la asumen agentes de la comunicación social que atendiendo a ese mismo miedo prefieren la condición de la sumisión. Es condenable cuando los hacedores de comunicación, en cine, televisión, periódicos, músicos y periodistas en sentido general se niegan a ejercer su representatividad y compromiso social porque sólo atienden a su propio egoísmo, renunciando hasta a su misma personalidad.

A veces, la autocensura se asume no por miedo a gobiernos y regímenes, sino porque es conveniente en la búsqueda de mercados. No tiene perdón que los periodistas, los dueños de las empresas periodísticas mutilen las informaciones por temor a disgustar a los anunciantes y nexos financieros. Siempre que los gobiernos deciden adueñarse de las libertades, incluyen en primer orden, la libertad de prensa.

Se restringe por medios legales, políticos, económicos y tecnológicos todo tipo de crítica. Los distintos sectores se escabullen mediante la autocensura para protegerse.

La autocensura lleva a la sociedad a la ignorancia, empobreciendo el debate público. De esa manera contribuye al deterioro de la moral social. Además, el que se somete a autocensura sea por fuerza o voluntad, termina desestabilizándose emocionalmente. Se sumerge en un estado de melancolía y tristeza. Se deprime. Es que los seres humanos requieren de la libertad de expresión, de pensamiento y comunicación para su propio equilibrio porque su naturaleza se lo exige. La autocensura termina siendo peor que la censura por fuerza cuando se asume sin que haya una causa mayor.

Para evitarse problemas, los dueños de medios de comunicación suelen advertir a sus relacionados, empleados y contratistas de espacios, sobre el compromiso de someter sus mensajes, una vez producidos, a la censura administrativa. A esto se llama censura previa, que también es una acción aberrante, egoísta y negadora de los derechos ajenos. De esa manera, suman a sus relacionados de todo tipo a la autocensura de las empresas. Así, se ahorran molestias y se acreditan ante los represores de las libertades.

Se destaca que cuando la propiedad de los medios no es personal, ni aislada de una empresa determinada, sino que pertenecen a grandes corporaciones, es un hecho indesmentible la existencia de la autocensura como norma. En estos casos es lo mismo: temor a las presiónes de los mercados.

La censura y la autocensura son un fenómeno propio de la

subestimación de la importancia de la libertad humana. La censura y la autocensura son prácticas que contradicen la libertad y los derechos de la humanidad.

En ocasiones, los comunicadores recurren a buscar mecanismos de autodefensa contra la censura y la censura previa, como advertencia a la negativa de autocensurarse. Es lo que se llama la "cláusula de conciencia", reservada por los periodistas como un derecho para garantizar su independencia de criterio profesional y ético.

Cuando los periodistas adoptan la cláusula de conciencia como una reivindicación lo hacen pensando, asimismo, en el sentido de su oficio que se considera la voz de la sociedad que siente la necesidad de la protección de sus libertades.

La cláusula de conciencia viene ligada indisolublemente al secreto profesional y la protección a la fuente noticiosa. El origen de este concepto parece nacer en Francia. Sin embargo, hoy día es cada vez más aceptado y regulado por leyes que tienen que ver con la libertad de expresión, en numerosas naciones.

Más amenazas a la Libertad de Prensa en los EEUU

Al hablar de amenazas a la libertad de prensa, afincarse en un informe del 2018 del Reporters Committee for Freedom of the Press, en los Estados Unidos de Norteamérica, reflejaría la realidad de la difícil situación del ejercicio de esa actividad. ¿Por qué? Porque Estados Unidos es una nación adoptada como paradigma de las libertades. Y como sabemos, específicamente de las libertades de expresión y de prensa concebidas ad hoc en sus enmiendas constitucionales.

Una encuesta anual de los datos de US Press Freedom Tracker es más que suficiente para motivar preocupación por la escalada en el nivel de violencia dirigida a periodistas y acciones gubernamentales que amenazan la libertad de prensa, en los Estados Unidos. Algo sin precedentes en la historia de las libertades, en ese país.[61]

El presidente Donald Trump estuvo a la cabeza de los incidentes, junto a otros sectores, en una retórica violenta contra los medios y sus agentes, los periodistas. Las expresiones del presidente Trump aumentan en cantidad y agresividad contra la libertad de los informadores públicos.

"Desde que anunció su candidatura en las elecciones presidenciales de 2016 hasta el final de su segundo año en el cargo, el presidente de Estados Unidos, Donald Trump, envió 1,339 tweets sobre los medios de comunicación que fueron críticos, insinuaron, condenaron o amenazaron. En lugar de las apariciones formales como presidente, Trump ha tuiteado más de 5,400 veces a sus más de 55.8 millones de seguidores; más del 11 por ciento de estos periodistas y medios de comunicación insultados o criticados, o condenaron y denigraron a los medios de comunicación en general. Para monitorear mejor esta retórica negativa, el programa de Norteamérica del CPJ creó una base de datos para rastrear los tweets en los que Trump mencionó a los medios de comunicación, periodistas individuales, medios de comunicación o fuentes periodísticas en un tono negativo."[62]

Los tweets del presidente pueden tener un impacto y consecuencias para la prensa tanto en el país como en el extranjero. Resultaría preferible, sin embargo, considerar a Trump sólo un personaje pasajero en turno. Mientras lo trascendente al momento de valorar los quilates de las libertades y de la libertad de prensa en particular, es cuidar a periodistas y medios, mientras se alerta al público y se

---

61 *https://www.rcfp.org/pressfreedoms2018/*
62 *https://pressfreedomtracker.us/blog/fake-news-enemy-people-anatomy-trumps-tweets/*

llama su atención sobre los ataques físicos, los arrestos, las citaciones y el acceso restringido a los registros públicos, las salas de audiencias, las reuniones gubernamentales y los funcionarios electos. Esos son los reales problemas.

Ataques físicos contra decenas de periodistas, asaltos a reporteros, dispositivos explosivos enviados a los medios, asaltos en protestas y manifestaciones, incluyendo acciones de la policía contra periodistas. Y en extremo, hasta asesinatos de periodistas por no distinguir el trabajo de éstos en medio de turbamultas y escenas de sangre.

La columnista Amelia Nitz[63] reportaba que el punto más peligroso para cualquier periodista norteamericano es cuando atestigua para recoger datos en una protesta, cuando la policía los arresta en forma indiscriminada, muchas veces enfrentados con ataques físicos. No se les quiere en las protestas, llegando, incluso a incautárseles equipos y ser registrados, mediante la técnica denominada "kettling". El candidato del Congreso de Montana, Greg Gianforte, "golpeó" a un reportero que intentó entrevistarlo. Un senador del estado de Alaska abofeteó a un reportero en el capitolio estatal. Fueron dos de los casos informados. Reality Winner fue sometido a la justicia por difundir información considerada clasificada, mientras otras decenas son investigadas.

Están, también, la persecución de las filtraciones oficiales citadas por la prensa y perseguidas como tales, y citaciones a personal periodístico. La Justicia, en Estados Unidos ha estado persiguiendo la divulgación de información del gobierno a los medios de comunicación, y acusando a empleados federales a quienes envía a prisión sobre esa base. Muchas veces esas citaciones no trascienden a los medios, por lo que no dejan de ser preocupantes. Los federales estuvieron detrás

---

63 *https://www.rcfp.org/pressfreedoms2017/*

de informaciones dadas por periodistas, como en el caso del reportero del New York Times, Ali Watkins y el editor de revistas Daniel Kawasaki. Los federales dan seguimiento a esas informaciones en busca de las fuentes.

La rareza de las restricciones previas ha estado siendo impuesta. Algunos tribunales prohibieron a los periodistas y sus medios la difusión de informaciones que han tenido en sus manos, buscando que no sean publicadas.

Los periodistas son cada vez más indeseables en Norteamérica, en el gobierno de Donald Trump. Esa es la verdad. Se les niega el acceso a medios gubernamentales, jugando un rol destacado en esa área, el mismo departamento de prensa de la Casa Blanca, como fue el caso del corresponsal de CNN, Jim Acosta, sólo porque intentó hacer una pregunta al presidente Trump, obligándolo Trump a un acalorado intercambio de palabras en público y durante una rueda de prensa convocada por la misma Casa Blanca.

Los arrestos de periodistas persisten por decenas, durante acciones masivas fuera de éstos, mientras se cubren actividades judiciales o de aplicación de la ley.

Todas estas acciones se ejecutan contra la prensa y los periodistas invocando la Primera Enmienda. Pero la hostilidad crece bajo esa invocación, constantemente, de lo que se aprovechan los políticos a cada oportunidad tratando de dañar la libertad de prensa.

Por demás, está el caso en que el Departamento de Justicia de los Estados Unidos adelantó que el fundador de WikiLeaks, Julian Assange, sería acusado, como lo fue, por 17 cargos por violar la Ley de Espionaje. Al respecto, Bruce Brown, director ejecutivo del Comité de Reporteros para la Libertad de Prensa dejó establecido que "cualquier uso por parte del gobierno de la Ley de espionaje para criminalizar el recibo y la publicación de información clasificada representa una grave amenaza para los periodistas que buscan publicar dicha información en interés público, independientemente de la afirmación del Departamento de Justicia de que Assange no es un periodista".[64]

Esto de la persecución del espionaje merece un tratamiento más amplio y profundo porque aquí todo es nuevo y las autoridades se enfrentan a una tecnología cada vez más fuera de serie, teniendo que producir nuevos instrumentos para reprimir y supervigilar. La libertad de prensa y de los periodistas para investigar informaciones y darlas al público, es cada vez, también, más riesgosa a la luz de la falta de una normativa todavía en estudio.

Al crecer los riesgos del ejercicio de la libertad de prensa en Norteamérica, obliga a que sean sometidos a análisis y evaluación los casos federales al respecto desde 1778:

El 10 de mayo de 2019, agentes de la policía de San Francisco allanaron la casa y la oficina del periodista independiente Bryan Carmody como parte de una investigación sobre una de las fuentes confidenciales de Carmody.[65] La periodista de Hearst Connecticut Media, Tara O'Neill, fue arrestada mientras cubría una manifestación en Bridgeport y estuvo brevemente bajo custodia policial el 9 de mayo de 2019.[66]

Tres periodistas fueron arrestados el 4 de marzo en Sacramento, California, cuando la policía bloqueó las salidas y comenzó a arrestar a los asociados con una marcha de protesta. William

---

64 *https://www.rcfp.org/may-2019-rcfp-assange-statement/ El 11 de abril, 2019, la policía británica arrestó al fundador de WikiLeaks, Julian Assange, en la embajada ecuatoriana en Londres, en parte debido a una solicitud de extradición de los Estados Unidos. Tras el arresto, el Departamento de Justicia emitió una acusación previamente sellada que acusaba a Assange de un cargo de conspiración para para violar la Ley de abuso y fraude informático, una ley de 1984 destinada a criminalizar la piratería informática.*
65 *http://bit.ly/3bqkBd1*
66 *http://bit.ly/3i5DUK7*

Coburn, Dale Kasler y Scott Rodd informaron o registraron la protesta cuando se encontraron entre las más de 80 personas arrestadas por no dispersarse.[67]

Un oficial de policía de Sacramento empujó al suelo con su bicicleta al fotógrafo senior de The Sacramento Bee, Héctor Amezcua, durante una protesta el 4 de marzo, rompiendo su equipo e interrumpiendo su transmisión.[68]

El periodista de Alaska Dispatch News, Nathaniel Herz, fue abofeteado por el senador del estado de Alaska, David Wilson, en la escalera principal del Capitolio de Alaska en Juneau.[69]

Greg Gianforte, el candidato republicano en una carrera especial en el Congreso en Montana, agredió físicamente al reportero estadounidense de The Guardian, Ben Jacobs, mientras Jacobs intentaba entrevistarlo en la sede de su campaña en Bozeman, MT . Un equipo de periodistas de Fox News que presenciaron el ataque lo describió como brutal y no provocado.[70] Durante una manifestación en Montana el 18 de octubre de 2018, el presidente Donald Trump elogió al congresista republicano Greg Gianforte por agredir físicamente a un periodista en mayo de 2017.[71] La funcionaria republicana de Montana, Karen Marshall, dijo en un programa de radio el 19 de octubre de 2017 que "ella habría disparado" al reportero de The Guardian si se hubiera dirigido a ella como lo hizo con el representante Greg Gianforte. Marshall renunció a su cargo cuatro días después.[72]

Los asesores de la Casa Blanca habrían discutido el uso de la fusión multimillonaria entre AT & T y Time Warner como

---

67 *https://bit.ly/2XqtjQn*
68 *https://bit.ly/3ozLIWX*
69 *http://bit.ly/38uNkvF*
70 *https://bit.ly/3bqb1XW*
71 *https://bit.ly/3q9G1iH*
72 *https://bit.ly/3q0b9Ba*

influencia sobre la red de noticias por cable CNN para influir en la cobertura del presidente Trump y su administración, según un artículo publicado en The New York Times . El artículo, publicado el 5 de julio, citó a un alto funcionario de la administración anónimo. La empresa matriz de CNN es Time Warner, y el Departamento de Justicia ha estado investigando las implicaciones antimonopolio de esta fusión. El presidente de CNN, Jeff Zucker, dijo que la fusión no había afectado sus opciones periodísticas o de gestión, según el artículo. La relación de Trump con la CNN es extremadamente contenciosa. En repetidas ocasiones ha llamado a la red "Noticias falsas" y "periodismo basura".[73]

El caso norteamericano se torna cada vez más serio, y hasta curioso, por tratarse de Estados Unidos, paradigma de libertades, específicamente, de la libertad de prensa y de expresión.

El 11 de octubre de 2017, el presidente Trump llamó a NBC News "noticias falsas" y sugirió que la FCC debe impugnar la licencia de transmisión de la red.[74] Durante un discurso combativo pronunciado en Phoenix, Arizona, el presidente Trump culpó a los medios por fomentar la división en el país y dijo a sus partidarios que a los periodistas no les gusta Estados Unidos.[75]

El 14 de marzo, un juez del Tribunal de Menores del Condado de Cook ordenó a ProPublica Illinois y otras organizaciones de noticias que no publicaran ciertos detalles sobre un caso de bienestar infantil en curso en el tribunal de menores con sede en Chicago.[76] Iniciamos citando los organismos encargados de cuidar, estudiar y fortalecer las

---

73 *http://bit.ly/2XplHNY*
74 *https://bit.ly/3oIHcpn*
75 *http://bit.ly/3bjQYKC*
76 *https://bit.ly/2LGaSVu*

pautas para el mantenimiento y el fortalecimiento de estas libertades, al tiempo que supervisan a nivel global, para que las sociedades entiendan que para vivir en democracia hay que respetar el tinglado del sistema. El principal soporte del sistema democrático es la libertad y el respeto a los derechos humanos.

Destacan la Organización de las Naciones Unidas (ONU), desplegando de manera específica su ramal dedicado a la ciencia y la cultura (UNESCO). Estas entidades mantienen vínculos con universidades y centros académicos a nivel de todas las naciones. Cuentan con el apoyo de grupos de la sociedad civil y organizaciones no gubernamentales.

Los gobiernos, sin embargo, tienen la obligación de seguir las pautas y ayudar al sostenimiento de estas organizaciones.

La libertad de información, como las libertades de expresión y de prensa se soportan en base a una ética normativa y autorreguladora específica que emana de la tradición de las buenas costumbres y del reflejo de las distintas culturas universales.

La seguridad de los profesionales de la comunicación social, los periodistas, está entre sus mayores preocupaciones. Como también la garantía del acceso libre a la información.

Retos de los periodistas en el entorno empresarial

Muchos aún tienen en el mundo la visión romántica de que el periodismo es un oficio, una vocación, algo que se aprende, si se tiene talento, en las redacciones. Una profesión que se transmite entre los más conocedores y aquellos que se inician con fuego y tinta.

Esta idea que se sustenta no sólo en la historia de la profesión sino en palabras de reconocidos periodistas como el escritor colombiano Gabriel García Márquez quien incluso en aseguró ante la 52a. asamblea de la Sociedad Interamericana de Prensa, SIP, en Los Angeles, Estados Unidos, octubre 7 de 1996, [77]que cuando no estaban "de moda" las escuelas de periodismo hace más de 50 años "se aprendía en las salas de redacción, en los talleres de imprenta, en el cafetín de enfrente, en las parrandas de los viernes. Todo el periódico era una fábrica que formaba e informaba sin equívocos, y generaba opinión dentro de un ambiente de participación que mantenía la moral en su puesto. Pues los periodistas andábamos siempre juntos, hacíamos vida común, y éramos tan fanáticos del oficio que no hablábamos de nada distinto que del oficio mismo.

"El trabajo llevaba consigo una amistad de grupo que inclusive dejaba poco margen para la vida privada- continuó García Márquez. No existían las juntas de redacción institucionales, pero a las cinco de la tarde, sin convocatoria oficial, todo el personal de planta hacía una pausa de respiro en las tensiones del día y confluía a tomar el café en cualquier lugar de la redacción. Era una tertulia abierta donde se discutían en caliente los temas de cada sección y se le daban los toques finales a la edición de mañana. Los que no aprendían en aquellas cátedras ambulatorias y apasionadas de veinticuatro horas diarias, o los que se aburrían de tanto hablar de los mismo, era porque querían o creían ser periodistas, pero en realidad no lo eran"[78] Sin embargo, el nuevo modelo de sociedad, así como el protagonismo en el mundo moderno de las nuevas tecnologías, impone a la vez que todo ciudadano pueda hacer periodismo y que cada vez sean más las competencias que debe tener un periodista para el ejercicio de su profesión.

---

77 https://bit.ly/3hX5RUm
78 https://bit.ly/3hX5RUm

Debe ser como confirman Estela Maria Zalba y Jorgelina Bustos en la revista Diálogos de la Comunicación No 62[79]: "un profesional dúctil, con capacidad para enfrentar y resolver diferentes situaciones en diversos ámbitos laborales, en un contexto donde los desarrollos tecnológicos transforman permanentemente las prácticas y los escenarios socioculturales con los que interactúa son susceptibles de mutaciones constantes, requiere de competencias cognitivas que sólo puede dar una formación integral".

De igual manera, alerta Miguel de Moragas en la revista Chasqui[80], es necesario definir y contextualizar históricamente el nuevo modelo de sociedad. De la "sociedad de los mass media" a la "sociedad de la información", como contexto básico para interpretar las nuevas formas de comunicación, pero también las nuevas funciones y los nuevos usos de los medios de comunicación.

Sin embargo, ya apuntó García Márquez con base en su experiencia como creador de la Fundación Nuevo Periodismo Iberoamericano (ahora conocida como Fundación Gabo) que, luego del surgimiento de las universidades dedicadas a la comunicación, se instaura la profesión como ciencia o al menos campo científico, y "los muchachos que salen ilusionados de las academias, con la vida por delante, parecen desvinculados de la realidad y de sus problemas vitales, y prima un afán de protagonismo sobre la vocación y las aptitudes congénitas. Y en especial sobre las dos condiciones más importantes: la creatividad y la práctica".

"La mayoría de los graduados llegan con deficiencias flagrantes, tienen graves problemas de gramática y ortografía, y dificultades para una comprensión reflexiva de textos.

---

79 https://bit.ly/2XteY5Y
80 https://bit.ly/35sTQ49

Algunos se precian de que pueden leer al revés un documento secreto sobre el escritorio de un ministro, de grabar diálogos casuales sin prevenir al interlocutor, o de usar como noticia una conversación convenida de antemano como confidencial. Lo más grave es que estos atentados éticos obedecen a una noción intrépida del oficio, asumida a conciencia y fundada con orgullo en la sacralización de la primicia a cualquier precio y por encima de todo. No los conmueve el fundamento de que la mejor noticia no es siempre la que se da primero sino muchas veces la que se da mejor. Algunos, conscientes de sus deficiencias, se sienten defraudados por la escuela y no les tiembla la voz para culpar a sus maestros de no haberles inculcado las virtudes que ahora les reclaman, y en especial la curiosidad por la vida".[81] Por tales razones la formación y la investigación en comunicación deberá considerar no solo los nuevos modelos de comunicación, sino saber combinar las necesidades y competencias v básicas que deben tener los periodistas con las que imponen especialmente el fenómeno Internet. Al mismo tiempo deberá ser capaz de analizar los efectos de las transformaciones tecnológicas sobre los media convencionales (prensa, cine, radio, televisión), que mantienen muchas de sus funciones básicas, pero pierden o comparten algunas de ellas con las nuevas formas de comunicación.

En el texto "El reto de construir una sociedad de la información que sea para todos y no solo para algunos", Moragas apunta a que la profesión debe ser considerada como un campo en constante evolución y que las competencias y metas de los profesionales de este cambiante sector deben reinventarse y actualizarse con una frecuencia mayor. El periodista debe ser una persona culta, sensible y capaz de aprender y adaptarse a

---

81 *https://www.google.com/*

los cambios de manera rápida y eficiente.

En este momento es necesario volver sobre las ideas del reconocido periodista y escritor Gabriel García Márquez, Permio Nobel de Literatura, "Nadie que no lo haya vivido puede concebir siquiera lo que es el pálpito sobrenatural de la noticia, el orgasmo de la primicia, la demolición moral del fracaso. Nadie que no haya nacido para eso y esté dispuesto a vivir solo para eso podría persistir en un oficio tan incomprensible y voraz, cuya obra se acaba después de cada noticia, como si fuera para siempre, pero que no concede un instante de paz mientras no vuelve a empezar con más ardor que nunca en el minuto siguiente".

De aquí se deriva que también el reto de los periodistas de hoy, radica en retomar la vocación, la voluntad y compromiso con los hechos, con transmitir por todos los medios y apelando a todos los recursos tecnológicos, la información necesaria para que los ciudadanos puedan comprender su mundo, y relacionarse con él.

El principio de los periodistas debe trascender el hecho de "informar", o procurar la "libertad de informar". Como confirmó Héctor Hernández, "el principio debe ser "informar el bien y la verdad", sin atosigar a la gente, y no es esto lo peor, con noticias que, en el caso más inocuo, muchas veces nadie puede digerir o son cosas inútiles. O, en la mayoría de las veces, lo que se encubre bajo el nombre de "derecho a estar informado" es, desde el polo activo, el derecho a enriquecerse a costa de la gente, y desde el polo pasivo del destinario, el atractivo de la curiosidad malsana..."

Las sociedades contemporáneas han experimentado tantos cambios que si los medios no transforman sus visiones, lo harán a riesgo de seguir perdiendo audiencias. Algunos, como sistematiza Ana María Miralles, ya lo han comprendido y hoy se aprestan a afrontar los siguientes desafíos.

- Necesidad de un compromiso mayor con lo público desde el periodismo. La existencia de una vida pública fuerte tiene relación directa con las propias condiciones de existencia de los medios.

- Es imperativa la sintonía con la participación ciudadana debido a los cambios que se han dado en la propia esfera política. Esta participación deberá hacerse extensiva a la elaboración de la agenda de los medios que, así sean algunos de ellos empresas privadas, están cumpliendo un servicio de responsabilidad que se enmarca en el terreno de lo público.

- Cada vez se hace más evidente la necesidad de hacer transparente lo público. La lucha contra la corrupción requiere no solamente de la clásica prensa fiscalizadora, sino de ciudadanos participantes que no sólo denuncien sino que impidan el fraude público. Ese ciudadano participante tendrá que contar con el respaldo del periodismo, sin que ciudadanos ni medios acaben usurpando las funciones propias de la justicia.

- La comunicación entre los políticos y la gente, la formación consensuada de las decisiones deben ocupar hoy un lugar destacado. Hay abundancia de información, pero es preciso reforzar las formas comunicativas: es cuestión de gobernabilidad democrática.

De aquí, que de igual manera hay que considerar también retos de tipo ideológico (plantear y defender una nueva visión sobre los valores de la libertad de prensa frente a los intereses económicos), retos de tipo institucional (la prensa y los periodistas deben luchar por defender sus espacios), retos de tipo político (lucha permanente frente al poder). Múltiples ámbitos y un sinfín de situaciones que sortear para cumplir con su misión: esa de multiplicar el conocimiento de los hechos y promover "la verdad".

DESAFÍOS DE LA GLOBALIZACIÓN

Sin dudas, el invento de la imprenta ha sido uno de los sucesos más importantes de la historia de la humanidad y el principal instrumento del pensamiento racionalista. La posibilidad de transmitir ideología a partir de la producción seriada y en grandes cantidades es uno de los detonantes del actual mundo-aldea-global, que muchos teóricos manejan, no sólo en sus estudios comunicológicos sino también sociales, políticos y de otra índole.

El proceso mundial a que ingresamos a partir de la década de los ochenta, y que se ha dado en llamar de globalización, se caracteriza por la superación progresiva de las fronteras nacionales en el marco del mercado mundial, en lo que se refiere a las estructuras de producción, circulación y consumo de bienes y servicios, así como por alterar la geografía política y las relaciones internacionales, la organización social, las escalas de valores y las configuraciones ideológicas propias de cada país.

La globalización se trata, sin duda, de la transición a una nueva etapa histórica, cuyos resultados apenas empiezan a ser vislumbrados, y de modo ciertamente insuficiente, dado que apenas comienza, dejando todavía fuera de su alcance a la mayoría de la población de África, porciones considerables de Asia e incluso parte de nuestra América Latina. Pero, en su movimiento envolvente, ha establecido ya avanzadas en todo el planeta. Un primer aspecto que conviene destacar en dicho proceso es la magnitud de la población involucrada en su desarrollo.

En resumen podemos concluir que la globalización es un proceso concreto que implica un movimiento del gran capital multinacional que amplía su capacidad de acción en términos geográficos, sustrayéndose en gran medida a la capacidad de control de los estados nacionales individuales, en especial aquellos no pertenecientes al grupo de países centrales. Es una consecuencia del avance de los procesos de concentración y centralización del capital, inherente al sistema, que llevaron, en un determinado momento, al surgimiento del Capitalismo Monopolista y que, ahora, promueve un nuevo cambio fundamental del sistema. (Bolaño, 2003).[1]

De aquí que la globalización como fenómeno más significativo de este estadio del capitalismo global es un salto cualitativo pero acotado de la internacionalización. Según algunos estudiosos el resultado ha permitido un nuevo impulso económico y nuevas oportunidades en una época a partir del acortamiento de las distancias y la facilidad de las comunicaciones, pero hoy también una dinámica recesiva y

---

1 Bolaños, C. (2003). *Impactos Sociales y Económicos de las Tecnologías de la Información y de la Comunicación. Hipótesis sobre la actual restructuración Capitalista. In F. Sierra Caballero & J. Moreno Gálvez (Eds.), Comunicación y Desarrollo en la Sociedad Global de la Información. Economía, Política y Lógicas Culturales. Acatas del III Encuentro Iberoamericano de Economía Política de la Comunicación (pp. P. 45-54). Sevilla: Universidad de Sevilla.*

un retroceso del lugar social de muchos agentes, sectores y países más desfavorecidos. Al proyecto de mundialización plena de los mercados financieros y a la libre movilidad de capitales, productos y servicios es acompaña por una limitada mundialización de productos industriales, y aún es mucho más lenta en los casos de los servicios, patentes y derechos. Se pueden identificar entonces dos tensiones: una tendencia a la reproducción de la diversidad y una tendencia contrapuesta hacia una economía, mercado, reductiva, de estados, ciudades y vidas "marcas" reproducidas a través de los Estado "globales" y de esa cultura global.

La información y los flujos de datos son en estos días un excelente instrumento político y económico. De aquí que la capacidad de creación y desarrollo de recursos informativos sea uno de los vectores estratégicos para garantizar la presencia y sobrevivencia de las culturas en el escenario actual del mundo globalizado

Por tales razones, al hablar de tecnología digital, internet, redes sociales y su explosión, ya está implícito el término globalización. Y hay que explicarlo y digerirlo. Es un proceso que hay que relacionarlo, como relacionado está, con significados más concretos, como son economía, lo tecnológico, lo político, lo social y empresarial, la cultura, la solidaridad, violencia, pobreza, recursos naturales, desarrollo de los pueblos.

La tecnología digital y su arropador desarrollo ha obligado a que se piense en sentido amplio. Porque la tecnología digital lo engloba todo, lo amplía todo, empuja todo hacia un nuevo horizonte y nuevas obligatoriedades, al poner ante los ojos de todos, temáticas compromisarias.

Globalización es intercambio de información, lo que ahora se logra como nunca antes. Intercambio de información entre las personas, entre los países. Información que permite unir intereses diversos en todas las áreas de la actividad humana para ampliar conocimientos mutuos diversos. Las sociedades son las responsables de dinamizar ese proceso de manera libre. Se fortalece el objetivo de democracia que debe ser y es cada vez más, para la superación del género humano y de todo lo que tiene vida en el universo.

2. Internet

Internet o "la red de redes", como muchos insisten en llamarla, es hoy en día, uno de los espacios de contradicciones teóricas más importantes. En este campo resaltan las apreciaciones contrapuestas de los tecnoapasionados y los tecnofóbicos. Tanto unos como otros vuelven a reproducir las tendencias, apocalípticas e integradas, que han marcado en alguna medida las polémicas sobre comunicación. Tendencias que limitan el análisis objetivo de esta plataforma que ha cambiado los paradigmas de comunicación contemporáneos.

Este cambio de paradigma es necesario, en parte, porque tanto la producción y utilización de este medio como su análisis, demandan un desplazamiento teórico y metodológico. Su propia estructura tecnológica y sus potencialidades han traído como consecuencia un redimensionamiento de las concepciones más elementales que regían los estudios sobre comunicación.

1. El cambio en el concepto de Información a una gran amplitud y diversificación, que supone nuevas posibilidades de producción, consumo y rentabilización con las diversas plataformas de internet. 2. En cuanto a la comunicación

humana, los nuevos medios producen alteraciones en los intercambios comunicativos, la relación espacio-tiempo; inducen a transformaciones sustanciales en las modalidades tradicionales de comunicación para dar paso a relaciones más complejas que requiere de nuevos y flexibles paradigmas.

3. El usuario en el paradigma de la recepción activa, que otorga un lugar central al sujeto de la comunicación, debe adecuarse a las nuevas realidades comunicativas que introducen las nuevas tecnologías, donde emerge la condición de consumidores-productores de contenidos que encuentran espacio en Internet. Ya no sólo se debe pensar en un receptor activo como apuntó Jesús Martín Barbero (1990)[2], sino en entes activos capaces, a su vez, de poner en valor contenidos propios y ajenos, sin dejar de ver la comunicación como un acto humano antes que tecnológico.

4. El mensaje: El hipertexto introduce una diversidad de lenguajes y formas expresivas, que abre numerosas interrogantes a las ciencias del lenguaje e incluso hacen pensar en una nueva "gramática de la comunicación". Las Redes Sociales, a su vez, han creado una serie nueva de géneros informativos nuevos, que si bien se pueden entender como subclasificaciones de los tradicionales: Informativos, Interpretativos, Opinativos, Dialógicos, abren un sin número de oportunidades de codificación y decodificación de mensajes: representaciones gráfica (fotonoticias, fotogalerías, última hora, datos claves, narración en directo, nube de etiquetas, memes, etc.), infografía (diagrama,

---

2 *Martín Barbero, J. (1990). Comunicación, campo cultural y proyecto mediador. Diálogos de la Comunicación, 26, 7-15.*

estadística ubicada, esquema, multigráfico, etc), gift y videos, entre otras.

5. El medio: La confluencia de la informática y las telecomunicaciones da lugar a procesos híbridos que requieren cambios cualitativos en la conceptualización del medio y en las tradicionales tipologías de clasificación y delimitación. La convergencia digital suma, sobretodo en el mundo subdesarrollado, nuevas complejidades a este medio.

Luego de citar este resumen de reformulaciones teóricas podemos comprender cómo la red de Internet, puso en línea a millones de personas, prácticamente en todo el mundo, en apenas diez años a partir de su surgimiento. Sin embargo, millones de habitantes del mundo subdesarrollado no tienen acceso a esta tecnología.

Internet es una de las tecnologías que se ha masificado más rápidamente. En sus propias raíces incluye la posibilidad de que el usuario se enfrente a ella, no sólo como consumidor de información; sino también como productor de la misma. La relación producción de contenidos, emisión, recepción ya no está condicionada en este nuevo medio, por el espacio-tiempo único inaugurado por la combinación de los ideales de la modernidad.

Es el receptor quien decide qué contenidos obtener, cuándo y desde dónde, o al menos se construye la ilusión de ese poder. Asimismo, es el público quien define el formato último del mensaje que obtiene y esto gracias a un concepto también novísimo: el hipertexto, el hipermensaje, el hipeautor así como al desarrollo de dispositivos móviles.

Así surge un nuevo tipo de público, el lector hipertextual,

quien a partir de su "know how" tecnológico puede convertirse en metautor del producto comunicativo que consume. Este público hipertextual es también multimedial. En la web se pude ser usuario de productos que incluyan mensajes audiovisuales; puede accederse a las versiones digitales de varios medios de comunicación de diversa índole; puede además, escucharse la emisora, el canal de televisión que se elija o ver películas o comprar y vender o conversar con amigos, construirse varias veces así mismo, comentar sobre lo próximo y lo lejano… Es el consumidor quien organiza sus relaciones, fuentes e interacciones.

Internet es el nuevo medio, capaz de contener en sí mismo a los medios anteriores. Ha exigido la apropiación no solo de nuevos lenguajes sino de nuevas lógicas de producción e interacción comunicativa. Este medio propone sus propias estrategias de producción y consumo (no se habla de texto sino de hipertexto, no se dice medio sino hipermedio). Espacio y tiempo virtual son transferidos a la cotidianidad de los individuos, un ejemplo. Sin dudas, estas condiciones implican la utilización de nuevos códigos y la activación de nuevas representaciones así como la necesidad de una cultura del creador y del usuario: la cibercultura que se concreta en su propio marco contextual: el ciberespacio

3. El ciberespacio y cibercultura

Desde que Internet irrumpiera en los imaginarios colectivos universales y comenzara su vertiginosa expansión, ha ocurrido una ampliación semántica del término y, hoy en muchos contextos se maneja en un sentido genérico que abarca todas las plataformas, informaciones, programas y tecnologías virtuales. En este sentido ese universo que abarca Internet incluye la noción de ciberespacio y la de autopista de la información: términos entre los que se perfilan grandes diferencias. La primera encarna dialéctica y movilidad; la segunda da una impresión cosificada y prefabricada de Internet.

El ciberespacio, con un alto significado territorial, favorece las conexiones, las sinergias entre las inteligencias individuales y colectivas. Se trata de un contexto vivo compartido por individuos y grupos.

El ciberespacio como concepto incluye la infraestructura que permite el desenvolvimiento de la Red. Cuando Al Gore describió a Internet como una superautopista de la información no especificó que para que existiera una autopista no bastaba con las vías sino que era necesario establecer reglas de circulación, interacción y espacios a conectar sólo por citar algunos ejemplos. Por tal razón el término ciberespacio puede resultar más adecuado para resumir las grandes relaciones, prácticas, comportamientos, etc, que se suceden en Internet. La Red facilita que cada cual sea emisor y receptor de un modo no prefijado.

En el campo de la comunicación, Internet ha revalorizado una acepción dormida de la palabra medio como tal, pues además de implicar cosa o herramienta que facilita el intercambio esta es sinónimo de ecosistema, de territorio. Así mismo ha promovido una inteligencia colectiva que se sustenta une un conocimiento consensuado que en parte es causa, y a la vez, resultado del proceso globalizador en nuestros días. Varios estudiosos plantean que el ambiente de interacciones generado por las tecnologías informáticas ha fundado un tercer entorno de realidad infovirtual. Dentro de dicho entorno se mueven los internautas permeados por los discursos públicos alrededor de la Red pero creando y recreando al unísono sus propios discursos personales. Las representaciones que los usuarios tienen de Internet, lo que la sociedad sanciona acerca del medio a nivel más general y la gramática que este propone en su papel de objeto comunicacional no pueden entenderse desligados entre sí. El entorno telemático se distingue entonces por ser, entre otras cosas:[3]

1. Informacional: funciona mediante representaciones electrónicas de bits

2. Representacional: los sujetos y objetos son representaciones construidas más que cuerpos físicos.

3. Comprimido: los objetos tienden a ocupar extensiones mínimas en el ciberespacio.

4. Distal: los agentes o actores sociales pueden interactuar a gran distancia.

5. Reticular: presenta una topología basada en redes, no en recintos cerrados.

El ciberespacio que soporta la Red de redes tiene sus leyes y rasgos inherentes, que condicionan la apropiación social de Internet. De hecho, el ciberespacio no sería igual sin las especificidades expresivas y simbólicas que posee gracias a varias de las propiedades textuales y funcionales de Internet como la interactividad, la hipertextualidad, la multimedialidad, en resumen su esencia de hipermedio, que le facilita cumplimentar tareas de comunicación, información y difusión.

Estas propiedades se manifiestan en una gramática peculiar

---

3 Rubira, R(s/f) *Selección de lecturas para análisis de medios, La Habana: Félix Varela*

de la Red, en una combinación en esencia revolucionaria que ha permitido hablar de fenómenos como el de la virtualidad real (Castells, 1999)[4], en breve, la extensión de las dinámicas del entorno telemático a la vida cotidiana.

La cibercultura, al igual que todas las culturas, es extensa y amplia y está en un constante estado de flujos, expresa una mutación fundamental de la esencia misma de la cultura. Se produce una emergencia de una universalidad, esta es diferente de las formas culturales anteriores. Esta universalidad se construye sobre la indeterminación de un sentido global, universalidad por interconexión.

A partir de las ya mencionadas ventajas de Internet y de la cibercultura, (entendida también como punto de unión cultural entre los internautas), la red se ha convertido en un potencial espacio para la defensa de las culturas minoritarias. Nunca como ahora han existido tantas posibilidades para que algo local sea conocido globalmente. Pero en igual medida la folklorización de la identidad; así como la transformación de la cultura en mercancía exclusivamente podrían atentar contra la propia diversidad y vitalidad de las expresiones culturales.

De esta manera la Internet brinda la opción de recrear lo local y lo subalterno. Es decir que de la misma manera que es trinchera para internacionalizar las posiciones hegemónicas, es también una puerta para las posiciones alternativas. Muchos son los sitios "llamados alternativos" que encuentran una económica y accesible posibilidad de expresión e interacción en la red y que se dedican a publicar

---

4 *Castells, Manuel. La era de la información. Economía, sociedad y cultura. La sociedad red. México D.F., Siglo Veintiuno Editores, 1999, Vol. 1.*

el pensamiento más revolucionario, censurado y rechazado por los grupos de poder.

A pesar de todas estas posibilidades encantadoras que brinda el mundo virtual este tampoco sustituirá al radiofónico, al impreso o al televisivo. La Internet puede jugar un papel relevante en la medida en que se articule con los otros medios, canales y formas de información y comunicación ciudadanas no virtuales que sean capaces de llegar al conjunto de la ciudadanía.

4. La explosión del mundo digital.

La Revolución Digital o Tercera Revolución Industrial cuya explosión estamos viviendo desde la década de los años 90, y que con tanto éxito diseñó y promovió el economista Jeremy Rifkin, poco a poco va cediendo paso a la Cuarta Revolución Industrial, también conocida como Industria 4.0, la cual impulsa lo que el Forum Económico Mundial ha denominado "Globalización 4.0".

El término industria 4.0 fue creado por el gobierno alemán en la segunda década del siglo 21 y forma parte del proyecto denominado: El futuro de la "Industria 4.0", en el que el mundo físico-real y el virtual se unen en un sistema llamado Cyber Physical-System (CPS), que es posible a través del Internet of Things (IoT) o Internet de las Cosas.

La Industria 4.0 implica la completa digitalización de las cadenas de valor a través de la integración de tecnologías de procesamiento de datos, software inteligente y sensores; desde los proveedores hasta los clientes, para así poder predecir, controlar, planear, y producir, de forma inteligente, lo que genera mayor valor a toda la cadena.

La tecnología digital no se detiene en su avance explosivo.

Internet ha facilitado la magnífica interconexión diversa, la hiperconexión que hoy existe. Ya hay que entenderla como un mundo de informaciones, conocido ya como TI, tecnologías de la información. Se trata de una nueva inteligencia dirigida a fusionar el mundo físico con el virtual, como contribución para encausar los negocios digitales.[5] En este proceso incide de manera fundamental las necesidades que ese mismo desarrollo genera de parte de los usuarios, lo que obliga a las empresas productoras de dispositivos a entregarlos cada vez con mayores inteligencias virtuales.

Es una inteligencia artificial que se resume y es producto de un software, un programa de computadora que nos permite realizar acciones propias de la inteligencia humana, esa facultad mental que facilita el aprendizaje, el entendimiento y razonar; como también conlleva la toma de decisiones y el poder de apreciar y apropiarse de una realidad, pero una realidad virtual que se inserta en el mundo como si fuera material. Es que desde 1956, ya John McCarty, uno de los genios paridos por Stanford, y que enseñó en esa universidad norteamericana, en el campo de la ingeniería, a quien se atribuye el término,[6] dijo que inteligencia artificial es la ciencia de los softwares, de los programas de inteligencia de computadoras.

Se refiere el año 1956 en lo que atañe a darle un nombre. En realidad, con la inteligencia artificial se venía trabajando desde años antes, trabajos en que participaban muchos investigadores de avanzada. Pero es que el mismo Aristóteles, más de trescientos años antes de Cristo, ya incursionaba en

---

5 *"Las 10 tendencias tecnológicas de 2015, el año de la explosión de la inteligencia";* *https://www.elmundo.es/economia/2014/10/29/544fddb9e2704e5d6d8b458d.html*
6 *https://es.wikipedia.org/wiki/John_McCarthy*

el estudio de la mente humana.

Se cita a Ramón Llull y su "Ars Magna", en 1315; Alan Turing, en 1936, con su "Máquina Universal"; Warren McCulloch y Walter Pitts, con sus neuronas artificiales, en 1943; Herbert Simon, Allen Newell, y J. C. Shaw, que en 1955 desarrollando un primer lenguaje de programación, y su Logic Theorist; hasta que en 1956, como decimos, se le dio un nombre a todo ese proceso que buscaba una "inteligencia artificial", con McCarty, junto a Marvin Minsky y Claude Shannon; 1958, 1959, 1963, años en que se van recibiendo nuevos aportes científicos; 1968, con Terry Winograd, Marvin Minsky, Symour Papert; en 1969 Alan Kay ky 1973, Alain Colmenauer, y en ese mismo año, Shank y Abelson con los scripts que hoy día es tecnología básica para la inteligencia artificial; en 1974, Edward Shortliffe; la década del 1970 al 1980, permitió numerosos trabajos de investigación e inventos; un acontecimiento que prueba la suma de todos estos avances ocurre cuando en 1997 Gari Kaspárov, campeón mundial de ajedrez, pierde de la computadora autónoma Deep Blue.

Son años de nuevos pujos en esta área del conocimiento, 2006, 2009, 2011 (en ese año, la IBM muestra la supercomputadora Watson que logró derrotar en tres juegos seguidos de Jeopardy (juego o concurso televisivo inventado por Merv Griffin que consiste en una competencia de conocimientos en base a preguntas sobre historia, idiomas, literatura, cultura popular, bellas artes, ciencia, geografía, deportes, con participación de tres concursantes ante sendos paneles). Nuevos hitos se sucederán en lo vertiginoso de los avances de la tecnología arrolladora, vista hoy en la inteligencia artificial como una culminación que empieza con el siglo XXI. Ya en 1914 un ordenador logró hacer creer que era una persona que interrogaba y hacía preguntas a seres humanos. Y en 1916 Google venció con su ordenador al campeón del juego oriental que data de millares de años, llamado "Go".

La inteligencia artificial y las tecnologías acumuladas en las mismas, no tienen limitación para el futuro en que se expandirá. Hoy día, ya se hace imprescindible en el control de sistemas y la planificación. Por necesidad es un recurso en campos tan diversos como la economía, la medicina, la ingeniería y el mundo de las milicias. La inteligencia artificial ha hecho posible el reconocimiento de la escritura, del habla

El avance o explosión de la tecnología moderna es tan acelerado que muchas veces vemos cosas nuevas en esta área y no nos damos cuenta de que es consecuencia de una inteligencia artificial ya superada, y que por lo tanto tiene que ser aceptada como simplemente tecnología.

La explosión tecnológica está siendo dirigida a alcanzar rápidamente nuevos mercados, y ponerla al servicio de los seres humanos. Es el caso de los vehículos de transporte de todo tipo, terrestre, aéreo o marítimo. La carrera de los vehículos eléctricos, sin necesidad de combustibles, es el mejor ejemplo. Es una demanda cada vez más frecuente. Los aparatos electrónicos con capacidad para aprender por sí mismo y actuar con autonomía. Tenemos, ya, los vehículos sin necesidad de conductor, con total autonomía. Tenemos las impresoras 3D, magníficas en cuanto a la reducción de costos en las empresas.

Parecería que una dificultad en el desarrollo de lo digital será la capacidad o incapacidad del ser humano para adaptarse a ese desarrollo vertiginoso.

La Inteligencia Artificial no será la última prueba que rete el avance explosivo de la tecnología, en estos años que testimoniamos. Hoy día, una camarita digital instalada en un dispositivo telefónico móvil permite editar y captar a cualquiera. Pero también la transmisión o envío de esas imágenes, con sonido adicional a cualquier lugar del mundo en cuestión cotidiana. Por tales razones la lógica de lo público y lo privado en estos espacios se ha revelado como un área que requiere mucha intervención.

¿Qué de malo tiene este avance? Que genera la necesidad de garantizar los derechos individuales relacionados con la intimidad, la paz y la estabilidad emocional. Con facilidad podemos ser invadidos con imágenes conectadas con el sufrimiento humano, con la muerte, con el dolor, que no solamente con señales de felicidad y tranquilidad. También la facilidad de recoger nuestros hábitos por parte de intrusos para su transmisión desautorizada, de manera irresponsable y sin los límites de la moral y la ética. Sin profesionalismo. Ésta es una secuela de la explosión digital, del dominio de la época actual de la revolución tecnológica y digital.

Nace, así, lo que se conoce como el delito de alta tecnología. Los estados se ven obligados a instalar mecanismos judiciales de fiscalización para perseguir este delito que es denunciado por los usuarios de las redes y también por pequeñas y grandes empresas que se ven perjudicadas en sus interioridades como instituciones de lucro.

Están los asedios y acosos telefónicos; hay demandas por difamación mediante recursos tecnológicos, y también por estafas mediante el uso de esos avances comunicacionales. Los usuarios se han quejado por crímenes y delitos contra la confidencialidad, integridad y disponibilidad de datos y sistemas de información. Se roban identidades, se atenta contra la ida privada, se clonan dispositivos ajenos, se accede a equipos de otros con malas intenciones, se producen injurias, se difunde pornografías, y se roban fondos mediante transferencias financieras de recursos de otros. Los celulares, los discos duros de computadoras de escritorios y portátiles, los escáneres, las páginas de internet y los correos eléctricos, son recursos que no escapan a las artes malignas ejecutadas mediante nuevas tecnologías por los delincuentes cibernéticos.

Esa facilidad de comunicación instantánea está transformando lo que se conoce como periodismo, convirtiéndolo en instrumento de comunicación para agrupar a los ciudadanos. Es el periodismo ciudadano.

Sin duda alguna, la capacidad de denuncia con imágenes se ha incrementado, como aspecto positivo. Un aparato de teléfono de costo asequible, aparte de comunicarse por la voz, facilita que al ser testigo de un acontecimiento que violenta los derechos individuales pueda ser denunciado en forma testimonial. Y de esa manera, lo digital, viene a favorecer a los individuos y a las comunidades. Eso lo estamos viendo a diario, cómo las redes sociales son invadidas, afortunadamente, con estos testimonios movilizadores de los recursos para contrarrestar abusos.

Contrarrestar y poner en evidencia agresiones sexuales, desórdenes e irregularidades de vecindarios, acosos escolares, peleas y una diversidad de actos vandálicos y violentos. Vemos cómo los mismos agentes del orden público se posesionan de estos aparatos de la era digital para testimoniar y legitimar sus acciones autorizadas ante incidentes que podrían ser cuestionados por los transgresores. Incluso, los medios tradicionales, como periódicos y radios, se están posesionando de estos recursos para incidir en los seguidores y mantenerlos al tanto de los mismos para auxiliarse en los servicios que ofrecen a las comunidades. Cualquier es un comunicador social, en la actualidad, en el país, como en el mundo.

5. Web 2.0–Redes sociales

La parte que muchos entienden peyorativa es la utilización de esta red social con mero interés económico, o mercadológico, como producto de marketing para atraer inversiones para las empresas tecnológicas. Por eso, llamar a la Web 2.0 simplemente como Web social es más suave. Detrás del término social aparece una multitud, una gran masa que la usa. Antes de la Web 2.0 se hablaba simplemente de la Web, en la época en que el usuario no la utilizaba para interactuar con otros seres humanos, sin importar la edad de esos seres usuarios.

Los entendidos hablan de una inteligencia colectiva y de una arquitectura construida por la participación de los usuarios. Se dice inteligencia colectiva porque a través de la Web 2.0 confluye un cúmulo de sabidurías, de inteligencias, de conocimientos que interactúan. El ejemplo preferido para ver con claridad lo que se dice es la Wikipedia, o www.wikipedia.org, reconocida enciclopedia social en línea. Cualquiera puede accederla y colaborar con libertad, escribiendo para difundir de inmediato a través de ese medio. Para que ocurra así, se ha hecho necesario la construcción de un software denominado www.mediawiki. org, al que se permite libre acceso mediante la aportación de textos, audios, vídeos, fotos. Hay otros sitios similares para aceptar aportes de los usuarios, como es el caso de Youtube, por ejemplo.

Esa participación colectiva es lo que permite que esta tecnología está permanentemente en evolución y desarrollándose mediante la participación y los aportes de los usuarios., que se sirven de la misma Web 2.0 para beneficiarse de sus contenidos, al tiempo que contribuyen con nuevos contenidos modificadores. Se comparten imágenes, sonidos, vídeos y cualquier información que se intercambia y enriquece con la participación de otros. Y no se crea que hay que ser un genio en conocimientos para poder tener esta participación. Basta con la manipulación un dispositivo adecuado. Una PC, por ejemplo. Ahora, ¿quién controla o revisa este intercambio de contenidos, este flujo de materiales de la mayor diversidad? ¿Existen mecanismos para ejercer este control de calidad?

Parece que la respuesta a esta cuestión la tienen los mismos usuarios ya que éstos pueden interconectarse mediante distintos sitios web, y censurarse unos a los otros. No importa el área, o la especialidad a la que pertenezcan los usuarios que interactúan para intercambiar sus conocimientos en las áreas de educación, periodismo, empresariales, etcétera.

La filosofía de esta Web al facilitar estas prácticas tiene que basarse en la participación y la colaboración, el aumento de los canales de comunicación en ambas direcciones, hacia arriba y hacia abajo. Y ahí está la base metodológica de la interacción que se ha apoderado de manera explosiva en todos los ámbitos, gracias a la utilización masiva de los usuarios.[7] Compartir en un ejercicio democrático, de manera pública y abierta, en forma colectiva.

Estemos de acuerdo en que la Web social es un mecanismo de masificación de servicios con participación indiscriminada de usuarios disímiles. Hay para ello una serie de recursos que la tecnología ha ido aportando de manera cada vez más abarcadora de participaciones y entendimientos entre los usuarios.

Hoy día, los avances del mundo digital nos inundan con numerosos elementos y terminologías que nos llegan de golpe, más por lo comercial que por lo social: ciencia, tecnología, hardware, software, tecnología móvil, internet, radio, youtube, ¡uf!. No hay que ser experto en cada uno de esos términos y sus contenidos. Existen y cada uno nos introduce en el mundo digital para un fin determinado.

Mundo digital, un mundo que se dinamiza mediante el uso delos de dos de las manos. Entra por esa vía. Pero es algo virtual, no material, si se quiere.

Para lograr acceso a ese mundo, se requiere conocer y obtener acceso ilimitado a internet, y como dijimos, a un sin número de dispositivos tecnológicos: computadoras portátiles, las tablets, los teléfonos inteligentes o smartphones, también los televisores inteligente o smart tv y las diversas aplicaciones que nos brindan la posibilidad de estar comunicados en forma permanente.

Ya cuando se habla de mundo digital se quiere hacer entender

---

7 *Web 2.0? ¿Web social? ¿Qué es eso?; Natalia Arroyo Vázquez, FGSR, Departamento de Análisis y Estudios. http://eprints.rclis.org/10566/1/EYB_NA07.pdf*

que es un recurso para el comercio, para la mercadotecnia, para establecer marcas, un mundo productor de ganancias. Gana cuerpo este concepto. Sin embargo, desde antes hemos dicho que lo grandioso del mundo digital es la libertad para su utilización, no hay discriminación para la invención, ni para los fines en que esta se utilice. La expansión del mundo digital, su grandeza, radica en la libertad de uso y de fines, y también para su transformación misma.

El marketing hace al usuario y le da el tratamiento de cliente. No es totalmente así. Aunque los usuarios son clientes de una forma de vida su participación desinteresada, su entrega para el desarrollo de esa magnífica forma de agrandar el mundo, es elemento fundamental. El usuario de la Web, específicamente de la Web social la utiliza para saciar sus necesidades presentes. Y con la advertencia de sus necesidades futuras. Por eso está este usuario siempre alerta a los avances y a su capacidad de aportes.

Aportes para incidir en los cambios los más diversos ámbitos como la comunicación humana, la forma de producir, la forma de consumir, los métodos y formas de relacionarnos, los nuevos canales de comunicación.

Eso es lo que motiva al usuario a participar como miembro activo de un blog, o de una red llámese Facebook, Instagram, Whatsapp, Twitter, Snatshap, Youtube, Messenger, Viber. La fuerza expansiva que los participantes logran, en conjunto, a través de cualquiera de estos recursos es inmensa. Y en conjunto aún mayor.

Para confirmar este acierto sólo hay que poner atención a los momentos en que ocurren los grandes acontecimientos por parte de los gobiernos y de las fuerzas determinantes en el control de las sociedades, hoy día. Si ocurre un desastre natural, una guerra, un atentado de magnitud social, la tendencia inmediata de parte de los responsables de los controles públicos, es a suspender las redes o a usarlas. Las redes sociales son un elemento clave al momento de influir en forma positiva o negativa. Para obtener información instantánea de cuanto ocurre en la actualidad y transmitir esa información al tiempo que se adquiere otras, a todo el mundo. La capacidad de interactuar con un número creciente de personas, aprender, enseñar, disponer de todo tipo de productos y servicios y de oportunidades de negocios, claro que también; así como trabajo y relaciones en de inmediato y en cualquier momento y lugar.

Por tales razones, los Medios de Comunicación de Masas tradicionales, afrontan la necesidad de distribuir sus contenidos en las redes sociales y aprovechan las oportunidades para conectar con aquellos usuarios que quizá no acuden directamente a sus webs para informarse. De aquí que los géneros periodísticos evolucionan al ritmo de los cambios tecnológicos, sociales y culturales. Por ello, su desarrollo en las redes sociales ha debido adaptarse a las lógicas, narrativas y elementos propios de estos canales: lenguaje directo y sintético, un tono apelativo, el predominio de la imagen, inmediatez, ligereza y búsqueda de valores noticias de impacto, curiosidad o novedad y la actualización constante. De aquí que ya se puede hablar de géneros periodísticos para Redes Sociales que se caracterizan por su originalidad formal para lograr captar la atención de grandes públicos sobresaturados de informaciones y el alto grado de innovación en el uso de gráficos o vídeos.

Se constata una creciente hibridación, mixtura, maridaje, con géneros que incorporan elementos informativos, interpretativos, argumentativos e interpretativos, así como aspectos provenientes del marketing, la persuasión o la publicidad. Se vuelve sobre la primera persona, la narración directa y personal, enfatizando los atributos de la imagen y del vídeo, que apelan al usuario y buscan captar su atención mediante estrategias retóricas.

La imagen, con su gran fuerza y anclaje, es cada vez más trascendental en las redes sociales, obliga a los medios a innovar con formatos que se adapten a las prácticas y rutinas profesionales. Este proceso está redefiniendo los recursos expresivos, descriptivos y narrativos del periodismo en estas plataformas así como sus estrategias para relacionarse con sus públicos.

Por ser tan abarcador y útil es que el mundo digital ha calado tan ampliamente en la sociedad contemporánea.

Guerra tecnológica – Plataforma "G"

Ahora se habla de tecnología, o computación en la nube. Su nombre en inglés es "cloud computing". Si hablamos de la universalización de la comunicación social virtual que han traído las redes sociales, después de la red madre de la internet, tenemos que conocer lo que es la computación en la nube. Una necesidad, por la magnitud de las contradicciones mundiales entre grandes poderes que el avance de ésta está logrando.

Computación en la nube es lo máximo logrado por la tecnología digital, y nos lleva a un verdadero mundo virtual. Computación en la nube es el ejemplo más socorrido cuando debemos hablar de avance o explosión de la tecnología digital, de la inteligencia virtual, inteligencia artificial. ¿Un modelo por excelencia, un paradigma en la era digital en los dominios de la inteligencia artificial?

Esta plataforma y su estructura e ingeniería nos lleva a la descentralización máxima de una tecnología que permite trabajar con información de los más disímiles componentes, información heterogénea tomadas de distintas fuentes. Es la liberación de la capacidad de hurgar en todas las redes y apropiarse de todas las vías de administración de datos.

Lo que está ocurriendo en el mundo de la tecnología digital es que, pese a los deseos de supervisión de secuestro del poder tecnológico, ya nadie es dueño absoluto del conocimiento. Los grandes poderes del mundo se viven sorprendido uno al otro, al ver que cada quien posee avances insospechados. Y esto, es lógico lleva al control de los mercados y del manejo de los recursos materiales y financieros, y de todo lo que tiene poder de condicionar a éstos.

La diversidad de las habilidades y beneficios que ha traído la Plataforma G, el alojamiento en la nube, es inmensa. Y sus alcances finales, todavía desconocidos, pero en proceso. Sólo habría que detenerse un segundo para contactar la capacidad de esa plataforma al momento de desplegar el poder de generar redes sociales: "G ofrece una plataforma para el desarrollo de mediablogs que faciliten y propicien la creación de una red social cohesionada a la cual se le incorporen servicios transaccionales. Se trata de una potente herramienta de networking facilitadora y dinamizadora de comunidades virtuales.

La plataforma de redes sociales permite la creación

de entornos temáticos, con Blogs y vistas multimedia que permiten transmitir videos, comentar, compartir experiencias, e interactuar socialmente a los usuarios en un entorno colaborativo que se integre con servicios empresariales.

Esta plataforma está dirigida hacia un modelo de Redes Sociales orientadas al Conocimiento, Gestión del Cambio y Desarrollo Económico y Regional, para propósitos fundamentalmente profesionales -incluyendo el turismo, el crecimiento e intercambio económico, la distribución de conocimiento, el ocio y la cultura, los deportes- además de propiciar networking, y –en definitiva- la "transformación de la Sociedad". Todo ello, lógicamente, con una perspectiva global e internacional, favoreciendo las "comunidades virtuales locales", e impulsando y fomentando la implantación de la Sociedad de la Información en todos los ámbitos de la actividad económica y social de cada ciudad, estado, país y región.

"G" como plataforma de inteligencia de negocios

"G" ofrece a las empresas una plataforma de inteligencia de negocios que apoya la toma de decisiones, mide y optimiza las áreas de marketing, ventas y servicios. También permite medir el rendimiento de las iniciativas de e-business, comparar tendencias de los canales de venta, investigar patrones de compra de clientes clave, e identificar oportunidades para definir estrategias de negocios. La plataforma de inteligencia de negocio de G ofrece las siguientes capacidades:

Informes de rendimiento operativo, financiero,

comportamiento del cliente, eficacia de sitios web, efectividad de marketing, y actividades de integración de negocios. Apoyo a la gestión de la empresa, marketing y ventas y servicio al cliente con ayuda de informes pre construidos.

Extracción, transformación y carga de datos en las bases de datos de apoyo a la toma de decisiones para crear informes personalizados o modificar los informes pre construidos a través de un potente entorno gráfico. Análisis de páginas web, informes, análisis de cubos, así como hojas de cálculo de Microsoft Excel. Importación de información de más de 40 diferentes fuentes de datos incluyendo las principales bases de datos.[8]

Decía una reciente publicación que "la tecnología 5G viene de China. El país asiático toma el relevo en la nueva generación tecnológica tras el dominio europeo y norteamericano en los estándares 3G y 4G".[9] Y explica más adelante que el 5G está destinado a ser un importante motor económico de las sociedades digitales", aunque reconocía que "sus tripas aún están por definirse". Se estaba refiriendo a un temprano 2018.

IoT, o Internet de las cosas

Internet de las cosas o IoT, por sus siglas en inglés, es un recurso multinacional, reconocido desde el mismo día en que se conoció sobre la existencia de la Internet. Lo que pasa es que la Internet, la red de redes, camina hacia su desarrollo permanente de manera explosiva, como hemos

---

8 https://es.wikipedia.org/wiki/Plataforma_G
9 https://elpais.com/tecnologia/2018/06/11/actualidad/1528701503_610712.html

dicho. Tendríamos que hablar de las velocidades logradas por las líneas de fibra óptica. Internet conlleva la idea de que a través de ese recurso tecnológico conocido como fibra óptica los usuarios puedan conectar sus teléfonos móviles o celulares, también impresoras, televisores inteligentes, cámaras fotográficas, GPS, y la gran cantidad de dispositivos electrónicos. Esa es la nueva era de Internet. Pero que es el IoT:

Hablemos con un ejemplo: "Imaginemos una nevera que fuese capaz de avisarnos cuando perdiese temperatura o indicarnos que algún alimento ha caducado o se ha pasado, o un escritorio que dejará constancia de donde se ha dejado cada cosa, o que pudiésemos saber dónde se encuentra cada objeto, que nos pertenezca, en cada momento, o controlar toda nuestra vivienda desde un smartphone o PC (desde la puerta de entrada, hasta la cadena de WC), o que estemos avisados de los alérgenos y su concentración en el aire en una pulserita para alérgicos, o millones de escenarios por descubrir".[10] Internet de las cosas podría ayudarnos en todo eso. Todo eso será posible en la medida en que se desarrollen los nuevos protocolos de direccionamiento que permitirán interconectar todos esos objetos.

A través de IoT será posible una mayor seguridad personal y de nuestros bienes. Sólo que existirá el peligro, como existe ahora, que desde la nube otros tengan acceso indebido a nuestras intimidades de todo tipo. Estas nuevas tecnologías, en cuanto a la seguridad personal, nos permitirán, a través de un reloj poder tomarnos el pulso y actuar en consecuencia: ante un paro cardíaco para llamar en forma

---

10 *https://www.domodesk.com/221-a-fondo-que-es-iot-el-internet-de-las-cosas.htm*

automática a emergencia, o mediante otro dispositivo alertarnos sobre un ataque de asma. Eso viene, porque el avance tecnológico es imparable. Cuando Jhon Romkey y Simon Hacket lograron el diseño de una tostadora, en 1990, es ya un recuerdo. En 1999, el ingeniero Bill Joy se interesó en hacer con innúmeros objetos, lo que se hizo con la tostadora: interconectarlos a internet, para controlarlos. Tras otras exploraciones e investigaciones, en el 2011 se diseña el protocolo de direccionamiento de internet IPv6 que hace posible el IoT, identificando millones de objetos conectados a la red.

No todo resulta color de rosa en cuanto a seguridad, en esta tecnología. Aparentemente, ese aspecto de Internet de las Cosas tiene que ver con una buena o mala configuración de la seguridad. Y aquí entra en juego la participación humana. Lo cierto es que las quejas contra IoT han llovido. En España, por ejemplo, el partido Podemos se quejaba porque las cámaras de videovigilancia que la Guardia Civil instaló en la casa del principal dirigente de ese grupo, en Galapagar, Madrid, fueron pirateadas, permitiendo acceso al público a las imágenes.

Se comprobó mediante investigación que esa intrusión se logró desde Singapur. Se recuerda que en 2016, se produjo un ataque de denegación de servicio en las redes sociales Twitter, Spotify y en GitHub, Airbnb, Imgur, Papal, Pinterest, Reddit. y que esa falla de seguridad afectos a grandes centros de datos en Estados Unidos, entre éstos los citados aquí, plataformas que fueron forzadas a salir de servicio por los piratas.

No han sido los únicos ataques que se han producido

en distintas partes del mundo. Se han usado, siempre, dispositivos de los llamados IoT, porque son más fáciles de infectar. La culpa parece ser de los fabricantes de esos dispositivos que no cuidan el aspecto de la seguridad, lo que hace generalizar la posibilidad de los ataques.[11] Se dirá que es parte de los riesgos de la modernidad y la explosión de los medios digitales.

Siempre habrá que tener presente que el cuidado contra el riesgo en IoT como en cualquiera recurso que se manipule en la llamada "nube", tendrá que poner quien desee poseer plena seguridad a la hora publicar y difundir materiales particulares. No debe publicar todo lo que viene a la mente. Internet es una red abierta a todo tránsito.

Dicen los expertos que los cambios de contraseñas no son suficientes, como lo es el cambio de hábitos al navegar por la Internet. Los pirateados se cuentan por millones de millones: 3,000 millones de cuentas reportadas como pirateadas en Facebook, 1,500 millones en Yahoo, 500 de los clientes de Marriott y 427 millones en MySpace. Y eso ocurre con mucha frecuencia, todos los días.

Parecería que a la Internet, los piratas la prefieren como territorio de nadie, sin ley alguna. Abundan los incautos que entran al acelerado mundo cibernético sin que les interese mucho conocen cómo funciona eso de la tecnología digital. Tal vez, este aspecto sea importante para los dueños del negocio de las tecnologías digitales: tomar más en cuenta a los seres humanos y sus particularidades.

¿Cómo se cuida ese interés por lo humano al facilitar por las

---

11 *https://www.xataka.com/servicios/los-responsables-del-ddos-a-dyn-usaron-camaras-ip-y-dvrs-paratumbar-medio-internet*

redes convertir un tema en viral, sea abusivo, que corrompa, o que haga daño a terceros?

De lo que no suele hablarse como si no fuera importante, es sobre la reforma de la cultura tradicional que las redes sociales están trayendo. Baste señalar el aspecto comunicacional entre las personas, como instrumento de desarrollo y fortalecimiento de lo cultural.

Se resalta el aspecto de la comunicación escrita, llamada a crear herencia de numerosos valores, tal como se la conoce hasta ahora. Las redes sociales han traído, sin embargo, la inducción a la brevedad de la comunicación escrita. Hay redes sociales que han llegado al extremo de limitar hasta una cantidad los caracteres que pueden usar los seguidores de determinada red social.

Sin embargo, se apunta que esta obligatoriedad encamina a los seguidores de las redes a una cultura de incapacidad crítica, porque la brevedad de la comunicación, la limitación forzosa no permite la conceptuación. No lo permite al emisor, pero tampoco al receptor de los mensajes. La crítica es una condición sine qua non de la libertad, del régimen del sistema democrático. Luego, se concluye que las redes no están contribuyendo a mantener rasgos fundamentales de la democracia.

Conduce esta situación, asimismo, a la facilidad con que los regímenes se están posesionando de la libertad de los individuos, aprovechando la incapacidad para la crítica que se adopta como parte de la cultura. ¿El amor por la lectura, vehículo por excelencia de transmisión de cultura, se está perdiendo, por fuerza de una globalización tecnológica galopante y que arropa a los individuos?

Tecnología 5G

Tecnología 5G, lo último en avance de comunicación digital que todo el mundo entiende está trayendo consigo nuevas mejoras y aplicaciones. En realidad, 5G lo que significa es Quinta Generación, o quinta evolución de la comunicación móvil.

Si esta es la quinta generación es porque ya existen otras cuatro generaciones tecnológicas anteriores. Veamos:

Con la generación 1G se facilitaron los teléfonos móviles, por primera vez. Nació la comunicación telefónica fuera de casa sin alambres, mediante redes inalámbrica.

Luego, llegó la generación 2G con nuevos avances, el más importante, permitir mensajes de texto, usando esos mismos aparatos inalámbricos, o servicios de mensajería corta.

La generación 3G trajo consigo los llamados teléfonos inteligentes, que permitieron comunicación por teléfonos móviles, pero con interfaces iguales a los de las computadoras personales.

Ahora, usamos tecnología 4G que permite altas velocidades de navegación en los celulares mediante internet. Llegaron por esta vía los vídeos en alta resolución por las redes sociales y también las videollamadas por internet. Se disparó la cantidad de usuarios de este servicio y también la aparición de nuevos aparatos. Internet ha empezado a saturar los canales de comunicación, cada vez, más. Otros servicios que han aparecido en la realidad virtual, los videos de alta resolución, carros autónomos y fábricas inteligentes, bueno, el IoT, el internet de las cosas que avanza gradualmente.

La red de redes demanda mayores velocidades. La generación

4G permitió mayores velocidades, ciertamente. Pero por lo útil, el tráfico va en aumento de manera sorprendente. Hay que ampliar las vías, las redes comunicacionales.

Esa es la razón de que surja, ahora, la quinta generación tecnológica, la 5G. Ha mejorado la velocidad, reducción en la latencia, o sea, en la tardanza o retardos durante el intercambio de mensajes en una red, durante la transmisión de paquetes de datos, lo que es sumamente importante. Luego, ha mejorado en cuanto a permitir cada vez una mayor cantidad de conexión de dispositivos, lo que quiere decir que en la red se ha aumentado la cantidad de vías de comunicación con mejores velocidades. Habrá facilidad de más dispositivos telefónicos móviles, parlantes inteligentes, sensores, todo de manera simultánea. 5G permite un incremento de hasta mil por ciento, en cuanto a la velocidad. Con 5G será posible descargar una película de alta definición, en menos de 10 segundos. ¿Se magina el usuario que igual que su dispositivo, hay adicionalmente, un millón de máquinas en el kilómetro cuadrado en que se encuentra ubicado? Eso lo permite la 5G. Es superar más de 300 veces lo que permite la 4G. La tecnología 5G ha venido a general mayor fluidez, es decir eliminación de barreras que dificultaban la comunicación ya que no se podía salvar los obstáculos. Ya eso es posible. Vienen con 5G, la facilidad de entradas múltiples y salidas múltiples, debido a que se ha multiplicado la instalación de antenas para ese logro.

Otras tecnologías ayudarán a 5G a manejar esa multiplicidad de antenas para evitar interferencias. 5G y las generaciones anteriores sumadas vienen a ofrecer una nueva generación de comunicaciones inalámbricas mucho más eficientes.

Imaginemos que un automóvil que va delante del nuestro, a cierta distancia, detecta una dificultad en el camino, y que mediante tecnología 5G nos lo comunica para nuestro conocimiento, ya que también disponemos del uso de esa misma tecnología en nuestro carro. Pasajeros de diferentes vehículos tendrán la facilidad de intercomunicarse para practicar videojuegos desde sus aparatos. Una ambulancia transmitirá en tiempo real los datos del paciente que lleva el vehículo, para ir adelantando con datos obtenidos, la eficiencia del servicio. Cuando el paciente y el personal que le asiste en la ambulancia lleguen al hospital, ya estará todo listo para asistirle, en base a los mensajes recibidos por la tecnología 5G. La inteligencia artificial, además, entre máquinas y equipos de distintas fábricas se intercomunicará para eficientizar la producción. Serán las fábricas inteligentes. Todo en tiempo real.

Lo mismo se aplicará a las viviendas para conseguir un ambiente óptimo de confort. Sirve a todas las actividades como el transporte, el entretenimiento, entre otras actividades en la ciudad eficientizando la comunicación inteligente para mejor uso de los recursos, en beneficio de los usuarios.

Y no habrá que esperar a mañana, para estas ventajas. Corea dio el primer paso. Ya los teléfonos 5G están en uso. Sin embargo, la carrera por esta tecnología es considerada por muchos como la Guerra Fría del siglo XXI: la disputa por el control de la tecnología del 5G, la quinta generación de banda ancha que permitirá una interconexión entre máquinas y personas como nunca antes se vio en la Historia de la Humanidad pero que abre un sinfín de posibilidades económicas y de control político global. Esto se debe, en resumen, a que quien controla las redes, controla el flujo de información y puede cambiar, redirigir o copiar datos sin que el usuario tenga idea de lo que está sucediendo. Quien controle la red, controla el conocimiento y la tecnología 5 G tiene gran potencial para:

1.Servir a los sensores, robots, vehículos autónomos y otros dispositivos que se alimentarán continuamente de grandes cantidades de datos entre sí.

2. Permitirá un mayor uso de las herramientas de realidad virtual e inteligencia artificial. Se cree que la interconexión podría llegar a ser 100 veces más rápida que la que tenemos ahora con el 4G.

3. También permitirá perfeccionar servivios de inteligencia y ciberataques

En una época, como la actual en la que las armas más poderosas, además de las nucleares, están controladas desde el ciberespacio, el país que domine la red 5G obtendrá una ventaja económica, de inteligencia y militar durante gran parte de este siglo.De aquí que muchos estudiosos han definido que dentro de esta guerra tecnológica hay tres batallas fundamentales:

1. La primera, es para proporcionar el equipo en el que se construyen las nuevas redes.

2. La segunda es para desplegar ampliamente los servicios que incluye los nudos de conexión y routers.

3. Por último, el desarrollo de todo un paquete: el software, los dispositivos, los servicios y los procesos industriales.

En este escenario Estados Unidos ya perdió la primera carrera, la seguda esta en grandes dudas; pero se emcuentra haciendo cuanto a su mano se enceuntra y apelando a estrategias de guerra sucia para no quedarse atrás también en la tercera, que es la que trae los principales beneficios económicos. Así, la Comisión de Comunicaciones del Gobierno de Estados Unidos, prohibió a las empresas chinas construir una infraestructura de red "esencial" dentro de Estados Unidos; así como los componentes de Huawei en todas las redes del país. La administración Trump maneja dicímiles argumentos para empujar al resto del mundo a evitar la expansión de Huawei 5G y amenaza con romper los lazos de inteligencia con cualquier nación que se resista. Por ahora, de acuerdo a la información pública, hay tres competidores serios a nivel internacional en condiciones de construir las redes 5G: China, Estados Unidos y Corea del Sur.

Aunque lo operadores en los tres países (más uno en Suiza) afirman haber introducido los primeros servicios 5G a un número limitado de clientes de teléfonos móviles, China lleva, de acuerdo a los técnicos, uno o dos años de adelanto en estos desarrollos.

Finalmente, Estados Unidos tendrá que agradecer a China, y particularmente a Huawei y sus grandes empresas de telecomunicaciones tanto de software como hardware, por instalar las tuberías y vías principales de la red que acelerarán los negocios que más le interesan. Pero la guerra continuará y será cada vez más cruenta, sucia y desigual. Por supuesto el resto del mundo asistirá a esta batalla y sufrirá las consecuencias.

Guerra por los recursos naturales

Estos avances y globalización tecnológica han suscitado la apetencia por la primacía entre los grandes poderes y potencias sobre la tierra. Lo primero vemos, porque ellos mismos lo han mostrado, es que el forcejeo es tal que se le ha dado en llamar guerra tecnológica.

Básicamente, esta guerra se ha expresado en las manifestaciones de Estados Unidos, receloso de un prestigio que los ha colocado como primera potencia, una especie de dueños de primer orden sobre la tierra, y China, que avanza sin ambages en busca de ese lugar que ocupan los norteamericanos desde hace mucho tiempo. Han surgido las amenazas de ambas partes, y las negociaciones forzadas, acompañadas de gestos represivos en ambas direcciones.

Ya aludimos a Corea del Sur, bastante pegadita de China, que, sin pedir permiso a ninguno de los dos, ha lanzado un primer dispositivo con tecnología 5G para dispositivos móviles. Y ha sorprendido a los más grandes exponiendo su primera red nacional de telefonía con tecnología 5G. Quede la constancia de que Corea del Sur es el primer país en extender este avance tecnológico en todo su territorio. Las operadoras nacionales que ofrecerán el servicio son KT, LG Uplus y SK Telecom. Los coreanos dijeron, de inmediato, que dieron ese paso, ante la necesidad de dar impulso a su economía.[12]

De manera que no serán China y Estados Unidos, sino que entra en esa puja, también Corea del Sur y Japón, que ya se sabe anda en esos menesteres. El recelo de los

---

12 *https://www.youtube.com/watch?v=s10kNXT0i-o*

norteamericanos, sin embargo, se mantiene dados los avances, grandes avances que en ese campo le llevan los chinos, fundamentado, esto, en el hecho del sentido pragmático de los chinos al poner en primer lugar lo usual, lo práctico, antes que los técnicos, como estaban haciendo otras potencias, en Europa, sobre todo.[13]

La iniciativa de agresión defensiva en esta guerra la tomaron Estados Unidos y su presidente Donald Trump, cuando dispusieron la prisión de la señorita Meng Wanzhou, directora del gigante de las telecomunicaciones chino Huawei, en territorio canadiense, en aeropuerto de Vancouver, a solicitud judicial norteamericana, acusada por violar el embargo que Trump impuso a Irán, y para quien se pide sentencia de prisión por 30 años. El arresto abrió una crisis diplomática y rompió una tregua comercial entre Pekín y Washington. El gesto norteamericano se produce en medio de una tregua en la guerra comercial entre ambos poderes pactada hacía poco tiempo. Meng es la hija del fundador de Huawei, Ren Zhengfei, y su más que probable sucesora, forma parte de la aristocracia empresarial del país. Disfruta prisión domiciliaria, después de pagar 10 millones de dólares como fianza.

El asunto esencial es que Estados Unidos investigaba desde 2016 los envíos por barco de manufacturas a países como Irán o Corea del Norte en violación del embargo decretado por Washington. Huawei, sospechan los norteamericanos y actuaron en consecuencia, habría suministrado productos manufacturados a Irán y corea del Norte, según esas informaciones. Reino Unido, Nueva Zelanda y Australia

---

13 *https://www.youtube.com/watch?v=mn1cCrnixYQ*

se han sumado a los norteamericanos rompiendo con esa empresa y acusándola de prestar su inteligencia al espionaje de China.

También, otra compañía china, la ZTE había sido sancionada por los norteamericanos por la misma acusación. Esta empresa se fue prácticamente a la quiebra y obligó a las máximas autoridades chinas y norteamericanas a tratar directamente el caso. No obstante, la ZTE debió de pagar una multa de mil 400 millones de dólares y someterse a supervisión de los norteamericanos.

La base del temor sobre 5G es que un administrador pueda entrar y manejar toda la información que circule por avanzada red comunicacional. Se use para labores de control general en las ciudades inteligentes, y también intervenciones de espionaje.

En realidad, los temores parecen tener asidero frente a los avances de China, ya que ha penetrado en sus ansias económicas y tecnológica una cantidad de países de América Latina que los norteamericanos tradicionalmente han considerado están en su patio.

Además de lo comercial, los chinos, como ahora los coreanos del sur, con la tecnología 5G que los norteamericanos no han logrado escalar al nivel de su competencia, se constituyen en más de un temor por razones de seguridad de la nación, y en lo comercial.

Colocarse a la expectativa es lo más inteligente frente a tantos avances tecnológicos. Por verse hasta dónde se adaptará la humanidad con esta nueva cultura, tal como se dice que actuará esta tecnología y de la inteligencia artificial en todos los órdenes de las cosas.

Esta globalización de la inteligencia y de la tecnología en la escasez de trabajo, en la reforma de la cultura. En la producción de alimentos, en la persecución de la delincuencia.

Hablamos de los Estados Unidos, conocemos su participación y sus reacciones. China va montada en el protagonismo de la revolución tecnológica, igual que los coreanos y Japón. Pero ¿y qué de los rusos? Parece que Rusia apuesta por encerrarse en una especie de intranet, para protegerse de tanta tecnología y de tanta inteligencia artificial y control de la información. Quienes han analizado la situación, parece que Rusia anda sobre sus propios avances de que mantiene en la discreción.

También se apunta la posibilidad de que estas tecnologías incidan en la salud de los humanos. Nada se sabe de eso. No se sabe de eventuales investigaciones. Eso es algo que preocupa porque ahí, todo está por verse.

Producir alimentos para los seres humanos habrá que ver cómo esta globalización de la tecnología podría contribuir a su eficiencia. Eso está planteado. Pero hay otro planteamiento: hay quienes dicen y están estudiando cómo los recursos naturales, minerales, el agua, etcétera, pueden continuar en un ciclo de agotamiento. Y el planteamiento es de cómo la búsqueda del control de esos recursos naturales puede conducir a una guerra por esos recursos, entre esas mismas potencias de que se habla ya están en guerra por lo tecnológico. El 5G y su capacidad de control global, ¿hasta dónde podrá ser usado en favor de ese control de recursos naturales en la tierra?

La robótica

El miedo a la convivencia laboral entre robots y humanos parece que ya es un problema del presente que llega como consecuencia del desarrollo tecnológico, ligado al desarrollo digital y de la inteligencia artificial, y al internet.

Digo del presente, porque en países avanzados como Japón, ya no es un problema, allí, informan los mismos japoneses, lo que parece a otros ser futuro, ya es presente en múltiples empresas de ese país.

En esos entornos, los empleados siguen ejerciendo la labor más humana, cercana, de trato con el cliente como en hoteles y bancos o el cuidado de personas mayores. Se trata del país con mayor número de robots por habitantes, sin embargo, y de esta manera hace frente a la problemática de los bajos índices de natalidad y de esta forma, frena el envejecimiento de la población, haciendo un tándem entre los humanos y los robots.

La robótica es rama de la ingeniería mecatrónica, de la mecánica, de la eléctrica y de la biomédica. Tiene que ver con las ciencias de computación, en el diseño, básicamente, en la construcción, manufactura y la aplicación de estos aparatos.[14] El robot nación para substituir al ser humano, copiando su inteligencia. Al hablar de robot y robótica hay que hacer una relación con la IoT, la internet de las cosas. Como una consecuencia del desarrollo tecnológico y del avance de la globalización tecnológica, que viene a contribuir directamente con el desarrollo de las industrias y la producción industrial.

---

14 *https://bit.ly/2LGty7l*

La robótica no es un avance aislado. Tiene que ser vista como parte de la transformación digital global. La plataforma digital de lo que ya existe deberá integrarse a la que viene de inmediato y así sucesivamente, a medida que se avanza. El robot está llamado a realizar operaciones repetitivas y peligrosas, liberando al humano de estas tareas riesgosas. Y hasta reemplazando los puestos y ocupando puestos, en lugares en donde se planifica la durabilidad de los seres humanos. "Estos sistemas robóticos llevan desde hace tiempo utilizando el potencial del Internet de las Cosas (IoT). Para muchas fábricas y entornos industriales, capturar datos en tiempo real de los robots y realizar estimaciones con los datos conseguidos no es nada nuevo. Lo que sí es nuevo es llevar estos datos a otros sistemas para optimizar y mejorar otras tareas gracias la información extraída y, al mismo tiempo, ayudar a los propios robots a ser más eficientes y flexibles. No podemos infravalorar el impacto de esta tecnología: Se estima que el Internet industrial de las cosas (IoT) podría suponer $ 14.2 billones de dólares a la economía global para el 2030".[15] Todo este mundo debe de ser pensado para que al asimilarse al mismo, los países lo comprendan y acepten como necesidad para un verdadero desarrollo y enriquecimiento. Así se lo están planteando organismos como el Banco Interamericano de Desarrollo y el Banco Mundial, que entienden que la automatización de un país, y la inclusión de tecnologías de la cuarta revolución pueden generar un impacto de hasta 1.5 de crecimiento en el Producto Interno Bruto.[16]

---

15 https://bit.ly/3qgIl7A
16 https://bit.ly/38C9IDb

Regulación del mundo digital

Es común que la discusión sobre los problemas y los efectos de Internet carezca de la información necesaria, así como de criterios claros de valoración. Esto se debe, como expresamos anteriormente, a que las posiciones en torno a Internet se debaten entre aquellos que se acercan a ella en plena fascinación y los que la rechazan de manera absoluta. De allí que encontrar términos lógicos para su regulación resultan altamente complejos.

El manejo fácil, el acceso aparentemente ilimitado al conocimiento y la flexibilidad comunicativa son los factores que, no sólo han garantizado su expansión, sino su uso como vía para cometer delitos que en muchos casos no están descritos en los cuerpos legislativos internacionales y es difícil hacer justicia en torno a ellos. Aunque el uso de Internet ha traído inmensas ventajas a la sociedad, empezando por el intercambio de bienes y servicios y terminando con las posibilidades de llevar educación y cultura hasta los lugares más alejados de la civilización, es un espacio de necesaria regulación ya que puede ser utilizado para fines nocivos o la comisión de delitos.

Ejemplos de los espacios de regulación se encuentra: las libertades de expresión e información, la dignidad humana frente al peligro que representan las páginas web que incitan a la discriminación racial, cultural o social, la niñez de cara a la difusión de la pornografía o de formas extremas de violencia, la propiedad intelectual frente a la distribución no autorizada de trabajos científicos, musicales o programas de cómputo, la seguridad nacional y la gobernanza (procesos eleccionarios y de gobierno electrónico), entre otros.

Como podemos ver, en el desarrollo de la red de redes se han perfilado varios campos de posible conflicto debido a la ausencia de reglas suficientemente claras. Hay quienes consideran que basta con legislar, aunque el problema es de mayor complejidad debido a las características únicas de Internet. En primer lugar los delitos informáticos usan como heredamiento la red de redes pero no es necesariamente la www el espacio donde se concreta y efectúan los delitos. En segundo lugar la implicación global y trasnacional de los delitos en Internet agrupan una complejidad al derechos penal público, ya que la propia ruptura espacio-temporal de esa red, hace que los delitos también estén des localizados. Por último, podemos agregar que las propias prácticas en Internet y las Redes Sociales han conducido a la creación y reconocimiento de nuevos derechos como el "Derecho al Olvido".

Podemos resumir que las principales problemáticas identificadas en distintas actualizaciones jurídicas a nivel internacional son: Aunque la red fue pensada para que la información fluyese "libre", el conflicto se da entre la ausencia de regulación de contenidos de imágenes, de audio o de textos, o bien la restricción de acceso a través de los poderes públicos o de órganos de control autorizados, ya que la información que circula puede ser clasificada también según su contenido como ilícita y nociva. Los contenidos ilícitos permiten una identificación más exacta y sobre la cual existe cierto consenso internacional: apología al terrorismo, la pornografía infantil, la provocación o incitación al odio de una raza, etnia o grupo, la difamación on-line claramente maliciosa además de acciones contra los derechos civiles como la intimidad de los datos personales o la vulneración de los derechos de autor. Los contenidos nocivos, por otras parte entran en un campo más subjetivo y que responde a regulaciones más éticas que penales

Derecho a la intimidad

Es el derecho de la persona a que su intimidad no sea vulnerada por un abuso de los medios informáticos. No todos los países tienen el mismo grado de protección, inclusive en algunos se puede decir que existe cierta permisividad. En E.U. prima el derecho a la transmisión de información sobre el derecho a la privacidad de los ciudadanos. La Unión Europea, con el deseo de armonizar las leyes de protección de datos de los diferentes países, aprobó en 1995 la Directiva 95/46/CE del Parlamento Europeo y del Consejo, relativa a la protección de las personas físicas en lo que respecta al tratamiento de datos personales y la libre circulación de éstos.

Hacking

Hacking, es la técnica consistente en acceder a un sistema informático sin autorización. Entendemos que existe autorización cuando el sistema está conectado a una red pública y no dispone de un control de acceso mediante el uso de identificadores de usuario y passwords.

Blanqueo de dinero

Las modalidades más habituales de blanqueo de dinero que se llevan a cabo en el sistema financiero internacional, y entre las que destacan aquéllas que utilizan la red Internet como instrumento para dichas transacciones (uso de identidades falsas, testaferros y sociedades pantalla, constituidas en otra jurisdicción y utilizando cuentas puente para dificultar la identificación del verdadero origen de la transferencia; uso de entidades offshore) Las transferencias electrónicas son el principal instrumento para el blanqueo de dinero, debido a la rapidez con la que se transfiere el dinero a través de diversas jurisdicciones. En las redes de la prostitución infantil, la agresión viene de la industria sexual organizada, y en este sentidos las plataformas de internet permiten un espacio que es necesario regular para poder contrarrestar esta tendencia que tiene mayor o menor incidencia en nuestros países. Además de la existencia de leyes, políticas y programas para hacer frente a la explotación sexual comercial de los niños, se necesita una mayor voluntad política, medidas de implementación más efectivas y una asignación adecuada de recursos para lograr la plena eficacia del espíritu y la letra de estas leyes, políticas y programas.

Redes de Narcotráfico

El negocio del narcotráfico encuentra un problema en la distribución, es decir en la entrega del producto al consumidor. Es por ello que les es vital la obtención de nuevos mercados y nuevos métodos de distribución de estupefacientes e Internet es un espacio propicio para ello.

Es preocupante asimismo la cultura de la droga que existe en Internet ya que se puede encontrar en ella explicaciones de métodos para la refinación de cocaína a partir del producto que se compra en las calles, métodos de cultivo casero para la marihuana, cuidado de las plantas y la mejor manera de obtener un producto de calidad, manuales, semillas, etc.

A estas cuestiones podemos sumar las cuestiones éticas relacionadas con el acceso desigual a la información y división digital que existe entre países centrales y periféricos. El problema del acceso a la red se relaciona con barreras económicas, técnicas, socioculturales e interculturales. Debido a estas limitaciones, sólo una pequeña capa de la población accede a Internet (el asunto también alcanza a los países desarrollados. Es por eso que si bien el acceso universal constituye una condición indispensable para acceder a la red, no es suficiente.

El ciberespacio no permite verificar la veracidad de las fuentes, las informaciones que se superponen y solapan unas a otras. De esta forma, determinadas máximas de la ética periodística, tales como la orientación hacia la verdad, la crítica, la búsqueda y la elaboración responsable de la información y el respeto a la esfera privada se pueden implementar en Internet y fuera de la red.

El debate público con un fundamento ético y deontológico acerca de los mecanismos del mercado, implicaciones legales y sus influencias y efectos sobre Internet resultan indispensables mucho más en nuestros días en que se hace omnipresente este mundo digital. La ética en Internet no debe ser solo un espacio para la discusión o desarrollo académico sino que debe llevarse a la práctica de manera diaria por la sociedad como conjunto y cada uno de las personas. Es un ámbito que por su relevancia y constante evolución impone retos para hacer de la Internet un espacio para el bien común y el desarrollo de cada país.

EL FENOMENO DE LAS FAKE NEWS

Las vertiginosa expansión de las nuevas tecnologías de la información y las comunicaciones así como el creciente uso de redes sociales y plataformas de intercambio virtual en Internet, constituyen un reto para los medios de comunicación de masas tradicionales y los grandes grupos mediáticos ya que, en esos espacios, los otrora receptores pasivos se han convertidos en grandes emisores generando nuevas figuras mediáticas como los influencer, instagramers, youtubers, etc. que complejizan el escenario comunicacional.

La rapidez con la que se produjeron y aún se producen estos cambios, ayudó a que se cosecharan, en el ámbito de los estudios sobre medios de comunicación, toda una serie de vaticinios trágicos: ¡la Radio vino para eliminar a la prensa impresa!, ¡la TV matará a la Radio!,! Internet sustituirá a la radio, la TV y la prensa impresa!.

Por suerte, ya son pocos los que creen en este tipo de vaticinios. La academia y la práctica han demostrado con creces que, en comunicación, esta es una era de readecuaciones. La convergencia de disímiles factores como son la reestructuración del capital industrial de los medios y los géneros periodísticos; así como la profesionalización de las prácticas, han potenciado una coexistencia mediática que se define por su funcionalidad.

Como ha confirmado Jesús Timoteo Álvarez , en su texto Manual Urgente para radialistas apasionados,[1] los diversos medios que en este siglo han ido apareciendo, han provocado, generado y consolidado sectores nuevos, no necesariamente idénticos ni competidores. Un consumidor de videotexto puede ser o no lector de prensa, oyente de radio y discos o telespectador, pero su consumo de videotextos no compite necesariamente con los demás medios citados: al contrario, pueden ser complementarios y conformar el universo de acceso a la información y transmisión de noticas del mundo contemporáneo.

Sentadas estas bases podemos dar cuenta de cómo, en la actualidad, pueden articularse, diversos Medios de Comunicación de Masas tecnológicamente diferentes, ya que esta diferenciación conlleva también una diferenciación de lenguajes, de códigos y de posibilidades expresivas. Sin embargo, para esto debemos, primeramente, analizar las condiciones en que se desarrolla el mercado informativo que potencia la coexistencia armónica de un amplio espectro de Medios de Comunicación de Masas.

Este mercado informativo es resultante, pues, de dos factores dinámicos: la capacidad de captación de sectores antiguos de mercado –competencia- y la capacidad de creación de sectores nuevos de mercado. En consecuencia, el actual es

---

1 *Timoteo Alvarez, J. (s/f) Historia y modelos de la comunicación en el siglo XX, La Habana: Pablo de la Torriente Brau*

un mercado abierto, no cerrado, donde confluyen sectores analógicos y digitales que se consideran competidores en algunos aspectos mientras que en otros son francamente complementarios. Tienen capacidad expresiva casi ilimitada al igual que ilimitadas son las necesidades y gustos –susceptibles, además, de ser creados- del público, que a su vez es emisor de contenidos.

La prensa impresa, la radio, la TV, internet... pueden integrarse ya que son todos complementarios y trabajan para lograr los mismos objetivos: satisfacer las necesidades de:

1.Información. El hombre necesita información para poder relacionarse con su entorno y comprender su mundo

2. Educación. Los medios de comunicación permiten transmitir conocimientos inter-generacionalmente así como acercarnos a las realidades de diversos sitios a nivel mundial

3. Entretenimiento. El hombre tiene una necesidad intrínseca de ocio y entretenimiento que se logra a través de la exposición e intercambio con los medios de comunicación.

4. Enculturización. La cultura y las marcas identitarias de los pueblos se transmiten, en gran medida, a través de los medios de comunicación.

De aquí que los medios se hayan especializado y reubicado en la vida cotidiana de las personas, explotando lo que cada uno tiene de particular y dirigiendo su mirada a su grupo socioeconómico potencial y sus necesidades de comunicación. Los ciudadanos en otra era se enteraban de las noticias por la radio generalmente, las confirman por la televisión y las reflexionan, al día siguiente con el diario... Hoy en día esta rutina se encuentra medida por Internet, donde no quedan claras las especificidades de cada medio pero, en últimas, puede considerarse una plataforma donde los medios tradicionales encuentran un correlato.

Tal especialización explica que no haya habido remplazo de la radio por la televisión, como no lo hubo completamente del cine por la televisión (aunque ya podamos hablar de cine en Tv y viceversa); ni del teatro por el cine, ni del libro por el periódico, ni de todos estos medios por la Internet... La historia de los medios de comunicación de masas da cuenta de sumatorias, adecuaciones y especializaciones, no desplazamientos o sustituciones mecánicas.

Todos los medios, de esta manera, son imprescindibles. La prensa impresa nos brinda la posibilidad de acceder, con calma, a una información que podría ser de profundidad y rigor, la radio nos da inmediatez y gracias a los avances tecnológicos nos puede acompañar en el auto, en el paseo dominical, la televisión nos permite acceder a la imagen, y por último, Internet nos da la posibilidad de estar conectados con el mundo de manera virtual.

"Lo importante es que el lector, el televidente o el internauta participen en la comunicación a través de un medio compartido, en el lugar y a la hora establecidos; y que se realice el ceremonial de la lectura, de la audiencia, de la exploración, con los gestos correctos: Grave-despreocupado, distante-atento. Tales actitudes ya vienen marcadas por las características que diferencian el tratamiento expresivo de

194

cada programa, sección o menú (artículo de fondo, crónica, noticias internacionales...) Esta intervención mediadora que supedita el contenido a las formas no pretende otra cosa que proporcionar confortación, es decir, el sentimiento de fusión con la comunidad que experimenta cada lector u oyente por su participación en los actos del rito" (Serrano; 1993)[2]

Ahora bien, esta es la función o devenir de los medios de comunicación pero a su vez podemos dar cuenta de que estas organizaciones o empresas especializadas en el tratamiento y difusión de la información operan con los hechos, que se agrupan en determinadas agendas, que pueden ser coincidentes o no, con el interés público pero que siempre son funcionales a las clases que ostentan el control de esos medios de comunicación.

Aparece entonces la noticia, el hecho, la realidad como asuntos claves en la geopolítica mundial ya que los medios de comunicación como instrumentos sociales de difusión y control de la información y opinión, y por lo tanto de la transmisión cultural de los valores dominantes, constituyen instrumentos educativos para conocer la realidad social y analizarla críticamente.

La noticia y los valores noticias en el mundo de hoy

Acerca de la noticia existe la presuposición de que es un hecho real, verificable y de interés social. Sin embargo, los relatos de los medios se encuentran condicionados tanto por las circunstancias en las cuales se producen los sucesos,

---

2 *Martin Serrano, M. (1993) "La producción social de la comunicación". Madrid, Alianza Editorial S.A*

como por el modo en que son concebidos posteriormente en la producción comunicativa. De aquí que, los hechos deben tener determinados valores de noticias para poder ser considerados por los medios de comunicación para formar parte de sus agendas: novedad, impacto, excepcionalidad, repercusión, relevancia, etc,

Una noticia contiene el relato de una información: es una construcción social de la realidad y como generalidad debe dar respuesta a los seis tipos de circunstancias:

1. Qué ha sucedido: los hechos
2. Quien lo ha hecho: el sujeto
3. Cómo ha sucedido: el modo
4. Dónde ha sucedido: el lugar
5. Cuándo ha sucedido: el tiempo
6. Por qué ha sucedido: la causa

Sin embargo, muchas veces esos aspectos no son los que priman, sino los intereses de los grandes grupos de poder o de grupos o personas en particular. De aquí que hoy, incluso se difundan como verdades, noticias falsas o medias verdades, que son funcionales y están generando no sólo grandes movimientos económicos, sino políticos y culturales.

Vivimos en un mundo donde la información es poder; donde, por su influencia económica, independientemente de la plataforma donde se transmita, ocupa un nivel social preponderante, sólo detrás de la producción de materias primas, la manufactura y los servicios; donde su incidencia política e ideológica es tal que puede llegar a influir y determinar la toma de importantes decisiones en las altas esferas sociales o culturales. Innumerables son los ejemplos en que se evidencia cómo las noticias, los medios y la información fabrican y destruyen presidentes, transforman sociedades y culturas, justifican y mueven la opinión pública hacia los más terribles hechos a escala mundial.

Las noticias hoy deben responder a otros valores que no son los tradicionalmente seleccionados por los profesionales del periodismo. Existen otras sobre-determinaciones y rutinas profesionales que están indicando nuevas maneras de construir los relatos, contrastar fuentes, analizar. Lógicas más relacionadas con la concepción de la información como mercancía en lugar de como bien público.

Diversos investigadores se refieren a esta concepción como un simple factor mediador, sin embargo otros sostienen que las ideologías profesionales constituyen una de las mediaciones evidentes en todo el proceso rutinario de las redacciones y la producción de noticias.

La pretendida y polémica objetividad, se convierte en fenómenos contradictorios en este contexto. En la producción social de la comunicación, Rodrigo Alsina[3] define que la propia profesión periodística se autolegitima en su rol de puros transmisores de la realidad social. Pero difícilmente los periodistas reconocen que llevan a cabo una construcción de la realidad social, como si esto fuera a reconocer una especie de pecado original del periodismo. Esta realidad abre paso a otra perspectiva integradora que incluye, entre las presiones a que se somenten los periodistas y productores de noticias, además de las externas, aquellas asociadas a la distorsión inconsciente vinculada a las prácticas profesionales, a las habituales rutinas productivas

---

3 Alsina, M. (1993) *La construcción de la noticia. Barcelona, Ediciones Paidós, S.A.*

a los valores compartidos e interiorizados sobre las modalidades de desarrollar el oficio de informar (Wolf, 2005) . [4]

Rutinas productivas e ideologías profesionales en la producción de noticias

El periodismo es también un área profesional, donde se ha destacado con una fuerte tradición en sus prácticas. Con el desarrollo de las tecnologías de la comunicación y la información, y en paralelo la identificación de prácticas comunicativas en los diferentes espacios de relaciones humanas, el mercado laboral para comunicadores sociales fue ampliando su espectro. Hoy, junto al periodismo, sin duda la especialización y profesión de mayor tradición y que ha tenido en los últimos años un significativo desarrollo, se consolidan áreas como las relaciones públicas, la publicidad, la propaganda, la comunicación organizacional o institucional, la comunicación educativa y comunitaria, las investigaciones y los medios de comunicación masiva (cine, radio y televisión) que además amplían y diversifican sus especialidades en la misma medida en que se desarrollan las tecnologías.

Sin embargo, sigue primando en las rutinas productivas y las ideologías profesionales de los periodistas, los aspectos que Gaye Tuckman[5] definió y sistematizó, ya que ellos se debaten entre "la difamación y el absurdo identificando la "objetividad" con los "hechos" que ellos mismos u otros

---

4 Wolf, M. (2005) La investigación en la comunicación de masas. La Habana, Editorial Félix Varela

5 *Tuchman, G. (1980) La objetividad como ritual estratégico. Un análisis de las nociones de objetividad de los periodistas. Barcelona, Editorial Gustavo Gilli SA.*

periodistas observan o que pueden ser verificados":

1. Presentación de posibilidades en conflicto.- Los periodistas han de ser capaces de identificar los "hechos", incluso aunque el carácter auténtico de algunos de ellos no sea fácilmente verificable.

2. Presentación de la evidencia sustentadora. Una evidencia sustentadora es la cita y colocación de "hechos" adicionales que comúnmente aceptamos como verdad.

3. El uso juicioso de las comillas. Los periodistas ven las citas de la opinión de otras personas como una forma de evidencia sustentadora.

4. Estructurar la información en una frase apropiada. La información más importante de un acontecimiento ha de presentarse en el primer párrafo

Las condiciones actuales en que trabajan los periodistas en las diversas redacciones y mediados por el carácter empresarial de los medios de comunicación y las grandes cadenas de noticias que de alguna manera tergiversan el roll de los profesionales de la información poniéndolos a competir por el acceso a los públicos e impacto de sus informaciones, están configurando un panorama informacional donde los titulares son más importantes que las informaciones en profundidad y primero se dice y luego se verifica.

La dinámica diaria de los medios de comunicación impone una arquitectura jerárquica tanto para los actores sociales (periodistas, redactores, productores, fotorreporteros, directivos) que allí laboran, como para la organización y elaboración de los productos comunicativos. El proceso de construcción de la noticia requiere de la profundización en los hábitos y esquemas de la unidad social que lo produce así como un análisis profundo de las sobre determinaciones que el contexto social, económico y político en que se producen los hechos y se construyen las agendas de los medios de comunicación.

Tanto la radio, la televisión, la prensa escrita, las agencias de noticias, y el periodismo hipermedia, los medios alternativos o emergentes, se sirven de determinadas rutinas para interpretar la realidad y elaborar sus propios productos. Hay una serie de protocolos, pasos, tratados de buenas prácticas que no siempre se cumplen; pero que, de alguna manera, dictan las maneras y criterios a tener en cuenta, no sólo en la producción de noticias; sino incluso en la seleccione de los hechos noticiables.

En resumen, podemos indicar que toda la burocracia que se relaciona con los medios de comunicación y específicamente la producción de noticias responden a las relaciones con:

1. Las fuentes de información
2. Las ideologías profesionales
3. Las presiones políticas, económicas y judiciales
4. Los condicionamientos socio históricos
5. Los factores culturales
6. Las necesidades rentabilización de la empresa comunicativa

Este último aspecto resulta hoy protagónico, a punto de que. en ocasiones se priorizan aquellos aspectos que garantizan mayor impacto en los públicos, a la vez que las mejores relaciones con patrocinadores y dueños de conglomerados mediático.

Así, la dimensión empresarial recupera asuntos clásicos en la gestión de prensa, tales como la organización del trabajo, la gestión del cambio, la motivación de los equipos y la asignación de recursos. Se abre paso en este contexto las informaciones o "noticias" conocidas como fake news.

En la historia de la prensa está claro el desarrollo minucioso del sistema de falacias que acompaña la acumulación del capital y el asentamiento de grupos de poder. Todo esto basado en la "fé mediática", en la omnipotencia y el dominio de la supuesta verdad. Si bien este fenómeno que algunos lo comienzan a describir en la actualidad es considerado como algo postmodernos, podemos decir que en la historia de América Latina existen muchos ejemplos de cómo las fake news han acompañado, apoyado e incluso propiciado importantes movimientos políticos y sociales, intervenciones militares, expoliación cultural, entre otras desde inicios del siglo XX.

Hoy podemos interactuar con grandes volúmenes de informaciones que en muchos casos no están verificadas o son deliberadamente promovidas para generar ideología o mover la opinión pública. En el top ten de esas falacias podemos recordar, por sólo citar algunas:

1. China fabricó el nuevo coronavirus
2. Los hispanos en EEUU son delincuentes y   criminales
3. México es un país de narcos y criminales
4. En Cuba no hay libertad
5. La corrupción es un mal necesario en   Latinoamérica
6. EEUU es el país más poderoso del mundo
7. Bernie Sander es un comunista
8. EEUU ganó la Segunda Guerra Mundial
9. Julián Assange es un espía
10. Haití está condenado a ser un país pobre

Detrás de cada invento producido desde las entrañas de las ideologías, están los intereses mercantiles y socio culturales más perversos en la historia de la humanidad. El escenario actual es de guerra de la información y por la información.

El fenómeno de las fake news

Puede decirse que la desinformación ha sido colocada en un primer plano al momento de hablar de libertad de prensa y de periodismo. Desinformación tomada como manipulación. Alguien en capacidad de manejar la información descubrió la tendencia del ser humano a buscar lo subjetivo en las cosas, y decidió utilizar esa capacidad humana de manera macabra, industrializando el concepto desinformación, globalizándolo.

Vimos que la objetividad es un imposible al tratar la información, ya que cada quien está imbuido de subjetividad, de parcialidad. Ahora estamos ante el fenómeno de explotar al máximo esa parcialidad y subjetividad con que solemos mirar y tratar los acontecimientos. "En este mundo posterior a la verdad, ya no importa si una afirmación es objetiva. Si no te gustan los hechos de alguien, puedes acusarlo de "sesgo" y contrarrestar su verdad con una historia que obtuviste de un sitio de noticias falso. Especialmente cuando tienes al presidente electo animándote." Es la opinión de Jill Richardson, profesora, al hablar sobre el tema "las noticias falsas hacen que sea difícil distinguir los hechos". [6]

Desinformación es el engaño al momento de tratar hechos reales o inventados. A eso se le llama hoy en día con un

---

6 *LAS NOTICIAS FALSAS HACEN QUE SEA DIFÍCIL DISTINGUIR LOS HECHOS. Jill Richardson; columnista invitada, The Gardner News, Ene 8, 2017 | Opinión. https://gardnernews. com/fake-news-makes-it-hardto-distinguish-facts/*

apelativo característico: "fake news". La desinformación no es un asunto nuevo. El rumor, por ejemplo, siempre ha existido, aunque con otro tinte que lo caracteriza al difundirlo, como algo que se dice, pero sin confirmación. Pero con el desarrollo vertiginoso de la Internet, esto de la fake news, ha derivado en una inmensa y compleja industria de producción de informaciones y noticias falsas que por su misma naturaleza y alcance, se ha constituido en un impactante fenómeno social del siglo XXI.

Las "fake news" son consecuencias de la aberración, en principio, del poder político, y, luego, de muchos otros sectores de la sociedad, una enfermedad suscitada por un interés malvado, a veces, con la intención de hacer de esa actividad un comercio o herramienta de grupos de poder para alcanzar sus objetivos, sin importar las consecuencias de los medios.

Algunos han preferido llamarla "posverdad". A Valery Gerasimov, Jefe de Estado Mayor de las Fuerzas Armadas de Rusia se le atribuye el mayor y más ventajoso uso de esta inventiva que se le atribuye como suya, para enfrentarse a fuerzas militares contrarias, desde 2012, pero que fue en el 2014, durante la guerra en Ucrania, cuando hizo mayor despliegue de su capacidad de manipulación de la información como jefe militar. [7]Esto se dice así, pero, ¿por qué no considerar, también, este dato, como una fake news? La desinformación o manipulación informativa está considerada entre las nuevas amenazas para el sistema democrático. Se viene a agregar a las inversiones y las finanzas perjudiciales, también con la política y los ciberataques.

---

7 *https://bit.ly/38DJRuz*

En Estados Unidos de Norteamérica se ha creado un resentimiento profundo al generalizarse la creencia, ya investigada a nivel supremo en ese país, de que los rusos utilizando la capacidad de manipulación informativa, incluso, mediante la penetración de compañías tecnológicas norteamericanas, lograron distorsionar los resultados de las elecciones presidenciales del 2016, en las que resultó electo presidente Donald Trump. Para esa época se suscitó un gran escándalo que involucró a la firma Cambridge Analytica, hoy multada con otras denominaciones, cuando un ex empleado de esa firma de consultoría política que disponía de sede en Londres, denunció que la empresa planteó noticias falsas, en connivencia o usando información de la red Facebook. Christopher Wylie dijo que Cambridge Analytica usó los datos personales de 50 millones de miembros de Facebook para influir en las elecciones presidenciales de Estados Unidos en 2016.[8] La versión fue negada por Cambridge Analytica, firma que dejó sus labores tras ser enjuiciada en tribunales ingleses.

A mediados de ese año, Craig Silverman, un editor de redes sociales en Buzzfeed, sintió curiosidad por el aumento online de una serie de noticias inventadas. "Terminamos por descubrir que provenían de un conglomerado de sitios de noticias, todos ellos registrados en el mismo pueblo de Macedonia, llamado Veles",[9] decía Craig Silverman. Identificaron al menos 140 sitios de noticias falsas en Macedonia, con fuerte predominio en Facebook, antes de las elecciones en Estados Unidos.

---

8 *Cambridge Analytica plantó noticias falsas;*
https://www.bbc.com/news/av/world43472347/cambridge-analytica-planted-fake-news
9 *http://bit.ly/39tyswL*

Estos creadores de noticias falsas se valieron de la plataforma de publicidad de Facebook, para crear información inventada. Nada en esos titulares de noticias era verdad. Pero las falsas informaciones se volvieron virales en las redes sociales. Silverman y su equipo descubrieron "maraña de algoritmos de las redes sociales, las plataformas publicitarias, personal entrenado profesionalmente para inventar historias a cambio de dinero y una elección que tuvo y tiene la atención de Estados Unidos y gran parte del mundo, y la cual aún está en cuestionamiento."[10] Las "fake news" se han convertido, así, en una verdadera industria moderna de la desinformación con fines maléficos. Esta industria lo acapara todo, en cuanto a tecnología y conocimientos de la información se refiere. Manipulación de imágenes en movimiento, de gráficos, de fotografías, de textos y sonidos para hacer ver lo que no es verdad, en base a tomar como origen un suceso real al que se somete a sofisticadas distorsiones.

Las "fake news", la desinformación, es un instrumento que parece cada vez más natural para la guerra sucia. Se ha apoderado de todos los idiomas y de todos los puntos geopolíticos. Todos usan la desinformación para irrumpir en el mundo de la libertad, destruyéndola como valor humano y como sistema.

El nicho para la generación de desinformación y su difusión a todo el universo se llama Twitter, Facebook, Instagram y YouTube, WhatsApp, Telegram, Viber, o Line, entre otras redes sociales alojadas en la red de redes a través de la 2.0 y 4G, con intención decidida a pasar a la ya famosa

---

10 http://bit.ly/39tyswL

antes de universalizarse 5G. Se ha identificado tres tipos de actores desinformadores con los nombres de "bots" (sistemas automáticos), los "trolls" (personas reales) y los "híbridos" (personas reales que utilizan bots y similares). Los gobiernos y políticos importantes de todo el universo se sienten temerosos e impotentes ante la influencia de las "fake news".

Parece que las preocupaciones por las manipulaciones informativas a través de los nuevos medios tecnológicos se encaminan hacia la investigación para contrarrestarla mediante la inteligencia artificial.

Alguien ha dicho que las noticias falsas, la desinformación, las "fake news" hay que considerarlas no como "un problema del periodismo, sino como un problema de las democracias, de los partidos, de los gobiernos, de las empresas y también de las personas".[11]

El periodista español Marc Amorós García plantea en su libro "Fake News. La verdad de las noticias falsas", que "una buena noticia falsa es la que refuerza nuestros prejuicios y opiniones".[12] O sea, que si existen las fake news es porque los seres humanos las quieren, se identifican con ellas, porque refuerzan sus emociones. Y agrega Amorós García: "Nos chifla creernos todo aquello que reafirma nuestra visión de las cosas, y acabamos conviviendo en un entorno de personas afines donde llevar la contraria o pensar diferente supone un problema." Y predice, aceptando el criterio de otros expertos y estudiosos del tema que, en el año 2022, el

---

11 *Palabras del presidente de Lusa, Nicolau Santos, agencia de noticias de Portugal.*

12 *http://bit.ly/39rZPqV*
https://www.youtube.com/watch?v=ewxXVYsFvh8

cincuenta por ciento de las noticias serán falsas. El dato fue difundido por Gartner, una agencia de marketing que según propala existe para preparar ejecutivos que sean vanguardia del cambio. "Para 2022, la mayoría de las personas en economías maduras consumirán más información falsa que información verdadera."[13] "La empresa considera, además, que la creación de fake news mediante sistemas de inteligencia artificial, superará la capacidad de esta misma tecnología para identificarlas. El panorama augurado por la consultora pone de manifiesto los riesgos de un problema, relativamente reciente, pero que puede tener consecuencias devastadoras en la confianza de la ciudadanía en la era digital, en el derecho a la información, y, por ende, en la democracia".[14]

La organización Freedom House, en su informe de 2018, llama la atención en lo que considera "el ascenso del autoritarismo digital" que se ha estado produciendo. Y dice que "los gobiernos de todo el mundo están reforzando el control sobre los datos de los ciudadanos y utilizando afirmaciones de "noticias falsas" para reprimir la disidencia, erosionando la confianza en Internet y en los cimientos de la democracia."

También recalca esta organización que "de los 65 países evaluados en Freedom on the Net, 26 experimentaron un deterioro en la libertad de internet. Casi la mitad de todos los descensos se debieron a elecciones." Al mismo tiempo que se fortalecen las fake news se corre hacia la eliminación

---

13 *https://gtnr.it/3ib5TrP*
14 *Eduardo Gómez de Tostón, CEO at Alisys; "Fake news: un fenómeno que amenaza la era digital y dos grandes aliados para combatirlas"; 17 de octubre del 2018. https://bit.ly/3qklgRQ http://bit.ly/2LKpP91*

cada vez en mayor grado de la privacidad, mediante el uso de la Internet.

Es curioso como el Papa Francisco, en el Mensaje para la Jornada Mundial de las Comunicaciones Sociales, en 2019, escogió el tema del Periodismo de paz y falsas noticias. Allí, apuntala los episodios de Caín y Abel, el de la Torre de Babel y la estrategia utilizada por la "serpiente astuta" mencionada en el Libro del Génesis, que puede considerarse el autor de las primeras noticias falsas. El Papa condena el "mal" de las noticias falsas. En su mensaje, compara este fenómeno viral con la serpiente citada en el Génesis de la Biblia, asegurando que la similitud estriba en sus "tácticas" para engañar.

Desinformación Vs. Libertad

La certeza de que la información libera, expande, hace a la humanidad más capaz de lograr sus mejores sueños es ampliamente aceptada por todos. De aquí que en la mayor parte de los cuerpos jurídicos nacionales e internacionales se plantee el derecho a la información como un derecho humano universal.

Sin embargo, los antecedentes de los derechos a la información se remontan a la Declaración del Buen Pueblo de Virginia (1776) en el Hoy Estados Unidos. En su artículo 12 esta declaración expresa textualmente: "La libertad de prensa es uno de los grandes baluartes de la libertad y no puede ser restringida jamás, a no ser por gobiernos despóticos". Este es un principio que debe regir a las políticas editoriales de los grandes medios de comunicación nortemaericanos y que no siempre es cumplido.

También se encuentran la Declaración de Derechos del

Hombre y del Ciudadano (1789), también en su artículo 11 se manifiesta que «la libre comunicación del pensamiento y de las opiniones es uno de los derechos más preciados del hombre; todo ciudadano puede, por tanto, hablar, escribir e imprimir igualmente, salvo la responsabilidad que el abuso de esta libertad produzca en los casos determinados por la ley. Esta expresa concepción de la libertad de prensa podría recordarse en los momentos actuales en que se invisibilizan las voces de los movimientos de comunicación alternativos y se limitan las opiniones de muchos como bien se ha sistematizado en los estudios de la Agenda Setting.

Como importante colofón se identifica la Declaración Universal de Derechos Humanos (1948) donde se trata, por un lado, del reconocimiento de la información, y ya no sólo la prensa o las ideas; y, por otro lado, de tener en cuenta los nuevos modos y medios de comunicación.

El artículo 19 de la Declaración Universal de Derechos Humanos (1948) se indica que "todo individuo tiene derecho a la libertad de opinión y de expresión; este derecho incluye el de no ser molestado a causa de sus opiniones, el de investigar y recibir información y opiniones y el de difundirlas sin limitación de fronteras por cualquier medio de expresión"

De aquí se deriva la función social de la información y su naturaleza libertaria. Es necesario reconocer la legitimidad de emitir y recibir información de manera igualitaria. La información debe ser, en este sentido estricto, una herramienta para transformar la realidad.

Pero esa información debe cumplir ciertos requisitos y tener determinados valores para que realmente pueda conducir a la libertad individual y colectiva de la humanidad:

1. Veraz. Es decir que responda a una selección de elementos de la realidad que no pueda ser considerados parcializados o tendenciosos. En ningún caso pueden ser resultados de la imaginación o la invención.

2. De interés público. Es necesario comprender a diferencia entre información privada y pública para evitar hacer dominio colectivo de informaciones que no tienen ninguna utilidad real a sus públicos.

3. Respetuosa. Las informaciones deben ser respetuosas con las personas y las fuentes de información sin lacerar la dignidad moral de ningún individuo ni grupo.

4. Legítima. Ellas deben responder a un proceso de acceso a la información basado en la legalidad.

Sin embargo, en el escenario contemporáneo se identifica como el mayor peligro para el libre acceso de los ciudadanos a la información y para permitirles llegar a una opinión, entender su entorno, desarrollar estrategias de pertenencias territoriales y espaciales no provienen exclusiva , ni mayoritariamente de las limitaciones formales a la libertad de expresión sino que está limitado por la concentración cada vez mayor en menos manos de los medios de comunicación con capacidad para amplificar ideas e ideologías. Todos podemos asegurar, salvo en extremos casos, que tenemos o disfrutamos de libertad de expresión como un derecho humano ya consagrado pero qué amplitud tienen esas (nuestras) expresiones en un mundo unipolar. El proceso de concentración de la propiedad de los medios así como a la aparición de los medios y agencias transnacionales que dictan de un modo sorprendentemente eficaz cuáles son los hechos sobre los que debe informarse y cómo. Sean reales o estratégicamente inventados.

Se impone entonces en este escenario reivindicar que la información no es exclusivamente una mercancía y que el proceso de comunicación una dinámica doblemente determinada: por su impronta social y su valor económico y político.

Asimismo, los flujos informativos plantean un problema de valorización de capitales que debe ser explicada social y políticamente para poder entender los enfoques y ejes de tratamiento de las agendas de comunicación y su diálogo con las agendas públicas de nuestros países.

En este sentido hay que visibilizar que la economía de la información está determinada por el contexto social y el proceso de subsunción social de la sociedad entera por el capital. De aquí que el área de las fake news es un territorio de interés de organismos no solo locales y regionales; sino también nacionales e internacionales.

Las redes sociales y las fake news

Son las redes sociales una de las plataformas más socorridas para la promoción de las noticias falsas en la actualidad. En estos espacios no solo se producen y reproducen como bolas de nieve las informaciones falsas de cualquier índole; política, cultural, económica, científica, etc. ; sino que permiten una plataforma para amplificar cualquier idea sin claro compromiso con la verdad, ni aparentes repercusiones éticas y jurídicas.

En estos espacios donde son protagónicos los actores no profesionales de la comunicación se ensayan nuevas formas de promover noticias que no se adscriben a las buenas prácticas profesionales y compromisos éticos de los tradicionales emisores como pueden ser la contratación de fuentes así como el tratamiento objetivo y respetuoso de los hechos noticiosos. Por tales razones, muchas voces se han alzado solicitar a las grandes compañías que dan soporte a las redes sociales como Facebook y Twiter, entre otras, que ofrezcan alternativas para que los usuarios pueda identificar las noticias falsas de manera fácil, sin embargo se puede afirmar que gran parte de los miembros de las redes sociales, no sabe detectar o no está seguro de reconocer en Internet una noticia falsa de una verdadera, de la misma manera que no sabe identificar y defenderse de los ataques de los conocidos trolls.

Específicamente en América Latina, según un estudio de Forbes Centroamérica, [15]quienes menos logran identificar una fake news son los peruanos, con 79%, seguidos por colombianos (73%) y chilenos (70%) de todos los encuestados. Detrás se encuentran los argentinos y mexicanos, con 66%, y finalmente brasileños, con 62%. La investigación también mostró que el 16% de los consultados desconoce por completo este término. No obstante, la gran mayoría de los usuarios de las redes sociales piensa las noticias falsas son nocivas y que buscan dañar o conseguir algo a cambio.

Tener acceso a estas estadísticas es relevante porque más de un tercio de la población conectada a internet, utiliza únicamente las redes sociales para informarse a diario y es por tanto un escenario donde se dirimen grandes

---

15 *https://bit.ly/2MTrcm8*

controversias ideológicas y sociales. Esta realidad de tener que lidiar con las fake news, impone nuevas realidades a un continente que ya debe lidiar con el analfabetismo. De aquí que las fake news en internet apelan no solo a los titulares sensacionalistas; sino a manipulación de imágenes, videos, y toda clase de documentos para lograr más vistas y likes y que se comparta y replique la información ofrecida y que, por su puesto, monetice aún más el espacio en las redes de quienes las usan con tales fines.

Estos fines no solo son perseguidos por individuos, diversos grupos políticos, económicos y sociales usan el espacio de las redes sociales para promover ideas reales o falsas que sean producentes a sus intereses particulares. Para lograr grandes audiencias emplean cuentas y perfiles falsos, se ocultan en servidores offshore, entre otras estrategias para cumplir sus metas.

Por otro lado, los medios de comunicación tradicionales que deben competir en el ámbito de las redes sociales por el acceso a los públicos con el resto de los usuarios, en muchas ocasiones vuelven sobre ideas ya posicionadas en redes para desde la cresta de esa ola posicionarse. Esta práctica muchas veces desconoce que esas informaciones virales son falsas, tendenciosas y en muchos casos responde a intereses ajenos ya prestablecidos.

De aquí que algunas plataformas como Facebook, Twitter o Google, han delineado diversas estrategias para mitigar las llamadas Fake News en momentos y situaciones delicadas como la actual pandemia por la Covid-19. A tal punto han llegado las noticias falsas en este contexto mundial, que muchos estudiosos y la Organización Mundial de la Salud

(OMS) insisten en llamarla en lugar de pandemia como "infodemia", por el pernicioso rol que están teniendo las fake new.

Resulta entonces evidente el vínculo entre redes sociales y fake news. De aquí que ya son muchos los que desarrollan tratados y técnicas para identificar de manera individual o a "nivel de usuario" las noticias falsas. Sin embargo, mientras las noticias tengan más valor como mercancía; que por su naturaleza educativa, transformadora y enculturizadora, estas prácticas se continuarán suscitando en el espacio público común que también es el espacio virtual de Internet.

La ONU y las fake news

La Organización de las Naciones Unidas debió de avocarse a enfrentar el tema de las fake news y la desinformación, fenómeno creciente que afecta a todo el universo, obedeciendo a pautas premeditadas y perversas en contra el sistema democrático, unas veces con fines políticos y electorales, otras veces involucrándose en esos propósitos los intereses económicos y comerciales.

La ONU preparó y emitió una Declaración Conjunta Sobre Libertad De Expresión y "Noticias Falsas" ("Fake News"), Desinformación Y Propaganda, emanada del Relator Especial de esa organización, para la Libertad de Opinión y de Expresión, de la Representante para la Libertad de los Medios de Comunicación de la Organización para la Seguridad y la Cooperación en Europa (OSCE), del Relator Especial de la OEA para la Libertad de Expresión y de la Relatora Especial sobre Libertad de Expresión y Acceso a la Información de la Comisión Africana de Derechos

Humanos y de los Pueblos (CADHP). También con la colaboración de ARTICLE 19 y el Centro para la Libertad y la Democracia (Centre for Law and Democracy, CLD).[16] La declaración fue dada a conocer, en Viena, el 3 de marzo de 2017. Ese informe recordaba y reafirmaba declaraciones del organismo, conjuntas del 26 de noviembre de 1999, del 30 de noviembre de 2000, del 20 de noviembre de 2001, del 10 de diciembre de 2002, del 18 de diciembre de 2003, del 6 de diciembre de 2004, del 21 de diciembre de 2005, del 19 de diciembre de 2006, del 12 de diciembre de 2007, del 10 de diciembre de 2008, del 15 de mayo de 2009, del 3 de febrero de 2010, del 1 de junio de 2011, del 25 de junio de 2012, del 4 de mayo de 2013, del 6 de mayo de 2014, del 4 de mayo de 2015 y del 4 de mayo de 2016.

Tratándose de un asunto de tanta relevancia como la que están tomando las informaciones falsas, hoy conocidas como fake news, la ONU y su Comisión tenían que desplegar su carta de principios como condición para el análisis y la toma de decisión. Un principio básico es el de las condicionantes establecidas por el organismo al momento de disponer restricciones a la libertad de expresión. Los Estados, y la ONU es una organización que agrupa a los Estados, sólo podrán establecer restricciones al derecho a la libertad de expresión, en cuanto a que es un derecho humano, con la aplicación meticulosa de las normativas legales, con reconocimiento del derecho internacional, en busca, precisamente de proteger ese interés.

Cuando se trate de contener el avance de las acciones que

---

16 *Declaración Conjunta Sobre Libertad De Expresión Y "Noticias Falsas" ("Fake News"), Desinformación y Propaganda: ONU http://bit.ly/39mRswI*

promueven el odio entre los seres humanos, acorde con las pautas enumeradas anteriormente, procede la imposición de restricciones a esa sagrada libertad sustentadora del sistema democrático. Restringir y condicionar cuando la libertad se convierta en incitación a la violencia, discriminación y hostilidad. Lo concibe así el denominado Pacto Internacional de Derechos Civiles y Políticos.

Al momento de imponer tales restricciones no habrá fronteras ni jurisdicciones que lo impidan; se establecen, además, a los medios de comunicación y los sistemas comunicacionales que operan al margen de los Estados.

Una condición que se establece, aunque está en discusión ese aspecto, en el caso de las fake news, es lo referente a los agentes intermediarios en el manejo del servicio de la información. Aunque si intervienen en los contenidos o se niegan a acatar una orden dictada acorde con los debidos procesos por un órgano de supervisión independiente, imparcial y autorizado, como sería un tribunal al ordenar la remoción de un contenido que se compruebe es dañino. Tal instancia, el tribunal, por ejemplo, debe estar técnicamente dotado para la toma de esa decisión. Este detalle es importante, ya que algunos tribunales electorales en algunos lugares, o algún juez de un tribunal particular, ha entendido que no conoce lo suficientemente el asunto de las tecnologías y los avances digitales, como queriendo evadir el hecho y la responsabilidad para la acción. Tal caso se presentó en Brasil, durante las elecciones en que se escogió presidente de ese país, a Jair Bolsonaro, señalado como manipulador de la voluntad de los votantes con el uso de las redes sociales, caso que veremos más adelante.}

De principio se supone que está la prioridad de proteger a las personas de responsabilidad legal cuando se la usa para distribuir o promover, utilizando intermediarios, los contenidos informativos que no sean de su autoría, sin que los hayan modificado.

"El bloqueo de sitios web enteros, direcciones IP, puertos o protocolos de red dispuesto por el Estado es una medida extrema que sólo podrá estar justificada cuando se estipule por ley y resulte necesaria para proteger un derecho humano u otro interés público legítimo, lo que incluye que sea proporcionada, no haya medidas alternativas menos invasivas que podrían preservar ese interés y que respete garantías mínimas de debido proceso." [17]A la carta de principios se ajusta el uso de sistemas de filtrado de contenidos que imponen algunos gobiernos, siempre que no sean controlados por el usuario final. No se trata, entonces, de una restricción a la libertad de expresión y de información.

No se permitirá restricción, según las normas de derecho, para el congestionamiento de señales de emisoras que vengan de otra jurisdicción. La libertad de expresión tiene que prevalecer sin consideración de fronteras. A menos que un tribunal de justicia u otro órgano de supervisión independiente, autorizado e imparcial lo determine no puede impedir ni bloquear la transmisión de una emisora de otra jurisdicción. Se impondría, además, el contacto con las autoridades del Estado en donde se origine la transmisión que se considere está originando el congestionamiento de señales.

---

17 Ibídem.

Hay estándares sobre desinformación y propaganda, ha establecido la ONU. Los conceptos para imponer prohibiciones legales deben de ser precisos y no ambiguos, ni información no objetiva. Las noticias falsas o fake news, son el mejor ejemplo de la ambigüedad, de falta de objetividad, y la imprecisión no permisible. No proceden las leyes penales sobre difamación, ya que constituyen restricciones desproporcionadas al derecho de libertad de expresión. Su uso es indebido, y si existen deberán ser derogadas. En todo caso, habría que conceder a los demandados por esas causas, la oportunidad plena de demostrar la veracidad de sus declaraciones, mediante comentarios fiables, por ejemplo.

"Los actores estatales no deberían efectuar, avalar, fomentar ni difundir de otro modo declaraciones que saben o deberían saber razonablemente que son falsas (desinformación) o que muestran un menosprecio manifiesto por la información verificable (propaganda)."[18]

Toda información oficial a difundir debe descansar en datos fiables y fidedignos, relativos a la economía, la salud pública, la seguridad y el medioambiente.

Debe de existir en todo momento un entorno propicio para la libertad de expresión, lo que queda a cargo de los Estados, para que la información fluya libre y de manera independiente.

En ese sentido, los Estados están obligados adoptar un marco regulatorio claro para las emisoras de radiodifusión, al margen de influencias políticas o comerciales. Deberán establecer, asimismo, medios de comunicación públicos sólidos e independientes, con recursos suficientes, para

---

18 *Ibidem.*

operar en favor del público con altos estándares periodísticos. El Estado debe velar para impedir la concentración de la propiedad de los medios de manera indebida, y éstos deben ser transparentes en sus estructuras de propiedad.

Algo trascendente en el marco de la ética comunicacional, por parte de los Estados, es la obligación de adoptar medidas para promover la alfabetización digital y mediática, entre otras cosas, incluyendo estos temas en los planes de estudio académicos regulares e involucrando a la sociedad civil y a otras partes interesadas para la concienciación sobre estas cuestiones. Cuidar, además, los aspectos de la no discriminación y la comprensión intercultural.

Todo venía como consecuencia de la toma de conciencia ante la creciente propagación de la desinformación (a veces referida como noticias "falsas" o "fake news") y la propaganda en los medios tradicionales y sociales, impulsada tanto por Estados como por actores no estatales, y los diversos perjuicios a los cuales contribuyen en parte o de manera directa; y también porque esa situación mueve a preocupación por el hecho de que la desinformación y la propaganda a menudo se diseñan e implementan con el propósito de confundir a la población y para injerir en el derecho del público a saber y en el derecho de las personas a buscar y recibir, y también transmitir, información e ideas de toda índole, sin consideración de fronteras, que son derechos alcanzados por las garantías legales internacionales de los derechos a la libertad de expresión y opinión.

La ONU enfatizaba que algunas modalidades de desinformación y propaganda podrían dañar la reputación y afectar la privacidad de personas, o instigar la violencia, la discriminación o la hostilidad hacia grupos identificables de la sociedad; todo ello generaba, decía, alarma, ante instancias en que las autoridades públicas denigran, intimidan y amenazan a los medios de comunicación, entre otras cosas, manifestando que los medios son "la oposición" o "mienten" y tienen una agenda política encubierta, lo cual agrava el riesgo de amenazas y violencia contra periodistas, mella la confianza y la creencia del público en el rol de vigilancia pública del periodismo y podría confundir al público difuminando los límites entre la desinformación y los productos de los medios de comunicación que contienen datos susceptibles de verificación independiente. Destaca, además, que el derecho humano a difundir información e ideas no se limita a declaraciones "correctas", que el derecho también protege a información e ideas que puedan causar consternación, ofender o perturbar, y que las prohibiciones sobre desinformación podrían violar los estándares internacionales de derechos humanos y que, a la vez, esto no justifica la difusión de declaraciones falsas de manera deliberada o por negligencia, por parte de funcionarios o actores estatales.

Consideraba la importancia del acceso irrestricto a una gran variedad de fuentes de información e ideas y también a oportunidades de difundirlas, y de que exista diversidad de medios en una sociedad democrática, incluso en cuanto a facilitar los debates públicos y la confrontación abierta de ideas en la sociedad, y actuar como contralor del gobierno y los poderosos.

La comisión reiteraba que los Estados tienen la obligación positiva de fomentar un entorno propicio para la libertad de expresión, lo que incluye promover, proteger y apoyar la diversidad de los medios de comunicación, los cuales están sujetos a una presión cada vez mayor como resultado del agravamiento progresivo del contexto económico para los medios tradicionales.

Alude, asimismo, al reconocimiento del rol transformador de Internet y otras tecnologías digitales al facilitar que las personas puedan acceder a información e ideas y difundirlas, lo cual posibilita las respuestas a la desinformación y la propaganda, aunque, a la vez, facilita su circulación; reafirmando la responsabilidad de los intermediarios, que facilitan el ejercicio del derecho de libertad de expresión a través de las tecnologías digitales, de respetar los derechos humanos.

La ONU, a través de su organismo, repudió las maniobras de algunos gobiernos para intentar suprimir el disenso y controlar las comunicaciones públicas a través de medidas como normas represivas relativas al establecimiento y funcionamiento de medios de comunicación y/o sitios web; injerencia en el funcionamiento de medios públicos y privados, incluso negando la acreditación a sus periodistas e impulsando acciones penales contra periodistas por motivos políticos; leyes que estipulan restricciones indebidas acerca de qué contenidos no podrán ser difundidos; la imposición arbitraria de estados de emergencia; controles técnicos a las tecnologías digitales como bloqueos, filtros, congestionamiento y cierre de espacios digitales; y esfuerzos tendentes a "privatizar" las medidas de control, presionando a los intermediarios para que realicen acciones que restrinjan contenidos.

Manifiesta su apoyo a las iniciativas de la sociedad civil y los medios de comunicación para identificar noticias deliberadamente falsas, desinformación y propaganda, y generar conciencia sobre estas cuestiones.

Expresa su consternación por algunas medidas tomadas por intermediarios para limitar la consulta o la difusión de contenidos digitales, incluso a través de procesos automatizados, como sistemas de eliminación de contenidos basados en algoritmos o en el reconocimiento digital, que no son transparentes, incumplen los estándares mínimos de debido proceso y/o limitan de manera indebida el acceso a contenidos o su difusión.

¿Y qué resolvía y recomendaba la ONU, tras sus consideraciones y análisis, en base a comprobación universal del suceso? Se estableció una carta de principios generales, contentiva de precisiones sobre estándares de desinformación y propaganda; el entorno propicio para la libertad de expresión; los intermediarios; los periodistas y medios de comunicación; y la necesidad de cooperación de los actores interesados.

En el caso de los intermediarios, cuando éstos "pretendan tomar medidas para restringir los contenidos de terceros (como la eliminación o la moderación de contenidos) que excedan lo exigido legalmente, deberían adoptar políticas claras y preestablecidas que regulen estas medidas. Estas políticas deberían estar basadas en criterios objetivamente justificables, y no en fines ideológicos o políticos, y en lo posible deberían adoptarse tras mantener consultas con sus usuarios. Deberían adoptar medidas efectivas para asegurar que sus usuarios puedan consultar fácilmente y comprender las políticas y prácticas, incluidas las condiciones de servicio, que hayan establecido, incluida información detallada sobre cómo se aplican, y cuando sea relevante, proporcionando guías explicativas o resúmenes claros, concisos y fáciles de entender sobre esas políticas y prácticas. Los intermediarios deberían observar las garantías mínimas de debido proceso, lo que incluye la notificación oportuna a los usuarios cuando los contenidos que hayan creado, cargado o alojado puedan ser objeto de una acción por contenidos, y brindar al usuario la oportunidad de cuestionar la acción, ateniéndose exclusivamente a restricciones prácticas que sean lícitas o razonables, efectuando un control minucioso de las pretensiones planteadas al amparo de tales políticas antes de tomar cualquier medida y aplicando las medidas de manera coherente. Deberían apoyar la investigación y el desarrollo de soluciones tecnológicas adecuadas para la desinformación y la propaganda, que los usuarios puedan aplicar en forma voluntaria. Deberían cooperar con iniciativas que ofrezcan servicios de verificación de datos a los usuarios y revisar sus modelos de publicidad para garantizar que no tengan un impacto adverso en la diversidad de opiniones e ideas." De manera, pues, que no hay lugar a dudas. Todo está estipulado en la ONU, en términos de ética, para proteger el derecho a la libertad de expresión, de la maligna desinformación, de las fake news.

Los mismos periodistas deben preocuparse por un sistema de autorregulación, al igual que los medios. Los gremios y grupos de profesionales son ideales para estas condicionantes, en favor del ejercicio libertario que les corresponde. Los medios como los periodistas deben estar prestos a la práctica de difundir las reales informaciones y salirle al frente a la desinformación, mediante un sistema válido de vigilancia. De manera especial, durante los períodos electorales.

Los intermediarios, los medios de comunicación, la sociedad civil y las academias, en cuanto a actores interesados que son deberían recibir apoyo para adoptar iniciativas participativas y transparentes en favor de una mayor comprensión del impacto de las fake news, la desinformación, y la propaganda aviesa en un sistema democrático y de libertades.

Como ya hemos dicho, noticia significa información verificable, objetiva, veraz y confiable, de interés público. Si la información no cumple con ese requisito no merece se diga es noticia. Se ha adoptado el término de "noticias falsas" para algo que no es más que desinformación y sus múltiples derivados, como la falacia y manipulación aviesa que explota la imaginación, los sentimientos y las emociones. El objetivo de una "noticia falsa" es generar descrédito para una información verdadera. "Esta desinformación es particularmente peligrosa porque con frecuencia está organizada, cuenta con muchos recursos y es reforzada por la tecnología automatizada. Los proveedores de desinformación se aprovechan de la vulnerabilidad o el potencial partidista de los destinatarios que esperan enlistar como amplificadores y multiplicadores", decía Guy Berger, Director de Libertad de Expresión y Desarrollo de Medios, Secretario de la UNESCO del Programa Internacional para el Desarrollo de la Comunicación (PIDC), al dar a conocer un "Manual para la Educación y Capacitación, "Periodismo, noticias falsas y manual de desinformación para la educación y capacitación en Periodismo", elaborado por Cherilyn Ireton y Julie Posetti.[19] Un esfuerzo novedoso adicional de la UNESCO en ese campo de batalla contra la desinformación.

Adriaan Basson, columnista de la publicación en línea "News24, ha dicho, recientemente: "si es falso, no es noticia", citando a Bra Joe Thloloe, legendario editor y director del Consejo de Prensa SA. De inmediato se sumó a un coro internacional de gente decente que pide se deje de llamar "noticia" a las fake news, ya que son sólo decires falsos a desoír.

El reto está lanzado para los medios informativos. Hay que echar manos de la ética profesional y evitar publicar información que no sea verificada y que no sea de interés público, aunque lo fuere para algún público en particular.

Pero queda el recurso de la verificación. Y hacia allá debe dirigirse el esfuerzo de la sociedad civil y sus grupos, reforzando su presencia a través del uso de los mismos medios tecnológicos en los que se difunden las fake news, para contrarrestarlos con el rigor de una verificación profesional y exhaustiva, pero, sobre todo, ética.

Análisis de casos

Existen numerosos estudios que ubican en el continente latinoamericano el mayor impacto de estas tendencias. Informaciones creadas en el norte para ser consumidas acríticamente en el sur y que encuentran fiel amparo en la asunción colectiva de la credibilidad de los medios de comunicación.

---

19 *https://bit.ly/3nGCdnx*

En los últimos años, muchos movimientos sociales y gobiernos legítimamente electos en el continente latinoamericano se han visto sometidos a una cruel guerra mediática que solo puede ser comparable con la campaña nazi y el aparato de propaganda desplegado por el fascismo en Europa o durante la Guerra Fría. Las fake news no han dado tregua y ofrecen un constante escenario de descredito y enfrentamiento entre ideologías, en varios países de Latinoamérica.

-¿Cuál es la verdad de los acontecimientos políticos que sucede en Nicaragua, Venezuela, Ecuador, y Cuba?

-¿Son reales los análisis económicos que sobre los países latinoamericanos indican los organismos internacionales dominados por los EEUU? ¿Son ciertos los crecimientos económicos? ¿Qué tan cierto es que benefician a los pueblos y no a los grupos de poder económico?

- ¿Cuál es la verdad de la historia y de los valores de la educación que se promueve a través de los medios de comunicación?

El caso de Brasil y la presencia del fenómeno de las fake news en una de sus últimas elecciones, en la que resultó electo presidente el derechista Jair Bolsonaro, deberá ser objeto de estudio en la historia de las comunicaciones sociales y la explosión tecnológica. La difusión de fake news, noticias falsas a través de las redes sociales, para perjudicar a sus adversarios, durante la campaña electoral se constituyó en un magnífico recurso que le otorgó ventajas indebidas hasta llevarlo a la victoria y obtener la presidencia de la República. La democracia debe ser un régimen basado en las libertades. La libertad de expresión y de información, el derecho a la información garantizado con transparencia, como derecho humano, es pilar de la democracia. Las fake news, la desinformación, es un atentado que destruye los cimientos del régimen democrático. Luego, un candidato que participa en una batalla que le facilita la democracia ¿cómo puede sustentarse en la desinformación, hasta obtener la victoria? Es ahí, en donde descansa el criterio de que el caso Brasil-Bolsonaro debe ser digno de estudio en la historia de las comunicaciones sociales en la era digital.

En el caso Bolsonaro será medida la capacidad de la democracia y la consistencia del sistema para resistir embates similares. La elección utilizó las facilidades del sistema democrático, pero no fue una elección democrática, en una sociedad democrática, pero avanzando hasta el final utilizando armas ilegítimas que se facilitan en estos tiempos, ya que el derecho a la información, en los asuntos de la Internet, anda todavía en pañales forzando la revisión del régimen de derecho a la información.

Como a Bolsonaro y su grupo le dio resultados el uso de las fake news, el gobernante continuó utilizando esa arma, una vez instalado en el gobierno brasileño. El modelo resulta interesante, porque como vemos, al mismo se acude cada vez con más frecuencia en distintos ambientes y países.

Al tiempo que se acude a la desinformación como filosofía de trabajo se evade, y se combate, los medios tradicionales de información. Esa está siendo la norma. Quienes utilizan la Internet y la época digital para sus falsías, lo primero que plantean es que los medios tradicionales son los farsantes, y por tanto, sus enemigos a combatir.

"Provocan, presionan, escandalizan, critican ferozmente

y lanzan a todos sus seguidores contra los medios y los periodistas que investigan sucesos que pueden perjudicar su imagen. Tratan de desprestigiarlos para quitarles toda la credibilidad y, así, decidamos informarnos a través de otros canales donde esa información ya viene totalmente "cocinada".[20] Las redes sociales, Facebook y Whatsapp, a través del uso masivo de los celulares de los votantes, resultaron el arma esencial para la victoria de Bolsonaro, que se negó en todo momento a conceder entrevistas a los medios. En Brasil "seis de cada 10 brasileños usan WhatsApp a diario. En un país con 147 millones de votantes, más de 120 millones de brasileños utilizan la red social".[21] Y llevan meses siendo bombardeados con cosas así". Sólo Filipinas se acerca al uso tan masivo de Whatsapp, como los brasileños. Estas redes, entre otras, descontroladas e irresponsables, facilitan el desastre. Las fake news nacieron para facilitar el odio y fomentar el miedo. Es que las noticias falsas se sustentan en una especie de narcisismo del desastre. En el desequilibrio emocional del protagonista que las utiliza y que busca saciar, no sólo su propio desequilibrio, sino también de quienes reciben los mensajes falsificados y los distribuyen para facilitar el fortalecimiento de su causa: la destrucción del contrario, en términos absolutos. En el caso de Brasil y Bolsonaro el contrario fue el Partido de los Trabajadores (PT), el grupo contendor, y Fernando Haddad, candidato del PT y heredero político de Luiz Inácio Lula

---

20 *Rafael Martos, Florianópolis (Brasil); "Información y Democracia en Brasil"; La Vanguardia, 23 de marzo del 2019. Esta referencia de este diario la hemos pluralizado, porque se repite en todos lugares. https://bit.ly/3nHm0hO*
https://bit.ly/3nHm0hO

21 *https://bit.ly/3ibcpz1*

da Silva. El uso de la desinformación en formato de fake news es la mejor manera de triturar las libertades y la idea democrática de dilucidar en base a la discusión de las verdades de cada quien. Las fake news liquidan el debate y el derecho del contrario a utilizar los mecanismos de la libertad. Entronizan el imperio de la confusión y la mentira. Hay la obligación de explayarse en el caso del Brasil de Bolsonaro por el gigantismo que obtuvo, en el esfuerzo por tergiversar la historia con fines políticos y contra la convivencia pacífica de que siempre han disfrutado los 200 millones de brasileños. Como ocurre en cada lugar del mundo en que se le hace espacio a las fake news como instrumento de falsificación de cualquier lucha, sea política o comercial. Bolsonaro combatió el comunismo, el izquierdismo, el socialismo, exaltó al nazismo para decir que fue lo mismo que el socialismo y el comunismo, difundiendo millones de falsedades.

La prensa, en el caso de Bolsanaro y su campaña de falsedades exitosas, también la prensa internacional difundió que "una investigación apunta a una gran trama de propaganda ilegal a favor de Bolsonaro por Whatsapp. Un grupo de empresarios brasileños afín al ultraderechista incumple la ley al pagar la distribución de publicidad a su favor a través de Whatsapp, según el diario Folha de S. Paulo".[22] Se dijo que en la treta fueron invertidos hasta casi tres millones de dólares, pese a que el financiamiento de campañas electorales por parte de empresarios, es ilegal. Se pagó a compañías de marketing digital entre las que se mencionó Quickmobile, Yacows, Croc Services y SMS Market, para orquestar los disparos en

---

22 *http://bit.ly/2LR7zKT*

masa: un mismo mensaje falso multiplicado todas las veces que se permita, también mediante trampas cibernéticas. Nunca el Tribunal Electoral se dio cuenta de la situación. Cuando el organismo habló fue para advertir que no sabía lidiar con noticias falsas.

¿Cómo opera la trama?

La manera en que operan tales estrategias fue develada en el periódico El País. En este medio de comunicación se publicó un artículo de investigación que confirma que "según la declaración en el Tribunal Electoral, AM4, -empresa brasileña asociada al Presidente Jair Bolsonaro-, se encarga de crear grupos de WhatsApp, supuestamente "comités de contenido" para "denunciar noticias falsas". Pero asegura que, en realidad, crean grupos de WhatsApp usando números extranjeros generados con ayuda de webs como TextNow: así burlan el límite de 256 miembros por grupo y de 20 veces que se puede reenviar el mismo mensaje. En estos grupos comienza a rodar la maquinaria, al distribuir contenidos creados por seguidores de Bolsonaro. El País se infiltró en uno de ellos hace unas semanas y contó más de mil mensajes diarios, generalmente con conspiraciones ficticias y acusaciones falsas. En estos grupos también empieza la criba de usuarios: están los que apoyan a Bolsonaro, quienes lo critican y los neutros. Los últimos son el objetivo; los primeros, el altavoz. Y la máquina se refina con cada vuelta, afectando a millones de personas."[23]

O sea, los avances de la comunicación digital y de la ingeniería de sistemas son utilizados no para edificación de la sociedad

---

[23] *http://bit.ly/2LR7zKT*

democrática y su fortalecimiento, sino para fomentar la desinformación que quiebra la esencia democrática. Es el objetivo fundamental de las fake news. Y ya dijimos que los expertos señalan que para el año 2022, habría más del 50 por ciento de las informaciones difundidas serían falsas.

En el caso cubano, vale destacar como más recientes ejemplo de fake news empleadas para desacreditar y atacar al sistema sociopolítico cultural socialista que se implementa en la Isla, los incidentes de los conocidos sónicos de La Habana contra diplomáticos estadounidenses y el descrédito de las misiones médicas cubanas en numerosos países del mundo.

Comenzando con el conocido en los medios de comunicación como Síndrome de La Habana, encontramos que resultó una fake new construida para justificar la ruptura de las relaciones recientemente establecidas entre el Gobierno de Cuba y el entonces presidente General de Ejército, Raúl Castro Ruz y el presidente Barack Obama, que condujo a un gran deshielo en las relaciones entre ambos países: establecimiento de embajadas en ambos países, eliminación de restricciones de viajes y envíos de remesas, flexibilización de la política bilateral, eliminación de la política de pies secos, pies mojados, entre otras.

Cuba, luego de la llegada de Donald Trump al gobierno de Estados Unidos, fue acusada de ataques sónicos contra diplomáticos nortemaericanos en La Habana. La campaña llegó a tales extremos que el gobierno cubano tuvo que declarar que estaba dispuesto a examinar esa hipótesis para buscar la verdad, porque la ciencia se basa en evidencias.

Así creó un comité de expertos al que fueron invitados los mejores especialistas de Estadios Unidos y Canadá: un equipo de trabajo para investigar: neurólogos, psiquiatras, neurofisiólogos, toxicólogos, entre otros. Los resultados fueron concluyentes: no hubo pruebas de los supuestos ataques, pero en el mundo entero se mantuvieron en las primeras páginas los titulares de las violaciones de los acuerdos internacionales de protección de sedes diplomáticas y personal diplomático en los países receptores.

Sin embargo, contradictoriamente, la Embajada de Cuba en Washington fue atacada por un hombre armado con un fusil de asalto en abril de 2020 y los medios de comunicación norteamericanos no hicieron mención del hecho que incluyó tiroteo, ultraje de la bandera de Cuba y múltiples amenazas al cuerpo diplomático acreditado en esa sede.

Los supuestos incidentes de salud presentados por personal diplomático en La Habana vuelven a confirmar dos únicos factores en común: la manipulación política y el show mediático, que se construye en torno a las relaciones Cuba-Estados Unidos y que responden a una estrategia calculada para desacreditar a Cuba.

Los expertos opinan

Siendo un tema importante el de las campañas de desinformación en contextos electorales tiene que suscitarse el debate alrededor del mismo. El descontrol de las plataformas y las redes está obligando a buscar nuevas normas para regularlas, conforme avanza el desarrollo de las tecnologías y la comunicación digital.

De manera específica se presta atención a las fake news. En Buenos Aires, Argentina, se produjo un encuentro, en mayo del 2019, con la participación de académicos, representantes de organismos electorales, y grupos de la sociedad civil, como la Asociación por los Derechos Civiles, junto al Observatorio Latinoamericano de Regulación de Medios y Convergencia (Observacom). El patrocinio de ese evento lo tuvo la Fundación Friedrich Ebert de Argentina y el Centro de Estudios Municipales y Provinciales. De pronto se expuso allí, lo que ya se conocía: que el fenómeno de las fake news no es nuevo, sino que lo nuevo es el impacto que produce su viralización. Y también las campañas de desinformación. Regulación no es lo que hace falta, sino educación, investigación de la prensa e insistir con mantener un flujo de informaciones reales para enfrentar el fenómeno. Todo apunta a que se mantenga la regulación privada y su fortalecimiento y revisión como política.

Ya previamente, se había producido otro encuentro de expertos, en abril, en Ciudad México, con la misma temática y sus preocupaciones: el fenómeno de la desinformación y los procesos electorales. La OEA está promoviendo el análisis de los ejes temáticos que se vinculan con las causas, impactos y respuestas al mismo.

La misma OEA y Relatoría Especial ha estado convocando a todos los sectores para que proporcionen y hagan aportes sobre el creciente fenómeno de la desinformación, con énfasis en los procesos electorales. Desinformación, además, entendida como entendida como la "diseminación masiva de información falsa que se hace a sabiendas de su falsedad y con la intención de engañar al público o a una fracción de éste". Tal preocupación involucra los "estudios empíricos sobre la difusión masiva de información falsa, especialmente en contextos electorales; los principios o estándares de derechos humanos aplicables a la problemática; y Acciones posibles y actores involucrados", ha planteado la OEA, temática que está siendo sometida a consulta de alto nivel por el organismo.

En otro encuentro, la Conferencia Internacional sobre "Desinformación en la era digital y su impacto en la libertad de expresión y los procesos electorales de la región", se hicieron distintos planteamientos ante el novedoso fenómeno comunicacional. Sugerencias como los "códigos de conducta de las plataformas, alfabetización mediática, agencias de chequeo de información, regulación estatal respetuosa de los derechos humanos, incluidos los principios económicos", se incluyeron entre las sugerencias, oídas en el evento que tuvo lugar en Montevideo, Uruguay, en octubre del 2018.

Todos estos eventos y los del porvenir en los que participan los máximos y más capacitados exponentes parecen concluir en que el problema de las fake news es complejo, innovador, por lo que debe ser enfrentado en ese mismo plano. Se ha demostrado que no son sólo los medios ni las plataformas los involucrados en la tragedia de la creación de noticias falsas y su difusión para hacer daño a la democracia, sino también el sector privado, citando el caso ya conocido de Cambridge Analytica (que vendía información personal con fines políticos). Antes se aludía al rol de los estados, hoy, está de por medio también lo económico, como se ha apuntado, que es trascendente en el papel de las plataformas, pues el fenómeno de las fake news tiene detrás un fenómeno económico, de interés financiero.

Históricamente deberá llamar la atención el caso del

presidente de Estados Unidos, Donald Trump, un protagonista de primer orden, antes y después de instalarse como presidente, en el surgimiento de la desinformación vía fake news. Trump ha atacado ferozmente a los medios tradicionales de su país, no importa su trayectoria o el poderío de su influencia. Sus ataques aluden al New York Times, al Washington Post, o la agencia CNN. Usando precisamente una red social, Tweet, Trump la emprende contra el buscador de internet más importante, Google, y lo acusa de suprimir las voces conservadoras y difundir información falsa, obviando las notas positivas escondiéndolas. Google, los medios, lo niegan. Y, Trump, así, se decidió a encarar como gobierno norteamericano, esa situación.

En realidad, en la Casa Blanca de Trump resultó alojado todo un equipo que actuaba al unísono en la promoción de acusaciones y hasta de producción de fake news, sin rubor alguno. En febrero 16, de 2017, Trump dijo a los periodistas en rueda de prensa, que su deshonestidad, de éstos, estaba fuera de control. El corresponsal de la BBC, Evan Davis debió de cargar con la peor parte, en esa misma fecha, frente a uno de los asistentes de Trump, que acusó al medio que representaba de difundir noticias falsas. Sin cuestionar ninguna de sus partes, Trump criticó un informe del New York Time por ser un trabajo falso e incorrecto, noticias falsas, dijo, refiriéndose al manejo de sus propias finanzas, cuando el medio dijo, tras una investigación, que su imperio de negocios reclamó pérdidas excesivas durante años. Trump, en todo momento, enfatizaba que las falsedades que atribuía a los medios provenían de socios de sus contrarios políticos, los representantes del Partido Demócrata. Atacaba a Facebook, a Twitter, usando a Twitter, retwitteando cada vez, llamando a esas redes por estar prejuiciadas en su contra. Los medios coincidían en que la conducta de Trump sobre las noticias, generaba un ambiente cada vez más peligroso, según reacciones en todo el mundo.[24] Son esas plataformas y los laboratorios productores de noticias falsas y su difusión, quienes se mueven por intereses económicos, al margen de toda ética. Y al margen del interés social del sostenimiento del sistema democrático. Estos grupos intermediarios deben de ser forzados a hacer inversiones i mportantes en cuanto a los controles informáticos, para evitar polarizaciones en las opiniones como si se tratara de un deporte, un toma y daca informativo, al margen de toda decencia.

Se busca que el usuario de las redes sea capacitado para discernir a la misma velocidad que lo está haciendo la producción y difusión de desinformación.

Se habla de abordar el tema de la desinformación con autorregulación y multidimensional. Con el incremento de las discusiones surge recomendaciones múltiples para enfrentar la desinformación en línea o Internet: "Estar sujetas a una continua evaluación e investigación independiente. Basarse en evidencia y criterios adecuados de comparación. Abordar el modelo de negocio de la manipulación en línea a través de las leyes de protección de datos, privacidad y competencia. Garantizar que los programas de alfabetización mediática se implementen a nivel nacional, que sean parte del currículo nacional de educación, así como también que apunte a la población adulta (especialmente a los mayores), y que examine el rol y responsabilidades en la radiodifusión

---

24 *http://bit.ly/2XCaHwX*

236

de servicio público. Respetar los derechos humanos: crear mecanismos institucionalizados de chequeo de datos que puedan reforzar o llevar a un conflicto de intereses, abuso de poder o sesgo. Conducir a la manipulación del electorado o silenciar a las voces minoritarias. Limitar la anonimidad en línea. Delegar la responsabilidad a medios automáticos, inteligencia artificial o tecnologías emergentes similares sin que se garantice que el diseño y desarrollo de esas tecnologías sean "individuocénticas" y respeten los derechos humanos."23

Amenazaba a Cuba porque según Trump difundía noticias falsas sobre militares cubanos en Venezuela. Pero él prefería intentar pasar por encima de las noticias falsas en su contra, alegando que disponía, pese a todo, de un 75 por ciento de aprobación en los electores. Y anunciaba que estaba corriendo para los comicios para repetir el mandato. En una ocasión se llegó al extremo de difundir un vídeo editado de la presidenta de la Cámara de Representantes Trump, en momento en que la legisladora lo enfrentaba. El periódico The Washington Post llegó a publicar que había verificado por lo menos diez mil menciones falsas de parte de Trump, y eso generó tremendo debate. Trump intentó decir que unas críticas que hizo a Theresa May, a propósito del Brexit, era una fake news, luego de desdecirse sobre las mismas. Pero le publicaron el audio autenticando sus críticas a la May. Todo lo que no le favorecía era calificado, de inmediato, como noticia falsa, por el mandatario que ultra dimensionó para siempre el apelativo de fake news. Acabó identificando a todos los medios en que aparecía alguna crítica a su figura o gobierno, de ser enemigos del pueblo. "Una de las características más notables del uso de Trump en Twitter ha sido su repetida burla de los medios de comunicación tradicionales a través de etiquetas peyorativas como "noticias falsas."[25] En el caso del famoso sobre la información del abogado especial Robert Mueller sobre las denuncias de interferencia rusa en las elecciones presidenciales de 2016, en Norteamérica, Trump y la Casa Blanca hicieron todo lo posible por desacreditar ese trabajo. Y todo lo que se movía alrededor del mismo, resultaba en una "noticia falsa". Sin embargo, al final, "fueron Trump y sus voceros quienes mintieron al respecto y trabajaron incansablemente para convertirlo en "noticias falsas".[26]

Nuevos tiempos, nuevas noticias

Como ya hemos dicho, este fenómeno conocido hoy como noticia falsa o fake news, realmente no es nuevo. Lo que es nuevo es la masificación y la velocidad con que corren. Esas condiciones que le facilita la modernidad, la tecnología, es lo que la hace fenomenal. Y también fenomenal es el daño que se produce en el régimen de libertades. Porque la difusión de noticias falsas se apoya precisamente en la obligatoriedad de mantener la libertad de expresión y de información.

A través de la historia se han producido numerosas noticias falsas, como cuando se produjo el incendio de Roma en que el rumor hizo creer que ese incendio ordenado por el emperador Nerón, en interés de construir una nueva ciudad,

---

25 *Andrew S. Ross; "Desvío discursivo: acusación de "noticias falsas" y la propagación de información errónea y desinformación en los tuits del presidente Trump";*

https://journals.sagepub.com/doi/10.1177/2056305118776010
26 *"Editorial: el informe de Mueller revela las falsas noticias de Trump, la mordida desdentada del perro guardián de Burr"; http://bit.ly/3sp1kiv*

se le cargó por él mismo Nerón, a los cristianos, allá, por el año 64 de nuestra era. Corrieron noticias sin fundamento durante la época del descubrimiento de América; los nazis fueron expertos en difusión falsas noticias. Todavía, en 2001, se sabe de una oficina montada por los norteamericanos para desinformar sobre lo que estaba ocurriendo en Afganistán. Las motivaciones para difundir fake news, desinformar, son hoy día un buen negocio económico que se basa en la emocionalidad de los públicos perceptores de esas falsas informaciones. Se les llama posverdad o mentira emotiva difundida con el propósito manifiesto de hacer daño.

En Estados Unidos de Norteamérica ha venido existiendo un fenómeno informativo, ya que se ha estimado que más del sesenta por ciento de la población adulta acude a las redes sociales para informarse. Ya vimos lo riesgoso que resulta esa situación, cuando los usuarios de las redes son emisores, difusores de información, y también perceptores que reciben y manejan a su antojo los materiales informativos.

Pocos tendrán éxito al negar que en un medio así no se utilice el engaño informativo, la desinformación, o las fake news para hacer dinero, ganar el Poder. La desinformación está colocada en la ruta del éxito, pasando por encima de la ética periodística y el rigor de la verdad de los hechos.

El temor prevalece al entender que por ese derrotero no espera nada bueno al mundo. A menos que la explosión de la era tecnológica que está facilitando la existencia del fenómeno de la mentira, no sea utilizado para encontrar una respuesta que contrarreste tan infausta realidad que corroe la tranquilidad y la vida en sociedad.

Pero ¿cómo puede hacerle frente a esta perniciosa situación?

Es posible que la supervisión y el estudio, puestos en la preocupación de las ONU, arroje una respuesta duradera, con ayuda de todos los sectores organizados en academias, grupos de investigación.

Varios presidentes como Andrés Manuel López Obrador, de México y otros tantos de distintas nacionalidades sobretodo latinoamericanas han pedido a compañías como Twitter, Facebook, entre otras investigar las noticias falsas que se publican en sus plataformas.

Noticias falsas lanzadas a la opinión pública, muchas veces en perfiles y cuentas falsas, pero que son consideradas como fuentes por los grandes y legitimados medios de comunicación de masas. En esta era de internet, si bien las fake new no son un fenómeno nuevo, si podemos afirmar categóricamente que alcanzan una dimensión e impacto insospechado. Mueve capitales, política, opinión publica… y todo eso a escala planetaria.

No se debe olvidar que, como bien se plantea en la historia de las teorías de la comunicación, más específicamente en la agenda – setting y el newsmakin o tematización, el público da una continuidad (en el ámbito cognoscitivo) de las distorsiones de la realidad que se producen en las fases productivas de las informaciones.

De la misma manera que las rutinas productivas y los valores noticia forman el marco institucional y profesional en el que es percibida la noticia de los acontecimientos y los hechos de la vida cotidiana, del entorno próximo y lejano, la constante enfatización de algunos temas, aspectos y problemas forman un marco interpretativo, un mapa conceptual o esquema de conocimientos que permite de manera inconsciente o no, dar sentido a lo que observamos. No sólo se dan sólo noticias, sino también las categorías en que los públicos pueden fácilmente colocarlas. Ayudan a organizar el pensamiento y los criterios de valor sobre los hechos. Por supuesto que los medios de comunicación nos son las únicas instituciones sociales o estructuras que son fuente de orientación de la atención del público. Aunque, podemos citar la experiencia personal, la familia, la escuela, la iglesia. Es la agenda de los medios de comunicación, por su creciente impacto en la vida contemporánea la que prevalece.

Por tal razón hay que recordar que en el quehacer diario de los profesionales de la comunicación y los periodistas más específicamente, coexisten fenómenos que median en la relación entre fuentes y organizaciones mediáticas, entre los públicos y el poder. Aunque en ocasiones suelen identificarse por completo los intereses tanto de reporteros como de sus proveedores de información y los conglomerados info-comunicacionales a que pertenecen, otras, la contradicción se manifiesta en la resistencia a cualquier tipo de compromiso que lastre la objetividad de los trabajos. El trabajo relacionado con las coberturas requiere de la astucia y perspicacia de los profesionales en aras de evitar la fragmentación de la realidad y las falsedades.

Los nuevos tiempos requieren nuevas noticias. Noticias apegadas a la verdad, la ética, el compromiso libertario y emancipador de la información y el conocimiento.

GLOSARIO[27]

Astroturfing. Técnica de propaganda, cuyo nombre proviene del césped artificial usado en los estadios de la marca AstroTurf. Consiste en que unos cuantos usuarios generen contenidos en Internet que parezca que son populares y espontáneos (popularidad ficticia). Quienes manejan los hilos: grupos políticos (estén o no en el poder). En los teclados: activistas o manitas de la web.

Ataque DDoS. Un ataque DDoS –Denial of Service, denegación de servicio– tiene la finalidad de que un servidor, un servicio o una estructura web deje de funcionar, ya sea sobrecargando el ancho de banda o acaparando sus recursos hasta agotarlos. Durante un ataque DDoS se envían múltiples solicitudes simultáneamente desde diversos puntos de la Red. La intensidad de estos "disparos cruzados" hace que el funcionamiento del servidor se vuelva inestable o esté indisponible. Sitios web informativos de Rusia padecen constantemente este tipo de ataques, a lo que en ocasiones se suman amenazas "en la vida rea" y ciberacoso.

Ataque Dol. El ataque Dol –Denial of information attack– consiste en difundir de manera masiva ciertos mensajes, a través de programas informáticos –bots–, e inundar así los canales de información con noticias falsas o información distractora, para dificultar el acceso a la información real. Esta estrategia de desinformación masiva también se usa para desacreditar la información periodística. En julio de 2017 el diario francés Le Monde investigó una centena

---

27 *Reporteros sin Fronteras (2018). Acoso en línea a periodistas: Cuando los trolls arremeten contra la prensa. En: https://rsf.org/sites/default/files/rapport_cyber_violence_es_0. pdf., P.36.*

de páginas de Facebook que contaban con 70 millones de likes e identificó 233 mensajes que difundían información falsa. RSF ha observado que en muchos casos la difusión de noticias falsas se usa para alimentar la odiosa retórica de los predadores de la libertad de prensa y para atacar a los periodistas personalmente. Difundiendo masivamente información falsa los regímenes autoritarios buscan desacreditar los textos de los periodistas críticos y hacer callar a los medios de comunicación independientes o que desarrollan investigaciones sobre el gobierno.

Deep Fakes. Manipulación de videos a través de programas informáticos para colocar el rostro de una persona en el cuerpo de otra; puede usarse para crear información falsa o para dañar la imagen de un periodista atentando contra su integridad.

DoubleSwitch. Este tipo de ataque, dado a conocer por la ONG Access Now, consiste en hackear la cuenta de un periodista, usurpar su identidad y difundir información falsa, a fin de desacreditar al periodista. Este método ha sido utilizado en Venezuela, Birmania y Bahréin.

Doxxing. Consiste en obtener información personal que están en la web: seudónimos, fotos, videos, número de tarjeta bancaria, etc. Estos datos después son difundidos por los acosadores para perjudicar a la persona. El término doxxing proviene de dox (en inglés, abreviación de documentos, significaría to document, documentar).

Email bombing. Consiste en inscribir a una persona a múltiples sitios web (a menudo pornográficos) usando su correo electrónico, de manera que en ocasiones ni siquiera pueda consultar sus propios mails. Los email bombing pueden comprarse por internet: se usan programas para que automáticamente se inscriba a la víctima a diversos sitios web.

Hashtag poisoning. ¿El grito de guerra de las bandas de trolls? Una vez que el ataque ha comenzado, un hashtag une a los asaltantes. A veces es un insulto a un periodista; en otras ocasiones puede ser una incitación a asesinarlo.

Mass Report. Consiste en señalar como un usuario ofensivo a un periodista. Cuando se inicia este proceso en las redes sociales, el señalamiento de que se trata de un usuario ofensivo se vuelve masivo y cae la guillotina: suprimen la cuenta del periodista. Esta es una manera de censura cada vez más utilizada que permite desvirtuar medidas que inicialmente fueron concebidas para proteger a los usuarios de discursos de odio o que violen la ley. También tiene lugar cuando las reglas de moderación de las plataformas se ponen al servicio de dirigentes de regímenes autoritarios.

Memes. Modificación de fotos o videos a fin de crear montajes humorísticos que circulen en Internet; su difusión se ve favorecida por la viralidad de la web. El doxxing puede adquirir la forma de memes. "A pesar de que controlo lo más posible los parámetros de confidencialidad de mi cuenta de Facebook, han circulado en Internet memes realizados con fotos mías obtenidas de Facebook que aparecían como información personal", lamenta Amber Shamsi, periodista de la BBC en Urdu. En un inicio los memes eran bromas simplonas, típicas de la cultura digital, pero hoy en día se usan como armas en la guerra contra los periodistas.

Pornografía no consentida. Más amplio que el de "pornografía de venganza", este término se refiere al uso de fotografías sexuales con el objetivo de perjudicar a una persona. Consiste en, por ejemplo, hacer fotomontajes con fotografías tomadas de la cuenta Facebook de una persona e imágenes encontradas en sitios pornográficos. Kelsey McKinney, reportera que colaboraba con Vox, fue acosada de esta manera cuando escribió sobre personas famosas a las que les habían pirateado fotos donde aparecían desnudas. "Recibo mails con imágenes modificadas con Photoshop en las que aparece mi rostro con el cuerpo de estrellas porno, animales muertos o mujeres agredidas", cuenta.

Phishing. Consiste en enviar un enlace fraudulento que conduce a un sitio web trampa; cuando el periodista da clic, piratean su mail. De esta manera usurpan su identidad. Si bien el phishing tenía inicialmente el objetivo de obtener los datos bancarios de una persona, ahora también se usa para tener acceso a las fuentes de los periodistas. En Irán las milicias en línea de la República Islámica emprenden este tipo de ataques contra periodistas independientes.

Social Bots. Se trata de programas informáticos que pueden hacer retuits, likes, followers, de manera automática. Estos robots permiten propagar masivamente información falsa a bajo costo, emprender ciberataques contra medios de comunicación, intimidar y acosar a periodistas.

Patrocinio publicitario. Las plataformas recaban múltiples datos de los usuarios (edad, género, ubicación, intereses, etc.) para seleccionar el contenido publicitario que les presentan. La desinformación patrocinada también se personaliza.

Swatting. Consiste en llamar a un servicio de emergencia (el término proviene de SWAT (Special Weapons and Tactics), un tipo de unidad de policía de Estados Unidos) haciendo creer que en la casa de una persona ocurrió un incidente grave, para que las autoridades envíen agentes a la supuesta escena del crimen. El swatting se ha asociado a campañas de ciberacoso.

FORMACIÓN ACADÉMICA
DE LOS PERIODISTAS

Desde inicios del siglo XXI, debido en gran medida a los enormes retos a que se enfrentan los profesionales de los medios de comunicación desde el punto de vista tecnológico, ideológico, financiero, y de legitimidad, muchos son los que se comienzan a preocupar por la formación académica de los periodistas.

Así, durante varios años y cada vez con más rigor se desarrollan en América Latina múltiples investigaciones que apuntan a describir, analizar, valorar y proyectar el desarrollo del campo académico de la comunicación en los países del continente. Estos han incidido en la comprensión de las debilidades, fortalezas, amenazas y oportunidades de este campo y profesión marcada por la empírea.

Esta herencia que prepondera en muchos casos la práctica sobre la teoría responde a la relativa novedad de las escuelas de periodismo. Al empezar la década de los cincuenta del pasado siglo XX, había en América Latina solamente 13 escuelas dedicadas a la formación de especialistas para los medios de comunicación (Marques de Melo 1988)[1]. Hacia 1960 eran alrededor de 35 escuelas en la región latinoamericana (Prieto 1988)[2].

Sin embargo, con el paso del tiempo esa inicial cantidad mínima de academias dedicadas a la enseñanza profesional del periodismo se multiplicó de manera sustancial. Ya en 1989 Federación Latinoamericana de Comunicación Social (FELAFACS) registraba 226 establecimientos en Latinoamérica, con Brasil y México a la cabeza como países con mayor número de escuelas de comunicación.

En los años 90 del pasado siglo esta cifra se incrementó. Según datos de FELAFACS a 244. Este número ha seguido creciendo aunque especialmente en los últimos años, particularmente en el ámbito del marketing se empiezan a limitar las propuestas formativas a nivel de grado para constituirse como propuestas de especialización postgraduada[3].

En Europa, más específicamente en España, aseguró Pilar Sánchez,[4] desde principios del siglo XX hubo investigadores y académicos que se atrevieron a defender la formación universitaria del periodista, entre los que destacó Manuel Graña, uno de los primeros profesores de Periodismo españoles perteneciente a la Escuela "El Debate"

---

1 *Marques de Melo, J. (1988) "Desafíos actuales de la enseñanza de la Comunicación. Reflexiones en torno a la experiencia brasileña", Diálogos de la Comunicación, núm. 19, enero, pp. 4-12.*

2 *Prieto, D. (1988) "Notas sobre la formación del periodista", Diálogos de la Comunicación, núm. 19, enero, pp. 30-35.*

3 *http:// www.saladeprensa.org y http://www.anuies.mx*

4 *Sánchez, P. (2013) Desafíos en la formación de los periodistas españoles: convergencia europea, capacitación tecnológica y formación permanente En Comunicación y Medios No. 28 pp. 40-60. Instituto de la Comunicación e Imagen. Universidad de Chile*

En la temprana fecha de 1927 Graña[5] confirma: "No hay más remedio que admitir que existe la profesión de periodista, y que esa profesión, como todas, exige una vocación y aptitudes particulares, que se ensayan y perfeccionan en un aprendizaje más o menos lentos y más o menos metódico [...]. Lo que desde luego parece chocante y difícil de explicar es que no se haya pensado antes en la formación técnica del periodista, en un aprendizaje escolar. Realmente es incompresible que haya, por ejemplo, una escuela de Veterinaria y no para una profesión cuyo recto juicio interesa a la sociedad".

Sin embargo, la idea de involucrar en casas de altos estudios la especialidad del periodismo y la comunicación, tuvo detractores que esgrimían el derecho a la información como argumento para no regular o normalizar las competencias de los profesionales del sector. Como afirma Pilar Sánchez, [6]estos defensores de la no formación académica, "recurren a dos falacias…que la profesionalización del periodismo por medio de la titulación universitaria es una restricción de la libertad de expresión y particularmente del derecho reconocido y protegido en el artículo 20 de la Constitución española. Y que la profesionalización del periodismo por medio de la titulación universitaria es una forma de control inquisitorial de los periodistas por parte de los poderes gubernamentales".

No obstante, la empírea y relativa novedad del estudio

---

5 *Graña, M. (1927). Escuelas de Periodismo. Conferencia pronunciada en la Sociedad de Estudios Vasca.*

6 *Sánchez, P. (2013) Desafíos en la formación de los periodistas españoles: convergencia europea, capacitación tecnológica y formación permanente En Comunicación y Medios No. 28 pp. 40-60. Instituto de la Comunicación e Imagen. Universidad de Chile*

universitario del periodismo y la comunicación social; así como las propias peculiaridades de esta práctica que, paradójicamente es tan antigua como la humanidad, conducen a un cuestionamiento y reflexión acerca de si la comunicación puede considerarse o no, una ciencia, una disciplina científica o un conjunto de saberes más o menos estructurados.

La multiplicidad de posiciones relacionadas con la pertinencia de comprender a la comunicación como una ciencia y en consecuencia desarrollar una teoría de la comunicación que, no solo se amplíe y profundice; sino que se enseñe a nivel académico superior, está determinada por la propia amplitud de la comunicación como práctica humana.

En este sentido y para dar cuenta de las contradicciones y luchas que tienen ugar en los diversos ámbitos científicos el investigador mexicano E. Sánchez Ruiz[7] refiere que "la comunicación se construye como objeto de conocimiento y como sistema de prácticas específicas reconocidas y validadas interiormente logrando así su autonomía en relación a las reglas de validación de otros dominios".

Emerge entonces la necesidad de comprender la noción de "campo" que introduce la sociología y ampliamente desarrollada por Pierre Bordieu para acercarnos y explicar las interrelaciones que se establecen en el entorno social.

Este sentido como confirmó Fuentes Navarro,[8] refiriéndose

---

7 *Sánchez Ruiz, E. (2000) La investigación latinoamericana de la comunicación en tiempos neoliberales: nuevas condiciones, retos y posibilidades en, Franz Portugal Bernedo (editor) La investigación en Comunicación Social en América Latina 1970-2000. ApFacom, Lima, pp. (318-331)*

8 *Fuentes Navarro, R. (1997) Campo académico de la Comunicación. Desafíos para la construcción del futuro, en Signo y Pensamiento No. 31, Vol. XVI, Universidad Javeriana: Facultad*

al campo de la comunicación en México, el estudio y sistematización necesaria "exige e implica una revisión que no puede ser sino colectiva, de los fundamentos mismos de la identidad del campo académico". Comprender el Campo académicos y sus vínculos con los campos científico y profesional de la comunicación abre el camino para explicar los nuevos conflictos que atraviesa a esta profesión que se comenzó a estudiar entrado el siglo XX en la mayor parte de los países del mundo y en especial en Iberoamérica.

Como alerta María Elena Hernández[9] de la Universidad de Guadalajara, "si bien el problema de la calidad del periodismo no se reduce a la calidad de su enseñanza, a poco más de medio siglo del establecimiento del primer programa universitario para formar periodistas, permanece el cuestionamiento sobre el papel que ejercen estas escuelas en el mejoramiento de la calidad del periodismo".

De aquí que en muchos medios sociales e incluso en el discurso público se califica de poco profesionales a los periodistas que cometen errores de cualquier naturaleza, mientras que si se desarrolla un periodismo de calidad se denomina como excelente profesional al periodista que interviene en el proceso comunicativo. Esto habla, de una demanda de profesionalización del campo de la comunicación social en sentido general.

Esta demanda, se sustenta en la creencia que proviene de las profesiones liberales donde se sobrentiende que un oficio puede considerarse "profesionalizado" cuando cuenta con:
1. un saber específico

---

de Comunicación y Lenguaje, pp. 41-50
9 Hernández, M. E (2004) La formación universitaria de periodistas en México En Comunicación y Sociedad núm.1, nueva época, enero-junio, 2004, pp. 100-138

2. un código ético que regule las prácticas profesionales

3. una organización gremial sólida, o colegiación de los practicantes

De aquí que las escuelas de periodismo deben dar respuesta a muchas interrogantes entre las que podemos destacar: ¿Pero qué saberes específicos?. ¿Qué códigos se deben compartir en este campo?. ¿Cuáles son las prácticas y rutinas que marcan el desempeño de los profesionales?.

Sin embargo, aún se sustenta en contraposición una corriente sostenida por periodistas y empresarios de los medios que asegura que "la carrera por sí misma no garantiza nada, que las herramientas del oficio se aprenden en la práctica y se fortalecen con la misma. La interpretación de este sentir generalizado en el medio periodístico podría llevar a creer que las escuelas no han cumplido con su deber de formar a los periodistas "como debe ser".[10]

No obstante, el fenómeno es mucho más complejo, pues si bien es cierto que la desvinculación "entre lo que necesitan los empleadores y lo que ofrecen las universidades" es un problema grave no sólo en comunicación sino en toda la educación superior en México, en el caso del periodismo las empresas informativas desempeñan un papel preponderante en la definición de las prácticas que predominan en este campo". [11]

Entonces se impone explorar los vínculos entre los campos académico, profesional y científico para comprender como se encuentran íntimamente relacionados. La relación de complementación armónica, pocas veces lograda en la

---

10 Hernández, M. E (2004) La formación universitaria de periodistas en México En Comunicación y Sociedad núm.1, nueva época, enero-junio, 2004, pp. 100-138
11 IBIDEM

práctica, es la garantía para lograr un profesional de calidad y acorde con los contextos, plataformas y medios donde se deban desempeñar profesionalmente.

Teoría de los Campos: académico, científico, profesional

Aunque muchos investigadores y académicos han trabajado con la noción de campo, los orígenes de esta teoría tiene sus inicios en la sociología de la ciencia y en los trabajos del sociólogo francés Pierre Bourdieu. Su obra ha servido de plataforma para estudiar y comprender las lógicas que intervinculan la formación, la ciencia y la profesión, especialmente en ciencias sociales. Entre los latinoamericanos que más han profundizado en esta teoría se encuentran Raúl Fuentes Navarro, Enrique Sánchez Ruiz, José Márquez de Melo, María Immacolata Vasallo de Lopes, por solo citar algunos.

La obra de Bourdieu[12] refiere que un campo es un "espacio estructurado de posiciones (o de puestos) cuyas propiedades dependen de su posición en dichos espacios y pueden analizarse en forma independiente de las características de sus ocupantes". Asimismo la estructura del campo es "un estado de la relación de fuerzas entre los agentes o las instituciones que intervienen en la lucha, (…) de la distribución del capital específico que ha sido acumulado durante luchas anteriores y que orienta las estrategias ulteriores".

Esta estructuración se da a partir de reglas e intereses propios de cada campo y que "sólo son percibidos por

---

12 Bourdieu, P. (1976) *Le champ scientifique*, en *Actes de la Recherche en Sciencés Sociales*, 2-3, pp.88-104.

quienes están dotados del habitus[13] correspondiente o cultura (de una época, de una clase o de un grupo) en tanto que interiorizada ("incorporada") por el individuo bajo la forma de "disposiciones duraderas" que constituyen el principio de su acción"[14].

Todos los campos refieren a relaciones pero a la vez, son atravesados por luchas internas entre los actores que apuntan a acumular el capital propio del campo, la "autoridad".

Como confirma la investigadora mexicana Angela Giglia (2003),[15]"como en un juego de cartas, los actores se mueven en el campo inspirados por su "sentido del juego", el habitus, conjunto interiorizado de disposiciones para actuar, que de forma irrefleja toman en cuenta la diferente "posición objetiva" que cada actor ocupa en el campo". Así, es el campo un espacio de enfrentamiento a la vez que escenario para la legitimación de los saberes compartidos.

Como confirma Bordieu "los enfrentamientos más evidentes se darán entre "los recién llegados" que necesitan hacerse de una posición y un capital específico (que tiene valor dentro de los límites de un campo determinado) y "los dominantes" que pretenden defender su monopolio y excluir a la competencia" (Bourdieu, 1976).

Estos enfrentamientos se verifican en el ámbito estudiantil, investigativo y profesional, de aquí que muchos autores

---

13 Un cúmulo de técnicas, de referencias, un conjunto de "creencias" (...) propiedades que dependen de la historia (nacional e internacional) de la disciplina, de su posición (intermedia) en la jerarquía de las disciplinas, y que son a la vez condición para que funcione el campo y el producto de dicho funcionamiento.

14 Fuentes Navarro, (1997) Campo académico de la Comunicación. Desafíos para la construcción del futuro, en Signo y Pensamiento No. 31, Vol. XVI, Universidad Javeriana: Facultad de Comunicación y Lenguaje, pp. 41-50

15 Giglia, A. (2003) Pierre Bourdieu y la perspectiva reflexiva en las ciencias sociales en Desacatos no.11 México 2003

consideren análogos los campos científico y académico y muchos otros valoren cada espacio de ejercicio comunicativo como subcampos de los que puede ser entendido como el campo de la comunicación.

Más específicamente Vasallo de Lopes (2001)[16] confirma que se puede hablar indistintamente de campo científico y académico ya que en ambos se encuentran tanto las condiciones de su producción (sistema de la ciencia) como de su reproducción (sistema de enseñanza) y en el caso específico de la comunicación lo define como "un conjunto de instituciones de educación superior destinadas al estudio y a la enseñanza de la comunicación, donde se produce la teoría, la investigación y la formación universitaria de los profesionales de la comunicación"

La mirada de María Inmacolata Vasallo de López indica que se debe comprender al campo de la comunicación precisamente desde la formación. Un enfoque que podría considerarse poco práctico si se sobreentiende que parte de los avances científicos, así como la evolución de los planes de estudio responden a las demandas propias del ejercicio profesional.

De aquí que sin desestimar los aportes de esta corriente, investigadores como Fuentes Navarro, intentan incluir en el concepto de campo de la comunicación a las tres dimensiones en las que se puede analizar la práctica social de la comunicación.

"Incluimos en él (el campo) a la teoría, la investigación,

---

16 Vasallo de Lopes, María Immacolata (2001) *Reflexiones sobre el estatuto disciplinario del campo de la comunicación, en en María I. Vassallo de Lopes y Raúl Fuentes Navarro (coords.) Comunicación. Campo y objeto de estudio. Perspectivas reflexivas latinoamericanas. s.e. México, pp. (43-58)*

la formación universitaria y la profesión, y centramos el concepto en las prácticas que realizan actores o agentes sociales concretos- sujetos individuales y colectivos como nosotros- con el fin de impulsar proyectos sociales y específicos: en este caso estructuras de conocimiento y pautas de intervención sobre la comunicación social (…)" [17] En resumen el campo de la comunicación puede ser subdividido para su estudio en 3 aunque mantienen relaciones de influencia e interdependencias mutuas:

1. Se investiga (subcampo científico) sobre las prácticas sociales de comunicación

2. Se investiga sobre las determinaciones y lógicas de la comunicación (subcampo profesional)

3. Se investiga sobre cómo reproducir ese conocimiento de una manera más eficiente (subcampo educativo).

En conclusión podemos acotar que las categorías que permiten la teoría de campos son útiles para comprender la historia de la formación académica de los periodistas y los diversos desplazamientos científicos a lo largo de la historia de la ciencia de la comunicación así como son las necesidad de profesionalización de la práctica cotidiana e intuitiva que marcó los inicios del periodismo y que emerge en la actualidad como una tendencia creciente.

Planes de estudios

Muchos son los programas y planes de estudios que a lo largo de los últimos años se ha ido ensayando en las diversas instituciones dedicadas a la formación profesional de los

---

17 Fuentes Navarro, (1997) *Campo académico de la Comunicación. Desafíos para la construcción del futuro, en Signo y Pensamiento No. 31, Vol. XVI, Universidad Javeriana: Facultad de Comunicación y Lenguaje, pp. 41-50*

periodistas. Estos planes en una medida u otra han tratado de dar respuesta a las necesidades del campo profesional e implementado los resultados alcanzados en el campo científico.

Es en esta misma línea que un gran profesor de comunicación de la Universidad Complutense de Madrid, Manuel Martín Serrano, aseguró que "un universitario que curse estudios de comunicación tiene derecho a salir de las aulas sabiendo distinguir entre la obra del científico y la del manipulador"[18].

Es una distinción sencilla de establecer, asegura él:

- El científico está interesado en hacer saber

Crea y enseña conocimiento para que quienes lo utilicen amplíen su autonomía. En este caso, la autonomía del alumno crece, en la medida en que pueda saber lo que la comunicación hace que otros hagan. Descubrirá que el uso que haga de sus competencias comunicativas va a afectar su existencia y la de los demás.

- El controlador está interesado en hacer-hacer.

En este caso, al alumnado se le ofrece conocimiento científico, en la medida en que sirva para dirigir el comportamiento de las personas hacia el objetivo que el profesional de la comunicación tenga encomendado. La línea divisoria entre la Teoría de la Comunicación y las técnicas de control social que recurren a la comunicación, pasa por el lugar que, desde siempre, ha separado a los científicos de los sofistas.

De este análisis se deriva la naturaleza crítica que deben tener los planes de estudio y los profesionales. Por tal razón como confirma Manuel Martin Serrano "el diseño de los contenidos de la enseñanza universitaria de la

---

18 Martín Serrano, M. (1980) *La mediación social*, Madrid, Aka

comunicación es asunto científico. Pero también tiene dimensiones políticas. Porque desde finales del siglo XIX hay instituciones que han declarado su propósito de intervenir en la enseñanza de la comunicación para orientar los estudios hacia la propaganda de sus ideas y la defensa de sus intereses".[19] La teoría enriquece la enseñanza universitaria de la comunicación ya que en el ámbito de la comunicación, como alerta Martín Serrano, los contenidos instrumentales fácilmente se confunden con los conocimientos que instrumentan. "Así sucede cuando la formación técnica de los futuros profesionales de la comunicación está orientada principal o exclusivamente a

la explotación inescrupulosa de las tecnologías y de las mañas del oficio; a capacitar a los y las estudiantes para que algún colectivo haga determinadas".[20]

Autor.	País	Clasificación de los géneros periodísticos
Erick Torrico, periodista, escritor y docente	Bolivia	Noticia/Crónica/Entrevista/ Reportaje / Suelto/ Nota de redacción/Cocinado/ Textos opinión: Editorial, artículo, comentario, columna, crítica/ Textos interpretativos/Textos de análisis.
Luiz Beltrâo, docente.	Brasil	Noticia básica/Entrevista/Crónica/ Reportaje. Además, subdividiendo éste en tres: Reportaje de rutina/Historia de interés humano/Gran reportaje

---

19 *Ibidem*
20 *Ibidem*

José Marques de Melo, docente.	Brasil	Noticia/Crónica /Entrevista/Artículo/ Fotografía/ Caricatura/Carta/Comentario/ Editorial.
John Müller, docente.	Chile	Informativos (Noticia)/ Interpretativos (Crónica, reportaje, entrevista) /Opinión (Editorial, columna, articulo, crítica, ensayo).
Stanley Johnson y Julián Harris, docentes y autores del libro "Reportero completo".	Estados Unidos	Noticias corrientes/Nota de interés humano/ Noticias sociales/ Crónicas especiales/ Ilustraciones (fotografías, gráficos, etc.) /Editoriales.
María Julia Sierra Macedo, docente y autora del libro "Haciendo periodismo: técnicas y formación periodística" (1964).	México	Periodismo noticioso: Noticia/Crónicas/ Reportajes/ Entrevistas/Editoriales/ Artículos /Columnas/ Periodismo literario: Semblanza (Perfil)/ Cuento de la vida real.
Siegfrid Mandel, docente y autor del libro "Periodismo Moderno".	México	Nota periodística/Nota de interés humano/ Crónica/ Entrevista/Reportaje/Editorial/ Columna.
Juan Gargurevich, docente y autor del libro "Géneros periodísticos".	Perú	Nota informativa/Noticia/Entrevista/ Crónica/ Reportaje/ Testimonio/Perfil/Géneros gráficos/Campaña/Folletón/Columna/ Reseña/Editorial
Gonzalo Martín Vivaldi, docente y	España	Géneros: Reportaje/Noticia/Crónica/ Artículo. Subdivisiones: Gran

autor del libro "Curso de Redacción: teoría y práctica de la composición y del estilo".		reportaje/Reportajedetective/ Reportaje-cronológico/Columna, suelto/Artículo de costumbre.
José Luis Martínez Albertos, docente y autor del libro "Redacción periodística. Los estilos y los géneros de la prensa escrita".	España	Tres estilos: Informativo, opinión y ameno. Cuatro géneros: Información/Reportaje/ Crónica/ Artículo.
Armando de Miguel, docente.	España	Periodismo informativo/Periodismo literario/ Literatura periodística.
Esteban Morán, docente.	España	Géneros periodísticos: Noticia/Entrevista/ Crónica/ Reportaje. Géneros de opinión o interpretativos: Editorial/Crítica/ Columna/Comentario.
José Benítez, docente.	España	Noticia/Relato noticioso/Entrevista/ Reportaje.
Fuente: Raúl Peñaranda Undurraga / Roque Rivas Zambrano		

Los diseños curriculares a lo largo de los años, quizás han centrado sus actualizaciones en lo relativo al manejo de los nuevos instrumentos de la comunicación. La excesiva mirada tecnocrática ha llevado al olvido de cómo se actualizan y transforma, por ejemplo, los géneros periodísticos.

Una mirada sobre los distintos géneros periodísticos enseñados en todas las geografías del mundo, ofrece un panorama de cuanto hay que trabajar en su modificación a nivel de planes de estudio.

Del análisis de los géneros tradicionales se deriva la necesidad de incorporar nuevas narrativas, formato, y modelos más acordes con las maneras en que se consume y dialoga con la comunicación pública hoy. Es por esta causa que muchas organizaciones internacionales regionales y globales se preocupan por la evolución de los programas de estudio. Una de esas instituciones es la CIESPAL, creada en Ecuador a finales de los años 50 del pasado siglo XX por la UNESCO con el apoyo de la OEA y las fundaciones internacionales Ford y Friedrich Ebert, se emplean a fondo en la creación de un Plan Tipo que, para la región latinoamericana, como confirmó Mauricio Andión, una "escuela de ciencias de la información colectiva, con la intención de subsanar la brecha existente entre las escuelas tradicionales de periodismo y las necesidades teóricas y prácticas derivadas de la emergencia de los medios electrónicos de comunicación"[21].

Según bien analiza Claudia Mellado [22]en su artículo "La influencia de CIESPAL en la formación del periodista latinoamericano. Una revisión crítica", "la educación latinoamericana de periodistas puede dividirse en una era "pre" y "post" CIESPAL". Al estudiar la literatura, se puede verificar "cómo se generó la fusión periodismo–comunicación en las universidades latinoamericanas y cómo evolucionó formalmente el ejercicio profesional, producto de la influencia que CIESPAL tuvo dentro del área. De acuerdo con el análisis, dicho organismo terminó por modificar los modelos de formación del periodista; situación que se refleja

---

21 *Andión, M. (1991) "La formación de profesionales en Comunicación", en Diálogos de la Comunicación, No. 31*
22 *Mellado, C. (2010) La influencia de CIESPAL en la formación del periodista latinoamericano. Una revisión crítica en Estudios sobre el Mensaje Periodístico, No.16, pp. 307-318*

en las diferentes culturas profesionales que perduran hasta hoy. Aún más, la falta de consenso sobre la definición de periodista, así como los problemas de institucionalización del campo en Latinoamérica habrían sido provocados, en parte, por la descontextualización aún no resuelta con la que se instauraron los estudios de comunicación".

Por otra parte Marques de Melo[23] afirma que, con su "Plan tipo" propuesto en 1964, el CIESPAL empujó a las escuelas latinoamericanas de periodismo y comunicación a un "callejón sin salida", con su concepción del profesional polivalente, que amalgamaba en su programa curricular diversos conocimientos técnicos para el manejo de los media con una concepción positivista de la teoría de la comunicación". Entre las características del Plan tipo de CIESPAL[24] se identifican:

1. Las escuelas deberían tener nivel universitario

2. El programa académico debería durar un mínimo de cuatro años

3. El programa de estudios debería incluir cursos humanísticos y técnico profesionales

4. Las escuelas deberían tratar de convertirse en facultades autónomas dentro de las universidades.

Sin embargo, estos Planes Tipo de la CIESPAL han sido ampliamente criticados ya que propusieron como viables un programa de formación que, si bien era apropiado para para pequeñas comunidades, rurales o comunales, ya que hacía énfasis en preparar profesionales capaces de desarrollar las

---

23 *Marques de Melo, J. (1993) La atracción fatal de la universidad y la industria, en Chasqui, No. 44*

24 *CIESPAL (1960)La enseñanza del periodismo y los medios de información, Comunicación y Sociedad 5*

tareas comunicativas en esa escala, impidió que se profundiza en el análisis teórico e impidió la capacitación en funciones especializadas de los periodistas. "Estimular su implantación en forma indiscriminada en todo el continente significó un retroceso. La universidad se distanció de la sociedad. Los profesionales no egresaban habilitados para el desempeño de funciones especializadas"- confirmó Marques de Melo[25]. Por su parte, Andión[26] aseguró que el modelo del CIESPAL era conceptualmente ambiguo, y "provocó que cada escuela le otorgara un significado particular."

En conclusión, se puede asegurar que existe falta de consenso desde el inicio de la formación de los periodistas en las Universidades o Escuelas Profesionales sobre la definición profesional del periodista en toda Latinoamérica.

Una dispersión que también ha incidido en las diferencias que existen entre la cultura ocupacional y académica.

Esta situación, a su vez, alerta Mellado,[27] "estaría dificultando el desarrollo identitario del periodista y, con ello, su impacto en la construcción y mediación social de la realidad".

Cómo área especialmente desafiante para la formación de los profesionales y la responsabilidad académica con este logro, se encuentra el universo digital. Muchos investigadores se cuestionan, con fundadas razones si están los comunicadores sociales hoy formados para la era digital, si pueden desempeñarse incluyendo de manera armónica los hipertextos, imágenes, sonidos, bases de datos, a la

---

25 *Marques de Melo, J. (1993) La atracción fatal de la universidad y la industria, en Chasqui, No. 44*

26 *Andión, M. (1991) "La formación de profesionales en Comunicación", en Diálogos de la Comunicación, No. 31*

27 *Mellado, C. (2010) La influencia de CIESPAL en la formación del periodista latinoamericano. Una revisión crítica en Estudios sobre el Mensaje Periodístico, No.16, pp. 307-318*

vez que hacer uso de, cada vez más saturados, motores de búsquedas y encontrar las fuentes confiables sin que esto menoscabe la instantaneidad informativa. La formación del ciberperiodista supone entonces un gran reto para las instituciones de educación superior. Como confirma Fernando Villalobos,[28] "los cambios que demanda la nueva formación periodística son inminentes. Sin embargo, estos cambios no se han visto reflejados en el currículo de las escuelas de comunicación social, donde la labor periodística y la técnica han fraguado el desarrollo de la profesión a espaldas del acontecer de las empresas informativas y de la sociedad en su conjunto. Hoy, las instituciones de educación superior encargadas de la formación de los profesionales del presente siglo se encuentran enfrentadas al desafío de actualizar sus contenidos curriculares acorde con los nuevos perfiles laborales surgidos como consecuencia de las transformaciones del mundo productivo y la nueva realidad del empleo".

De aquí que los principios que deben primar en la incorporación de los nuevos contenidos relacionados con las nuevas tecnologías en los planes de estudio serán aquellos que se encuentren amparados por la pertinencia y siempre tomando en consideración las características del contexto. No se pueden dejar en manos de las posibles competencias de los profesores la formación en estas materias, ya que de la misma manera, una de las grandes limitaciones de los claustros en la región, es que en la mayoría de los caso, la planta de profesores nunca ha estado en contacto directo con

---

28 Villalobos, F (2009) *Aproximación al perfil, por competencias ético-tecnológicas, del periodismo digital en La comunicación pública en Iberoamérica I, Coord. Wilson Hernández, República Dominicana, Ediciones Infomega.*

el campo profesional. Estos argumentos indican que, si bien pueden profundizar en cuestiones teóricas y metodológicas, en la mayor parte de las ocasiones presentan carencias desde el punto de vista objetivo y práctico. Se imponen entonces la combinación de saberes fundamentales y aplicados que muchas veces se concreta en periodos de práctica pre-profesional en los casos donde el vínculo entre universidad y empresa es sólido.

En este siglo, como alerta Rigoberto Lanz,[29] "un gran desafío para las universidades es el desarrollo de las tecnologías de la comunicación y la información en el proceso pedagógico, las nuevas habilidades y competencias, la amplia y efectiva articulación universidad-sociedad, las nuevas formas de organización de estas instituciones, la globalización de la producción del saber, el modelo de formación que está agotado y, algo preocupante, que la evolución del saber pareciera no ir a la misma velocidad con que marchan estos centros de educación superior que marcan pauta en la investigación científica". Es por esto que la sociedad moderna exige que las universidades trabajen en tres terrenos fundamentales: [30]

1. El perfil del egresado, para que sepa vivir y actuar en un mundo cambiante

2. El estilo pedagógico acorde con ese perfil esperado

3. El nuevo modo de relacionarse con el mundo exterior, para que la universidad misma sea capaz de

---

29 Lanz, R. (1998) *Pensar la reforma de la universidad. Cuaderno de propuestas del Colegio de Universitarios. Asociación para el Pensamiento Complejo. Caracas. Venezuela.*
30 Villalobos, F. (2009) *Aproximación al perfil, por competencias ético-tecnológicas, del periodismo digital en La comunicación pública en Iberoamérica I, Coord. Wilson Hernández, República Dominicana, Ediciones Infomega.*

adaptarse a requerimientos dinámicos. El nuevo periodista, según Díaz Noci (2000),[31] "debe ser un profesional con conocimientos de multimedia (informática, imagen, sonido, diseño, Internet, etc.) que va a tener que evolucionar hacia el acceso a bancos de datos y hacia fuentes informativas de diversa procedencia que van a ir ampliándose y renovándose cada día. Todo apunta a que el periodista de este siglo XXI será, por tanto, y además, un profesional multimedia. Una especie de hombre orquesta, capaz de utilizar imágenes de video en la edición en línea de su periódico o de transmitir mensajes escritos a través de su emisora de radio. La única especialidad posible en el periodismo del futuro será la de saber trabajar en todos los medios y con todos los medios". Estas certezas han motivado a organizaciones internacionales como la UNESCO a intervenir, recomendar, analizar el estado de la enseñanza de esta profesión tan central en mundo contemporáneo. Tres reuniones (2007, 2011, 2013) en ese organismo internacional, han concluido, como reseña el docente español Miguel Ángel Del Arco, que hay rellenar los vacíos de información que tienen los planes de estudio. Según del Arco,[32] en 2013, el organismo lanzó diez nuevas mallas de estudios especializados, denominadas Plan modelo para la enseñanza del periodismo: compendio del nuevo programa, que tenía por objeto rellenar la brecha de conocimientos especializados que requieren los docentes de

---

31 *Díaz Noci, J. (2000). La escritura digital. Servicio Editorial Universidad del País Vasco. España citado por Villalobos, F. (2009) Aproximación al perfil, por competencias ético-tecnológicas, del periodismo digital en La comunicación pública en Iberoamérica I, Coord. Wilson Hernández, República Dominicana, Ediciones Infomega*
32 *Del Arco, M. (2015). Enseñar o aprender periodismo. El modelo pedagógico de la Fundación García Márquez para el Nuevo Periodismo Iberoamericano (Fnpi). Estudios sobre el • Mensaje Periodístico. 21(2), 10311044.*

Periodismo para responder a los nuevos desafíos. Entre las principales temáticas constan:

- Sostenibilidad periodística.
- Extracción de datos
- Diálogo intercultural
- Comunicación global
- Crisis humanitarias
- Tráfico humano
- Participación comunitaria.

La Unesco también aconseja, continuó Roque Rivas Zambrano,[33] estructurar la enseñanza de Periodismo en las universidades en torno a cuatro ejes curriculares:

1. La capacidad de pensar de modo crítico, integrando destrezas de comprensión, análisis, síntesis y evaluación de material, y una comprensión básica del concepto de prueba y de los métodos de investigación

2. Un eje que comprendería las normas, valores, herramientas, criterios de calidad y prácticas del periodismo.

3. Un eje que incidiría en los aspectos sociales, culturales, políticos, económicos, jurídicos y éticos del ejercicio del periodismo, tanto dentro como fuera de las fronteras nacionales.

4. Un eje centrado en el conocimiento del mundo y las dificultades intelectuales ligadas al periodismo

Todas estas recomendaciones vuelven sobre la complejidad que atraviesa a la formación de quienes se encuentran, de manera cotidiana, en la mira de las valoraciones de los diversos públicos, aquellos que tienen una gran influencia

---

33 Rivas Zambrano, R. (2017) *La enseñanza del periodismo en las universidades de América Latina* en *Cuadernos de reflexión Facultad de Comunicación Social Comunicación y Cátedra*, Universidad Central del Ecuador

en la construcción de estereotipos y el imaginario colectivo.

Mapa de los centros y programas de formación en Comunicación y Periodismo en América Latina y el Caribe

Profundas han sido las transformaciones que han tenido lugar a nivel de concepciones educativas del periodismo, sus mallas docentes y temáticas, sobre todo impulsadas por los cambios políticos, ideológicos, económicos y sociales de los últimos cincuenta años. Sin embargo, recuerda Claudia Mellado,[34] "los cambios ocurridos en las escuelas de periodismo y comunicación han desembocado en distintos tipos de formación dentro del continente":

1. el modelo de formación de periodistas o modelo "mediático" de los años 50s, orientado netamente a la práctica en medios de comunicación

2. el modelo del comunicador como intelectual humanista y crítico de los años 60s- cuya estructura cognitiva sería más sólida y madura en torno a distintas disciplinas de las ciencias sociales

3. el de comunicólogo o científico social de la comunicación de los 70s, donde el estudio de la comunicación se apoderaría de las escuelas de periodismo. [35]

Con estos antecedentes y ante la necesidad de continuar

---

34 *Díaz Noci, J. (2000). La escritura digital. Servicio Editorial Universidad del País Vasco. España citado por Villalobos, F. (2009) Aproximación al perfil, por competencias ético-tecnológicas, del periodismo digital en La comunicación pública en Iberoamérica I, Coord. Wilson Hernández, República Dominicana, Ediciones Infomega*
35 *Conocida clasificación desarrollada por Fuentes Navarro, R. (1992) El estudio de la comunicación desde una perspectiva sociocultural en América Latina, en Diálogos de la Comunicación, 32, pp. 12-26*

monitoreando el asunto por su relevancia para dar respuesta a las necesidades sociales, la Unesco[36] y la Federación Latinoamericana de Facultades de Comunicación Social (FELAFACS) llevaron a cabo un mapeo de centros de formación de comunicadores y periodistas en América Latina y el Caribe, así como de sus programas de formación ya fuera universitaria, técnica, de extensión o continua, formal o informal. El estudio es especialmente útil ya que en él se identifican las facultades, escuelas, institutos de comunicación y centros de formación no universitarios, así como los programas que ellos proponen en cada uno de los países latinoamericanos compilados por regiones: Cono Sur (Argentina, Chile, Uruguay y Paraguay), Países Andinos (Bolivia, Colombia, Ecuador, Perú y Venezuela), Centroamérica y Caribe, México y Brasil.

Asimismo, este Mapa Integral de la Enseñanza de la Comunicación en América Latina y el Caribe empleo y validó en nuestra región los criterios e indicadores desarrollados por la Unesco y empleado con anterioridad en el continente africano.[37]

En su artículo "Perspectiva regional del estado actual de la formación de comunicadores y periodistas", Liuba Kogan[38] aseguró que "la falta de información oficial gubernamental sobre las instituciones académicas existentes –con algunas

---

36 *Proyecto desarrollado en el marco del Programa de Comunicación e Información de la Unesco (2008- 2009), en particular su Eje de Acción 3 "Promoción del desarrollo de medios libres, independientes y pluralistas", y con el objetivo de aumentar la capacidad de las instituciones de formación para ofrecer una educación de gran calidad*

37 *Categorías compiladas en "Criteria and Indicators for Quality Journalism Training Institutions & Identifying Potential Centres of Excellence in Journalism Training in Africa"*

38 *Kogan, L. (2009) Perspectiva regional del estado actual de la formación de comunicadores y periodistas En Mapa de los centros y programas de formación de comunicadores y periodistas en América Latina y el Caribe, UNESCO- FELAFACS, Lima*

excepciones– fue realmente significativa".

Asimismo, continuó en existen bases de datos paralelas, relativas a asociaciones entre universidades autónomas, la contradicción entre la educación superior privada y la gubernamental así como la multiplicidad de instituciones no universitarias.

Entre los aspectos analizados en este proyecto se identifica la calidad de la enseñanza. Del análisis de esta variable se caracterizó como heterogénea ya que incluso hacia el interior de los países y regiones esta formación está marcada por la dicotomía público-privado.

"El carácter público o privado de las instituciones de enseñanza tiende a marcar significativamente la calidad de la formación de comunicadores y periodistas. Las universidades públicas parecen mantener el prestigio ganado con los años y a invertir en investigación, aunque en muchos casos se encuentren muy masificadas y en constante crisis; mientras las privadas –sobre todo las que se orientan a la profesionalización– tienden a invertir en equipos e infraestructura, descuidando muchas veces el área académica".[39]

Existe entonces una marcada competencia en la región latinoamericana y caribeña, entre los centros de enseñanza de diversa calidad educativa, preferentemente en los niveles de pregrado y maestrías, mientras que la oferta educativa de doctorados en comunicación y periodismo es muy escasa y rara vez certificada internacionalmente.

Por otra parte, esta situación se profundiza ante la carencia de profesores dedicados exclusivamente a la docencia y la

---

39 IBIDEM

investigación, con la consecuente escasa participación en foros internacionales y revistas indexadas o alto impacto. Esta realidad limita la actualización de los procesos formativos de la región a partir de enfoques propios con lo que la mirada sigue estando en Norteamérica y Europa fundamentalmente.

Resalta de este estudio, el relativo desconocimiento mutuo que existe en la región entre los intereses y demandas del mercado, las instituciones educacionales y los intereses académicos de los estudiantes. Esta disolución es la que conduce a los conflictos que existen entre estos campos que deben marchar de la mano y preservar sus vínculos de interdependencia.

El balance general de este Mapa Integral de la Enseñanza de la Comunicación en América Latina y el Caribe[40] indica que existen áreas especialmente conflictivas el debate acerca de la pertinencia o no de estatutos epistemológicos para el campo de la comunicación. Vuelven en este estudio a saltar las viejas posiciones ya analizadas de disolución positivista y negación sociologista en dialogo contrapuesto con quienes consideran como pertinente la construcción epistemológica del campo.

"Podemos identificar a grandes rasgos, asegura Kogan, dos grandes aproximaciones contrapuestas. Para unos, la comunicación no tendría ni objeto de estudio ni métodos de indagación propios, por lo que representaría una rama específica de otros campos disciplinarios. La consecuencia derivada de ello sería la dificultad para acceder a fondos de investigación y como consecuencia, explicaría la

---

40 IBIDEM

escasa producción de investigaciones en comunicación".[41] Mientras para otros, "la comunicación podría considerarse "súper disciplina", lo que llevaría a su enriquecimiento conceptual, pero al adolecer de un estatuto definido, le dificultaría encajar en el aparato institucional universitario e incluso sus egresados deberán competir –muchas veces en desventaja– con profesionales de carreras afines más valoradas socialmente. Es decir, el mercado laboral parece exigir comunicadores cada vez más especializados; lo que estaría llevando en muchos casos a la adecuación de los currículos universitarios a dicha demanda, pero por otra parte estaría apareciendo una oferta educativa caótica –en el ámbito universitario y no universitario– en los espacios interdisciplinares".[42]

Sin embargo, podemos asegurar que mientras no se comprenda la complejidad y amplitud del objeto de estudio de la comunicación y sus constantes mutaciones marcadas por fuerzas exógenas como el desarrollo de las tecnologías de las telecomunciaciones, poco se podrá lograr de manera coherente, sistemática y simétrica

De igual forma, la sociedad de la información y la brecha digital impone nuevos requerimientos a la formación superior en la región. En el ámbito educativo se deben actualizar las competencias de los estudiantes en lo relativo a las nuevas tecnologías de la información y las nuevas plataformas y prácticas comunicativas del mundo actual.

En este eje se identifican las desigualdades existentes entre el sector público y privado:

---

41 IBIDEM
42 IBIDEM

1. El primero más enfocado hacia la teorización y sistematización académica

2. El segundo centrado en la formación de capacidades prácticas que debe respuesta a las necesidades de las empresas.

Se perciben también grandes diferencias entre las instituciones ubicadas en grandes urbes y aquellas que son más periféricas y, de manera más marcada aún, con respecto a aquellas que apelan a nuevas plataformas educativas (las que se establecen a distancia o los centros de formación no universitarias).[43]

Esas asimetrías también se verifican en las resultantes competencias de los profesionales y especialmente en las redacciones donde conviven distintas generaciones de periodistas, más o menos al corriente de las novedades infocomunicacionales en una sociedad cada vez más marcada por la economía del conocimiento y la innovación. Así como confirma Kogan, en términos generales, las universidades, y de manera particular los centros de enseñanza de comunicación, se debaten entre dos modelos de enseñanza que ha propiciado el contexto de la globalización. "En primer lugar, las instituciones que buscan la especialización desde los primeros ciclos y que orientan su formación al mercado, y que incluso plantean nuevos modelos de gestión universitaria más afines a las empresas no educativas. En segundo lugar, las universidades con una fuerte orientación académica que plantean una formación en clave humanística y que no buscan la especialización en

---

43 Crovi Druetta, Delia "Asimetría social y digital". En: Díaz Nosty, Bernardo et.al. Tendencias '07, Medios de Comunicación, El Escenario Iberoamericano. Barcelona: Ariel, 2007

su formación de pre–grado".[44] Aunque todas las tipologías de universidades mantienen vínculos con el mundo empresarial ya que estos son los empleadores de sus egresados y con quienes deben compartir propósitos de superación.En términos generales el Mapa de los Centros y Programas de formación de comunicadores y periodistas en América Latina y el Caribe concluye lo siguiente:[45]

Región Centroamérica y el Caribe

1. Para muchas universidades de la región, uno de sus retos fundamentales es la formación de un equipo de profesores estable, con mecanismos de evaluación y promoción claros, y el desarrollo de un proyecto académico (docencia, investigación y proyección social) que responda a los desafíos del mercado laboral y de la sociedad.

2. En la región hay todavía un incipiente desarrollo de programas de postgrado en comunicación y, al mismo tiempo, la mayoría de programas de maestría están inmersos en procesos de evaluación por la falta de estudiantes interesados en inscribirse y por los desafíos que las sociedades y el mercado laboral demandan.

3. Las escuelas o departamentos de comunicación tienen pocos vínculos externos en el ámbito nacional como regional e internacional. De igual manera, hay muy poca participación en diversas redes profesionales y académicas de profesores e investigadores de comunicación de la región.

---

44 Kogan, L. (2009) *Perspectiva regional del estado actual de la formación de comunicadores y periodistas En Mapa de los centros y programas de formación de comunicadores y periodistas en América Latina y el Caribe, UNESCO- FELAFACS, Lima*
45 UNESCO-FELAFACS (2009) *Mapa de los centros y programas de formación de comunicadores y periodistas en América Latina y el Caribe, Lima, Perú*

4. Se encuentran relaciones muy débiles entre las universidades y otros centros de formación en comunicación y periodismo, específicamente con los colegios o asociaciones de periodistas nacionales. De esta manera las acciones resultan descoordinadas, se duplican esfuerzos y se utilizan de manera poco eficientes los recursos de cooperación internacional.

Región Andina

1. La región andina se encuentra muy retrasada con respecto a los procesos de acreditación, desarrollo de los estándares de calidad y la formación de sus docentes. Se socializa muy poco el trabajo que se realiza en el campo periodístico y audiovisual.

2. Se evidencian importantes brechas –en el campo de la investigación y de la innovación académica– entre las universidades públicas y privadas que imparten carreras de comunicación y periodismo.

3. No se encuentra un desarrollo importante de programas de postgrado, en los niveles de maestría y doctorado.

4. Son débiles los vínculos establecidos entre las universidades, el mercado laboral, las empresas y los organismos de desarrollo.

Región México

1. En los últimos años, el número de escuelas, centros e instituciones dedicadas a ofertar programas de enseñanza de comunicación creció de modo exponencial, permitiendo el florecimiento y consolidación tanto de universidades de gran excelencia académica como de programas de dudosa calidad.

2. Se ha generado una sobre abundancia de oferta educativa de menor calidad ante la incapacidad de absorción de la demanda por parte de universidades públicas y el alto costo de las universidades privadas.

3. Apenas 68, de las 1006 instituciones de enseñanza de la comunicación en México, se encuentran acreditadas.

4. En la actualidad, universidades, escuelas y centros de gran tradición y calidad buscan retener lo más posible a sus egresados, a través de programas de extensión y postgrado.

5. No se cuenta con datos precisos sobre el tamaño de la población que cursa y egresa de las carreras de comunicación; aunque se percibe la escasez de oferta laboral para los egresados.

Región Cono Sur

1. En las dos últimas décadas se han multiplicado las universidades privadas. Éstas han llevado a cabo un proceso de innovación curricular motivado por la incorporación de las NTIC y de la comunicación aplicada.

2. La práctica académica ha tendido a priorizar la actividad docente, en desmedro de la investigación, de la reflexión y del aporte teórico, lo cual explica el número escaso de revistas académicas que ve la luz en la región.

3. A pesar del declive en la investigación, se observan crecientes exigencias de formación de postgrado para los académicos, motivadas por la necesidad de las universidades de mostrar solvencia tanto en el competitivo mercado de la enseñanza superior como para cumplir, en algunos casos, con los requisitos de acreditación.

4. Existe un crecimiento de la capacitación y formación de

postgrado, con numerosos programas de diplomados y de maestrías, aunque el número de doctorados es muy escaso.

5. Las universidades han adecuado sus propuestas curriculares, sus inversiones en equipos e infraestructura y perfiles de egreso a un mercado laboral restringido en su expresión tradicional de los medios de comunicación y que por tanto se diversifica hacia áreas de la comunicación aplicada (corporativa u organizacional) y de los emprendimientos multimedia y audiovisuales.

Región Brasil

1. A pesar de que el Ministerio de Educación desde 1982 planteó criterios de normalización de la enseñanza de la comunicación a partir de una estructura curricular mínima, se encuentran grandes disparidades en la calidad de la enseñanza.

2. En términos generales, las universidades públicas federales a pesar de sus problemas de infraestructura y acceso a tecnología de punta –al contar con profesores a tiempo completo y dedicación exclusiva– tienden a proveer cursos de mejor calidad que las universidades privadas, que cuentan con profesores "por horas". Estas diferencias de calidad también se encuentran marcadas regionalmente: las universidades del sur y sur-este tienden a ofrecer cursos de mejor calidad que el resto de regiones.

3. La enseñanza de la comunicación y el periodismo se encuentra en reestructuración, debido a las nuevas directrices curriculares que deben seguir los centros de enseñanza, y a las leyes federales que exigen la formación universitaria para el ejercicio profesional del periodista.

4. La mayoría de centros de enseñanza buscan establecer vínculos con empresas de comunicación y periodismo, sobre todo para favorecer las prácticas de los estudiantes; así mismo, las empresas fomentan premios para favorecer las prácticas periodísticas o de comunicación más importantes; de otra parte, son relevantes los vínculos que establecen con periódicos y radios comunitarias que ayudaron a implementar.

5. Se encuentran redes de profesores e investigadores, pero no existe en actividad una red de centros de enseñanza de la comunicación o periodismo.

De este diagnóstico en la región se deriva que es necesario actualizar las estructuras y programas de formación para permitir la educación de periodistas capaces de manejarse en un nuevo mercado polivalente, cambiante y multimedia. Quizás, como apuntó Pilar Sánchez,[46] "el reto actual se encuentra, por tanto, en dirimir un nuevo debate en la enseñanza periodística con dos modelos diferenciados: el de los periodistas formados para medios digitales, a los que se refuerza la capacitación instrumental; y el de los periodistas que reciben una formación para la era digital, a quienes, sin desdeñar la parte técnica, se les prepara para convertirse en profesionales versátiles y con criterio; es decir, con la formación teórica suficiente y amplia como para responder informativamente en cualquier soporte ante una realidad en constante cambio que requiere mayores dosis de interpretación".

---

46 *Sánchez, P. (2013) Desafíos en la formación de los periodistas españoles: convergencia europea, capacitación tecnológica y formación permanente En Comunicación y Medios No. 28 pp. 40-60. Instituto de la Comunicación e Imagen. Universidad de Chile*

Cambios de perfiles periodísticos en el actual modelo de negocio de la prensa

El escenario contemporáneo de los medios de comunicación de masas y las nuevas lógicas de producción y consumo de contenidos en espacios virtuales, condiciona la necesidad de que los profesionales de la comunicación posean nuevas herramientas. A las tradicionales capacidades para interpretar el mundo, expresarse de manera correcta y comprensible, y la adquisición de cultura continua, los periodistas deben incluir entre sus competencias las de naturaleza tecnológica. Los expertos[47] coinciden en que el periodista debe tener una formación integral, con fortaleza especial en:

- Dominio del lenguaje
- Conocimiento de su entorno histórico y social (formación humanista)
- Ética periodística
- Usar las Tecnologías de Información
- Comunicación como herramienta

Asimismo, como resultado de una reunión desarrollada en Loja, Ecuador,[48] para debatir entorno a la enseñanza del periodismo en las universidades de América Latina, en julio de 2011, se indica que:

1. Las capacidades empresariales deben ser introducidas

---

47 Del Arco, M. (2015). *Enseñar o aprender periodismo. El modelo pedagógico de la Fundación García Márquez para el Nuevo Periodismo Iberoamericano (Fnpi). Estudios sobre el • Mensaje Periodístico. 21(2), 10311044.*

48 Con la participación de 14 universidades de la región, entre ellas una delegación de la Facultad de Comunicación Social de la Universidad Central (Facso), la Fundación Gabriel García Márquez para el Nuevo Periodismo Iberoamericano (Fnpi) y el Consejo Latinoamericano de Acreditación de la Educación en Periodismo (Claep).

en los planes de estudio, ya que hoy los periodistas suelen trabajar autónomamente y guiar sus propias empresas de medios digitales.

2. Las universidades y los medios de comunicación deben desarrollar vínculos más fuertes entre ellos con el fin de asegurar que los alumnos puedan encontrar empleo después de sus estudios

3. Los periodistas no son expertos en mercadeo ni especialistas en relaciones públicas. Es necesario separar las competencias de comunicadores sociales y periodistas para lograr perfiles más   adecuados

4. Es necesario cambiar las metodologías y formas de adquisición de conocimientos, incluyendo las nuevas vías y plataformas

5. Los profesores también deben actualizarse en los nuevos medios y potenciar   aprendizajes interdisciplinares.

Todos estas conclusiones conducen a pensar que existen muchos tipos de periodismo pero siempre, y más relevante hoy que nunca antes, deben ser esos mediadores entre la realidad y la gente. Como expresó el teórico colombiano Jesús Martín Barbero,[49] "en cada relato tiene que estar la agenda país, que es también la agenda mundo; aquella que transversaliza la vida de un pueblo, que invade sus costuras y que casi siempre es intencionalmente invisible o manoseada en acto grotesco y excluyente".

La profesión demanda, como aseguró Maribel Acosta,[50] "diálogos y más diálogos: obviamente con el mercado laboral,

---

49 *Martín-Barbero, J. (2009). Entre saberes desechables, y saberes indispensables (agendas de país desde la comunicación). Bogotá: Centro de Competencia en Comunicación para América Latina*
50 *Acosta, M (2017) Retos del periodismo contemporáneo: nuevas narrativas, medios, fuentes y audiencias en transición En ARCIC vol.6 no.12 La Habana*

pero sobre todo con la sociedad, con saberes provenientes de otras disciplinas (incluida la de la existencia) y con una academia menos retórica y más vivencial. Apostamos por esos periodismos que nacen en las comunidades virtuales y físicas y se juntan en nuestras indagaciones para contar identidades. Asumimos el riesgo de batallar contra la especulación, la ignorancia, la simplificación o el silencio. Rescatamos la conducta ética como sentido de la profesión y apelamos al compromiso explícito con el relato desde lo urbano, lo negro, lo rural, lo indígena, la vejez, las sexualidades, las juventudes, las religiosidades, las mujeres, las otras; y el desarrollo desde lo más visceral de las aspiraciones humanas". Fue especialmente esclarecedor, como confirmó Rivas Zambrano[51], el Congreso Mundial sobre Enseñanza del Periodismo, en el año 2010, donde "la Unesco aportó nuevos contenidos para incorporar al currículum, que busca actualizar y conectar la formación en periodismo con los contextos sociales en los que tiene lugar, y la evolución de las sociedades".

Entre los aportes del documento resultante del congreso y que se traduce en los contenidos que se deben incluir en los currículos y mallas de las universidades de América Latina y el Caribe se encuentra:[52]

1.- Sostenibilidad de los medios. Hay importantes lecciones que aprender de diferentes contextos. La lección a seguir por parte de periodistas y formadores es que la calidad y la

---

51 *Rivas Zambrano, R. (2017) La enseñanza del periodismo en las universidades de América Latina en Cuadernos de reflexión Facultad de Comunicación Social Comunicación y Cátedra, Universidad Central del Ecuador*
52 *Sendín Gutiérrez, J. (2015). Unesco y la mejora de la formación de los periodistas. un compendio de propuestas. Indexcomunicación. 5,2, 9-20. Recuperado de http://journals.sfu.ca/ indexcomunicacion/ index.php/indexcomunicacion/article/ view/172/155.*

independencia en los contenidos se convierten en recursos valorados en períodos de inestabilidad

2.- Periodismo de datos. Extiende las posibilidades del periodismo de investigación con el tratamiento de enormes cantidades de datos, tanto cuantitativos como cualitativos, e incrementa la calidad de la cobertura

3.-Periodismo intercultural. Introduce la competencia intercultural para tratar historias de una forma cultural diversa, y ayuda a los profesionales a adquirir habilidades de interacción intercultural, necesarias en entornos cada vez más diversos

4.- Periodismo para radios comunitarias. Se basa en el principio de la comunicación participativa, que convierte al periodismo en una herramienta de emancipación. Es especialmente relevante para colectivos tradicionalmente marginados en el discurso dominante y reconoce la ubicuidad de la radio en los países en desarrollo

5.- Periodismo global. Introduce en la formación los conceptos de lo global y lo local, con el fin de que los profesionales se acostumbren a trabajar con sensibilidad en ambos contextos

6.-Periodismo científico, incorporando bioética. Forma parte del trabajo de divulgación del conocimiento científico, que ya inició la Federación Mundial de Periodistas Científicos, con el fin de que el público, incluidos los periodistas, usen y controlen el conocimiento científico, incluyendo aspectos de la bioética

7.- Periodismo y género. Pretende divulgar esta perspectiva y hacer comprender a los periodistas el género como un marco analítico desde el cual comprender, investigar y presentar nuevas historias

8.- Periodismo humanitario. Reconoce y aporta recursos sobre derechos humanos en la cobertura de crisis o post-conflicto 9.- Cobertura de tráfico de seres humanos. Extiende el anterior contenido, con claro carácter de investigación, al tráfico de seres humanos, con especial atención a las mujeres y los niños

10.- Periodismo y seguridad. Forma sobre las herramientas de salvaguardia que los periodistas tienen en el ejercicio de su trabajo Solo adoptando estas nuevas líneas de contenidos y temáticas se logrará superar las crisis que atraviesan al periodismo en la actualidad. No solo se deben actualizar los modelos de negocios o pensar en iniciativas para monetizar los medios de comunicación de masas, es urgente volver sobre los productos comunicativos: calidad, veracidad, alto valor para los públicos.

Los debates suscitados en los organismos internacionales han puesto sobre la mesa una lista de los cinco temas claves del periodismo de hoy:[53]

1. Credibilidad, independencia, rigurosidad, ética profesional, transparencia y pluralidad son los valores que asegurarán una relación de confianza con el público

2. El periodismo de futuro se caracteriza por el cuestionamiento y verificación del material que circula en redes sociales; reconoce a las redes sociales como fuentes de información para verificar contenido y como una plataforma para apalancar el contenido profesional

3. La misión de periodismo del futuro es servir a la sociedad

---

53 *Rivas Zambrano, R. (2017) La enseñanza del periodismo en las universidades de América Latina en Cuadernos de reflexión Facultad de Comunicación Social Comunicación y Cátedra, Universidad Central del Ecuador*

positivamente proporcionando información verificada de alta calidad y estableciendo nuevas marcas como fuentes de información de confianza

4. Un requerimiento del periodismo de futuro es que vaya más allá de los datos básicos, que habilite y estimule el análisis, que promueva el reportaje contextual e investigativo, y que busque la opinión informada, moviéndose de la simple distribución hacia el conocimiento que empodere

5. El periodismo de futuro debería estar impulsado por la confianza y guiado por el interés social, la legitimidad y la veracidad Estas conclusiones, se deben enmarcar la profunda crisis económica que atraviesa el sector de la prensa, donde no solo se precarizan los salarios de los periodistas sino que es una de las profesiones con más índices de desempleo a nivel mundial. Emisores y audiencias han cambiado y esto hace que el trabajo también mute.

Como alerta Pilar Sánchez[54] "el periodista que trabaja con los medios digitales, el ciberperiodista o periodista digital es un profesional que requiere habilidades y competencias particulares que no han de limitarse al uso de las herramientas de software, sino que "ha de ser capaz de dominar una serie de tareas que engloban: el acceso, el manejo, la integración, la creación y la evaluación de contenidos. Ya no sólo se dedica a producir contenidos, sino que se potencia su faceta de "gestor de información" ante la nueva sobreabundancia de fuentes, datos y posibles noticias, lo que requiere un perfil más complejo y formativamente exigente.

El periodista actual debe contar con destrezas suficientes para

---

54 *Sánchez, P. (2013) Desafíos en la formación de los periodistas españoles: convergencia europea, capacitación tecnológica y formación permanente En Comunicación y Medios No. 28 pp. 40-60. Instituto de la Comunicación e Imagen. Universidad de Chile*

trabajar en diferentes soportes (multimedia), manejando los lenguajes escrito y audiovisual (multilenguaje) en una realidad periodística que ha dejado de ser lineal, tanto en la información que ofrece como en el lenguaje que utiliza".

Es así que la vertiginosa irrupción de las nuevas tecnologías de la información y las comunicaciones, conduce a algunas dificultades en el ámbito laboral.

"El aumento de las complejidades en el escenario comunicativo mundial, acarrea como resultado la necesidad de hacer un análisis que permita comprender las bases de la formación profesional de la nueva generación de trabajadores relacionados con los procesos comunicativos tradicionales, pero también de los nuevos que están comenzando a ganar terreno en nuestras sociedades, cada vez más telemáticas".[55]

Todas las situaciones que viven los profesionales de la comunicación y los medios de prensa atraviesan a la academia que debe sumarse al análisis y la búsqueda de soluciones. Porque como afirman Paloma Contreras e Ignacio Aguaded,[56] "la Universidad es un foro privilegiado para la ciencia, la crítica y la construcción de una sociedad más justa e igualitaria".

Una sociedad que exige de sus periodistas y que, como aseguró el director editorial de The New York Times en Español, Eliezer Budasoff en una charla con los alumnos del Tecnológico de Monterrey,[57] impone retos a su formación:

---

55 *Said, E. (2009) El reto de formar a los periodistas en el siglo XXI en Zona Próxima, No 10*
56 *Contreras Pulido, P. y Aguaded Gómez, J. I. (2011) "Las radios universitarias como medios de comunicación alternativos al servicio de la ciudadanía" En La ética de la comunicación a inicios del siglo XXI. Libro de Actas del I Congreso Internacional de Ética de la Comunicación, Eduforma, Universidad de Sevilla, España.*
57 *http://bit.ly/3qoUeIR*

1. Contar la realidad a través de historias

"Hay un montón de información proliferando que es como un murmullo permanente, pero que no nos permite producir sentido respecto a la realidad, ni llegar a los hechos".

2. Publicar todas las versiones de los hechos

"Uno de los grandes desafíos de un editor es poder ser absolutamente justo con la fuente. Entonces, si tú estás dando una versión de algo que perjudica, por ejemplo, al gobierno, estás obligado a pedir la razón del gobierno y de poner su versión también".

3. No menospreciar al lector

"Una buena historia es aquella que no subestima al lector, que su interés es genuino en contar una parte de la realidad que a quien le escribe le parece muy interesante y que se hace seriamente para tratar de contar algo a alguien que tiene la misma sensibilidad e inteligencia de tú"

4. Usar un lenguaje claro y directo

"Cuando haces un texto importante, tienes que encargarte no solo de tener la mejor información posible, de tenerlo todo chequeado, sino de contarlo del modo más sencillo y directo posible"

5. No sesgar la información

"Otro de los grandes desafíos es que en el mundo actual que la gente sólo acepta los hechos que coinciden con sus opiniones y sus prejuicios. Por lo que el reto del periodismo es no caer en la trampa de manipular la información con el fin de obtener más lectores". Otros autores [58] plantean que las facultades de comunicación deben dar respuesta a los nuevos perfiles que demandan las redacciones digitales y

---

58 *http://bit.ly/3bJsnz8*

multimedia. En este sentido redacciones completamente digitales como The Wall Street Journal (WSJ) están pujando por formar nuevas competencias.

Esto se verifica en su estrategia de futuro donde expresa. "estos nuevos equipos trabajarán en nuestras incubadoras para nuevas tecnologías, en el crecimiento de audiencias, en la creación de comunidad y en la innovación de noticias. Crearán contenido original, historias y noticias, y serán un recurso para el cambio en todas nuestras oficinas y áreas de cobertura (…) Queremos encontrar nuevas formas de trabajar juntos, los reporteros se sentarán directamente con otros miembros del equipo pluridisciplinar. Necesitamos líderes profesionales emocionados con afrontar el cambio. Y, lo que es más importante, para todas las posiciones, estamos buscando candidatos con gran sensibilidad periodística".

Como confirma la periodista Carmina Crusafón en su artículo: "Los cinco retos que determinarán en futuro del periodismo"[59]: de la estrategia del WSJ podemos identificar los rasgos esenciales en los que se debe basar la formación presente y futura de un periodista: base sólida periodística, conocimientos tecnológicos y comprensión de la dimensión empresarial de los medios de comunicación. Es decir, una fórmula de tres ingredientes: Periodismo + Tecnología + Modelo de Negocio. Además, deben ser profesionales innovadores y que puedan abrazar el cambio de forma natural. Para conseguirlo, los medios deberían establecer vínculos más estrechos con las universidades para que les ayuden en la tarea de innovar; para que éstas les puedan aportar nuevas miradas sobre sus productos periodísticos y

---

59 *IBIDEM*

les permitan identificar a los periodistas jóvenes con mayor liderazgo".

Sin dudas, es enorme el trabajo que queda por hacer en el campo de la formación académica de los periodistas. Un campo plagado de contradicciones, polémicas, críticas y que invariablemente se encuentra en el centro del debate universitario y científico ya que la velocidad con que evoluciona el escenario profesional, no siempre encuentra un acompañamiento en las Casa de Altos Estudios.

www.ingramcontent.com/pod-product-compliance
Lightning Source LLC
Chambersburg PA
CBHW070649250726
48662CB00001B/39